MISSION: Yozakura Family

4 Der Seitensprung

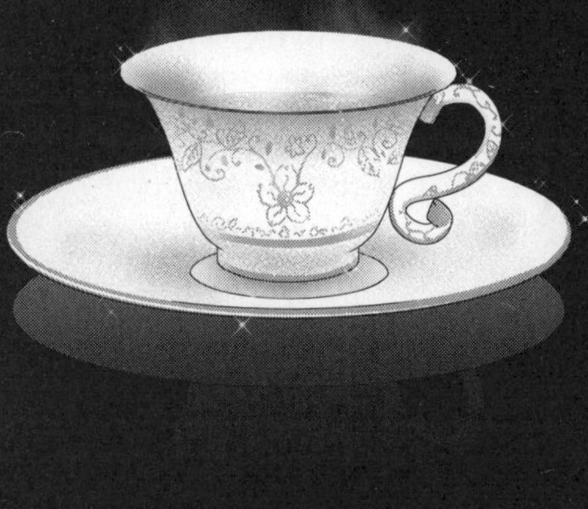

Hitsuji Gondaira

Mission: Yozakura Family

Charaktere

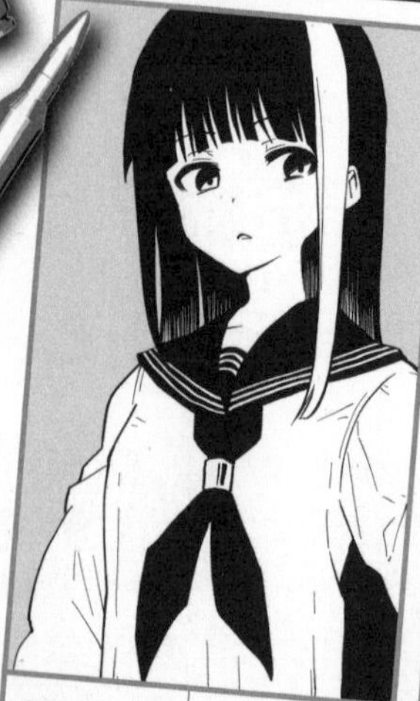

MUTSUMI YOZAKURA

Drittälteste Tochter der Yozakuras. Als Oberhaupt ihrer Familie, die etliche Übermenschen hervorgebracht hat, wird sie rund um die Uhr von ihren Geschwistern beschützt.

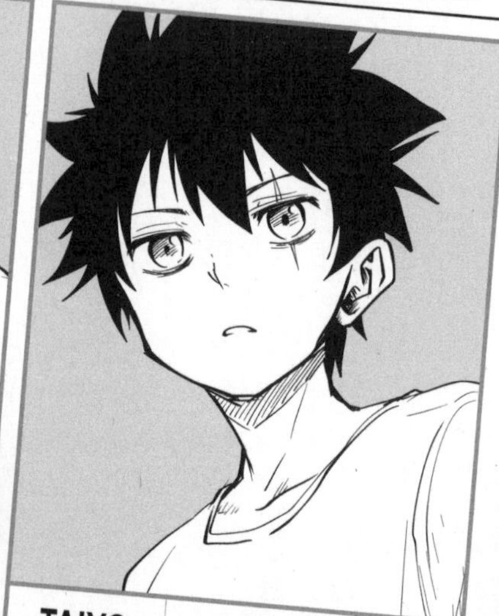

TAIYO ASANO

Der Oberschüler hat seine Familie bei einem Verkehrsunfall verloren und ist seitdem sehr menschenscheu. Sein Herz öffnet er lediglich seiner Frau und Kindheitsfreundin Mutsumi.

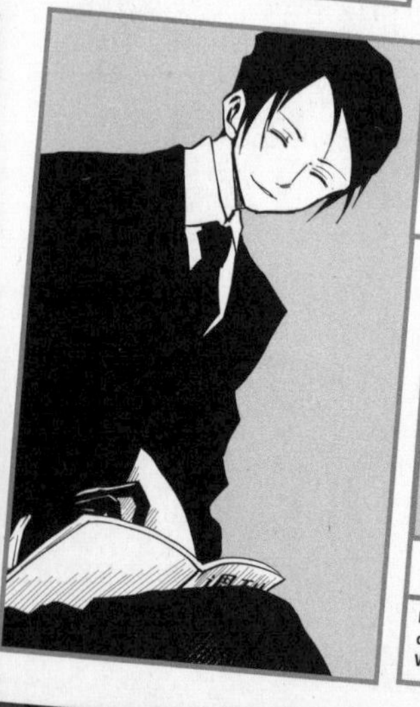

KYOICHIRO YOZAKURA

Der älteste Sohn der Familie Yozakura ist der beste und beliebteste Spion weit und breit. Unter dem Decknamen »Hirukawa« arbeitet er nebenbei als Konrektor an Taiyos Schule.

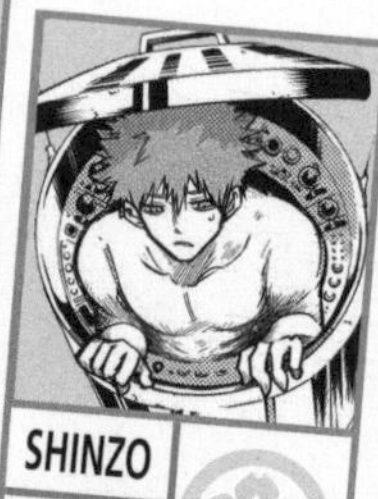

SHINZO

Der zweitälteste Sohn der Familie ist ein Waffenspezialist.

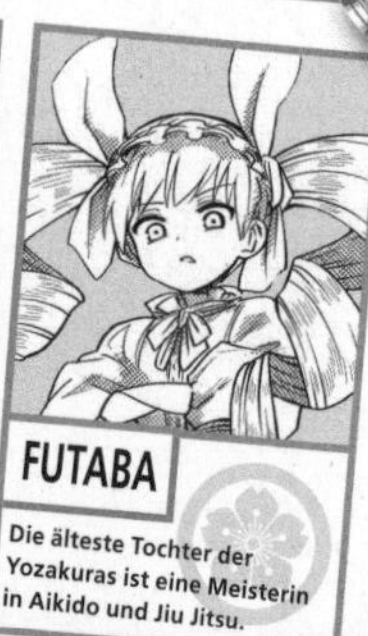

FUTABA

Die älteste Tochter der Yozakuras ist eine Meisterin in Aikido und Jiu Jitsu.

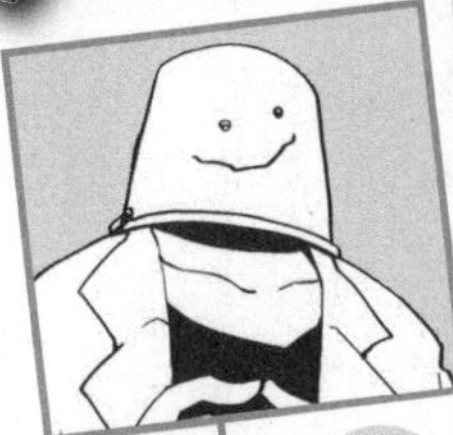

NANAO

Viertältester Sohn der Familie Yozakura. Nanao ist medizinisch bewandert und hat Bärenkräfte.

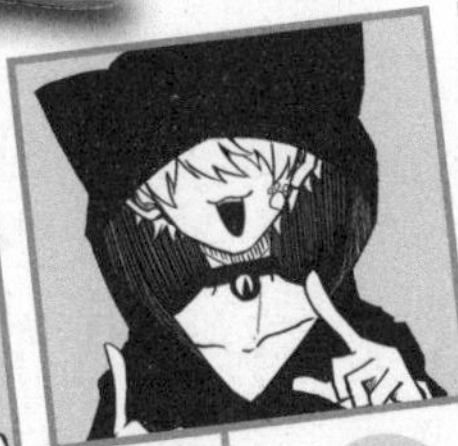

KENGO

Der Verkleidungskünstler und drittälteste Sohn der Familie kann sich in alle möglichen Personen verwandeln.

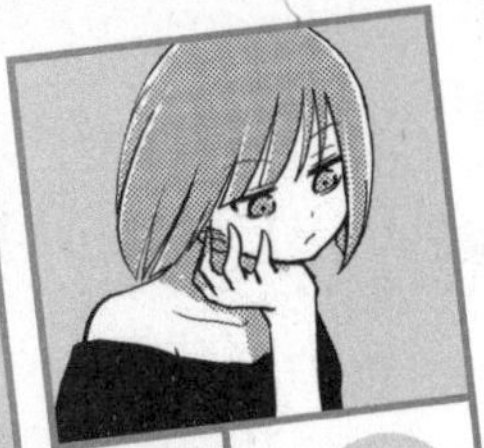

SHION

Die zweitälteste Tochter der Yozakuras ist Gamerin und begnadete Hackerin zugleich.

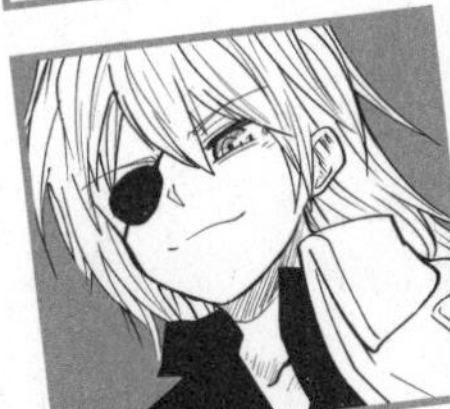

RIN FUDO

Abteilungsleiterin von Hinagiku und Kyoichiros ehemalige Klassenkameradin

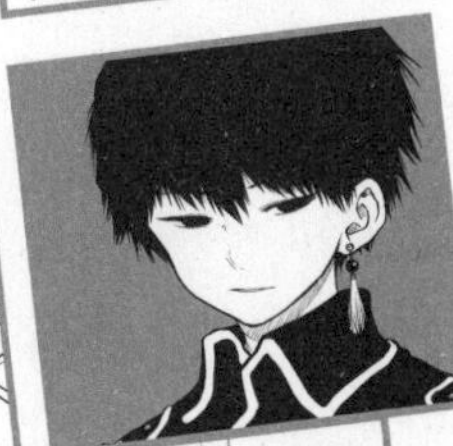

SUI AOI

Elitespion des staatlichen Spionagedienstes Hinagiku

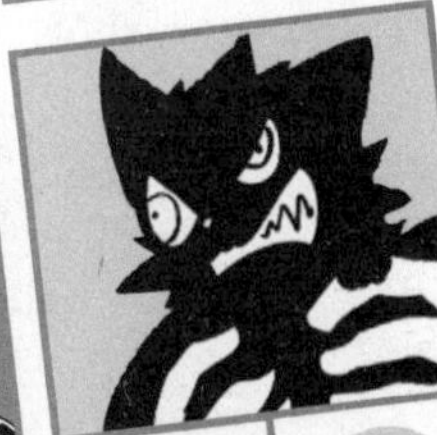

GOLIATH

Haustier der Familie Yozakura

Story.

Seit Taiyo seine Familie durch einen Verkehrsunfall verloren hat, spricht er einzig und allein mit seiner Kindheitsfreundin Mutsumi Yozakura. Doch dann entpuppen sich die Yozakuras als Spionfamilie, deren Ursprünge in der Ninjakultur der Edo-Zeit liegen. Auch wenn Mutsumi selbst keine übermenschlichen Kräfte besitzt, ist sie das Oberhaupt der Familie, das die nächste Generation von Übermenschen zur Welt bringen wird. Um sie vor Feinden zu schützen, will Mutsumis Bruder Kyoichiro Taiyo aus dem Weg räumen. Doch Taiyo heiratet Mutsumi, wodurch er Teil der Familie wird. Seine Karriere als Spion beginnt. Nach einigen Missionen und Vorfällen gewöhnt sich Taiyo langsam an seine Arbeit. Eines Tages begegnet er Sui Aoi, einem Mitglied des staatlichen Spionagedienstes Hinagiku. Außerdem erhält er von der Abteilungsleiterin Rin Fudo den Auftrag, sich in die Partei des Politikers Yoshimasa Kuroyuri zu schmuggeln. Dieser ist in Wahrheit ein ehemaliger Spion, der unter dem Namen Kurogao bekannt war. Um sich für seine Tochter zu rächen, entführt er den Vizeminister, wird aber während seines Duells gegen Taiyo erschossen. Kurz vor seinem Tod vertraut er Taiyo eine kleine Schachtel an, die Informationen über dessen verstorbene Familie enthält…

Mission: Yozakura Family – Inhalt

4 Der Seitensprung

To Do Mission

Mission:
Yozakura Family

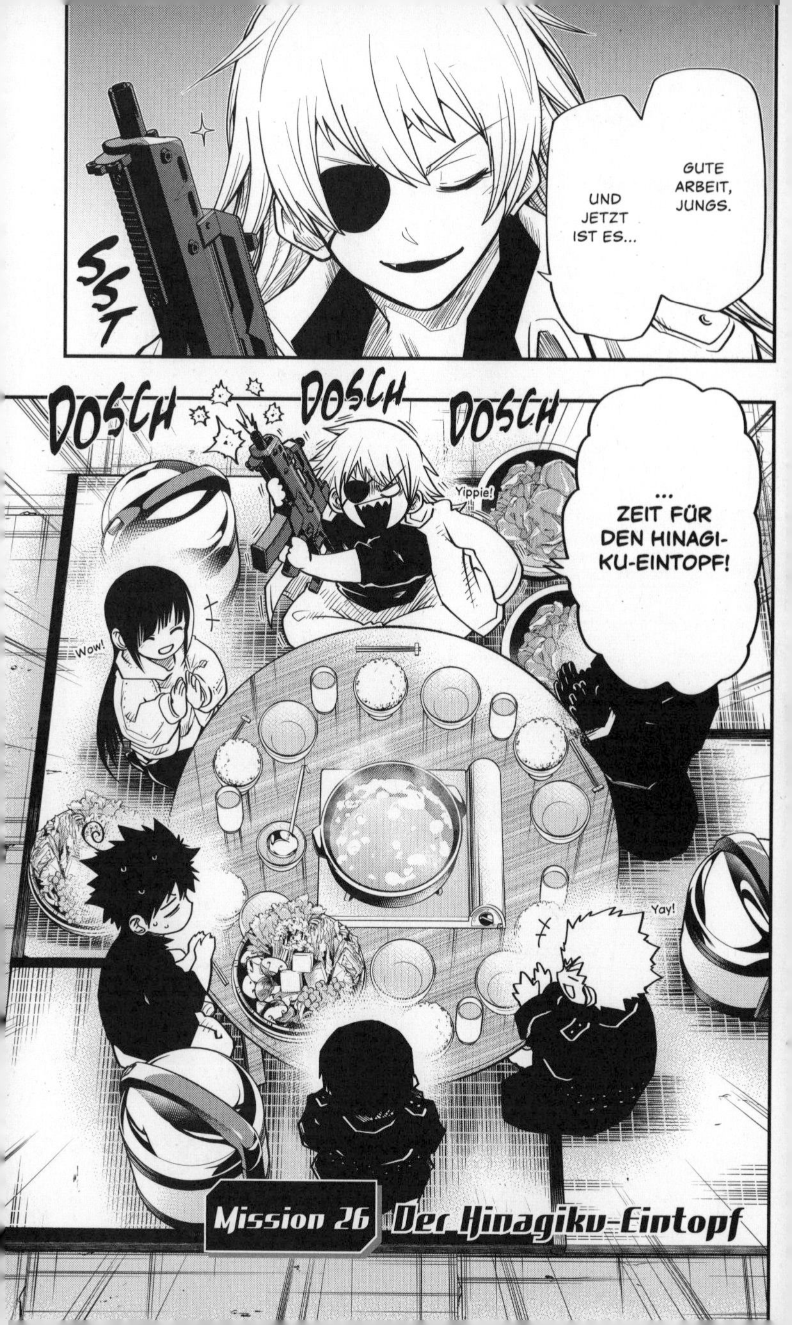

GUTE ARBEIT, JUNGS.
UND JETZT IST ES...
SST
DOSCH
DOSCH
DOSCH
... ZEIT FÜR DEN HINAGI-KU-EINTOPF!
Yippie!
Wow!
Yay!
Mission 26
Der Hinagiku-Eintopf

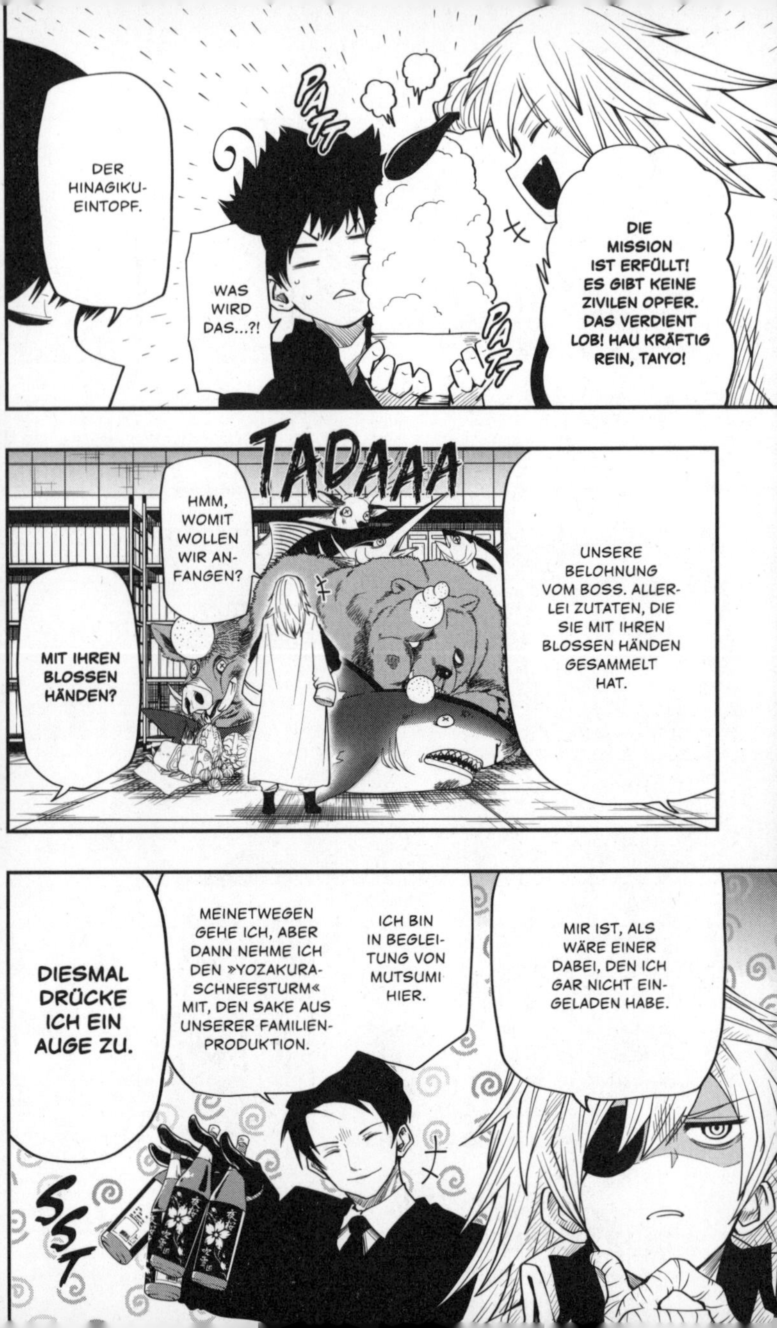
DIE MISSION IST ERFÜLLT! ES GIBT KEINE ZIVILEN OPFER. DAS VERDIENT LOB! HAU KRÄFTIG REIN, TAIYO!
PATT
PATT
WAS WIRD DAS...?!
DER HINAGIKU-EINTOPF.
TADAAA
UNSERE BELOHNUNG VOM BOSS. ALLERLEI ZUTATEN, DIE SIE MIT IHREN BLOSSEN HÄNDEN GESAMMELT HAT.
HMM, WOMIT WOLLEN WIR ANFANGEN?
MIT IHREN BLOSSEN HÄNDEN?
MIR IST, ALS WÄRE EINER DABEI, DEN ICH GAR NICHT EINGELADEN HABE.
ICH BIN IN BEGLEITUNG VON MUTSUMI HIER.
MEINETWEGEN GEHE ICH, ABER DANN NEHME ICH DEN »YOZAKURA-SCHNEESTURM« MIT, DEN SAKE AUS UNSERER FAMILIENPRODUKTION.
DIESMAL DRÜCKE ICH EIN AUGE ZU.
SST

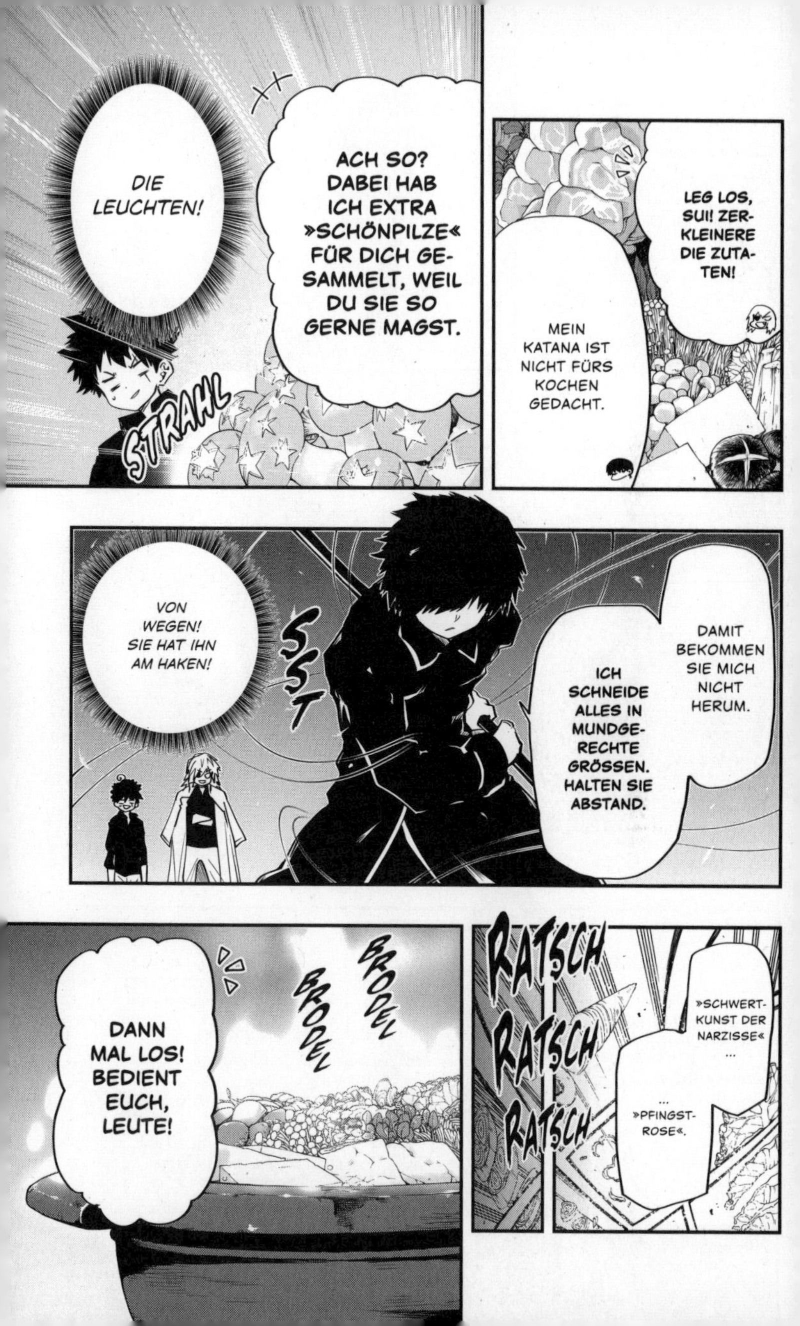

LEG LOS, SUI! ZERKLEINERE DIE ZUTATEN!
MEIN KATANA IST NICHT FÜRS KOCHEN GEDACHT.
ACH SO? DABEI HAB ICH EXTRA »SCHÖNPILZE« FÜR DICH GESAMMELT, WEIL DU SIE SO GERNE MAGST.
DIE LEUCHTEN!
STRAHL
DAMIT BEKOMMEN SIE MICH NICHT HERUM.
ICH SCHNEIDE ALLES IN MUNDGERECHTE GRÖSSEN. HALTEN SIE ABSTAND.
SST
VON WEGEN! SIE HAT IHN AM HAKEN!
RATSCH RATSCH RATSCH
»SCHWERTKUNST DER NARZISSE« ...
... »PFINGSTROSE«.
BRODEL BRODEL
DANN MAL LOS! BEDIENT EUCH, LEUTE!

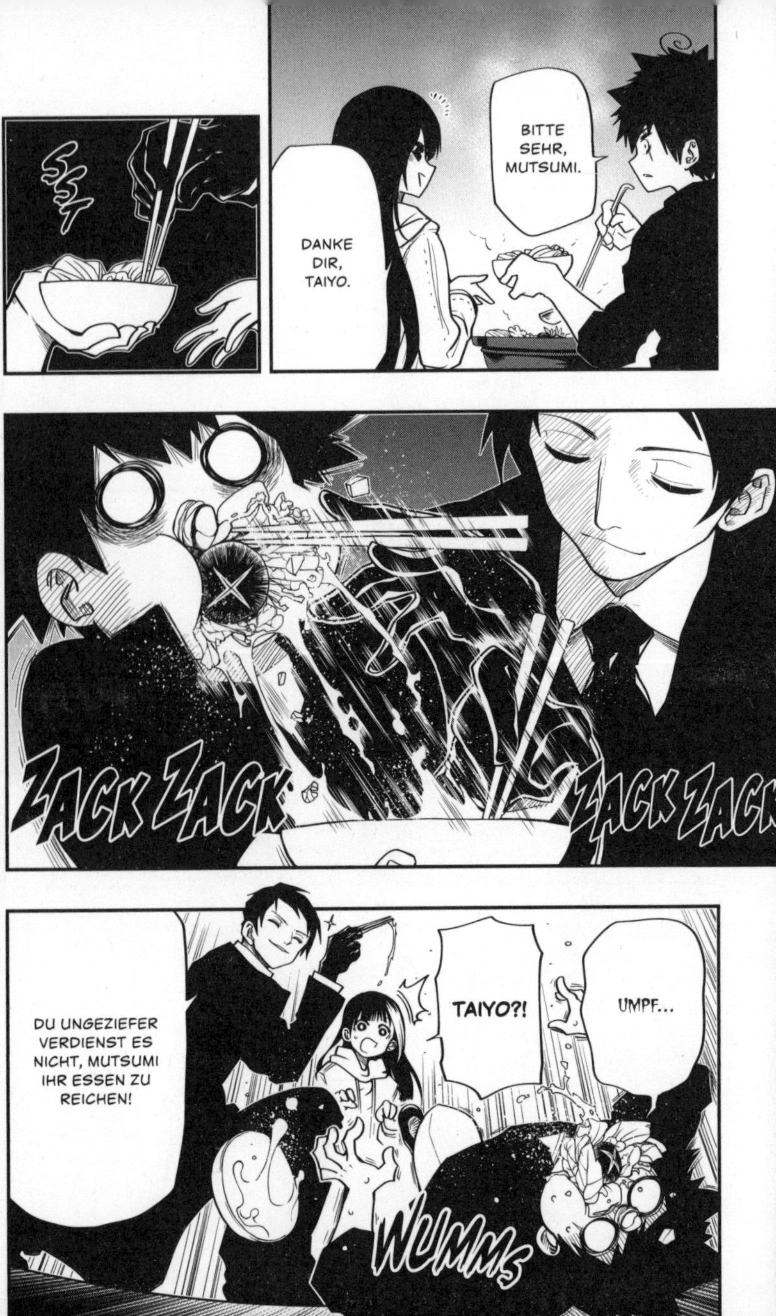
BITTE SEHR, MUTSUMI.
DANKE DIR, TAIYO.
SSST
ZACK ZACK
ZACK ZACK
UMPF...
TAIYO?!
DU UNGEZIEFER VERDIENST ES NICHT, MUTSUMI IHR ESSEN ZU REICHEN!
WUMMS

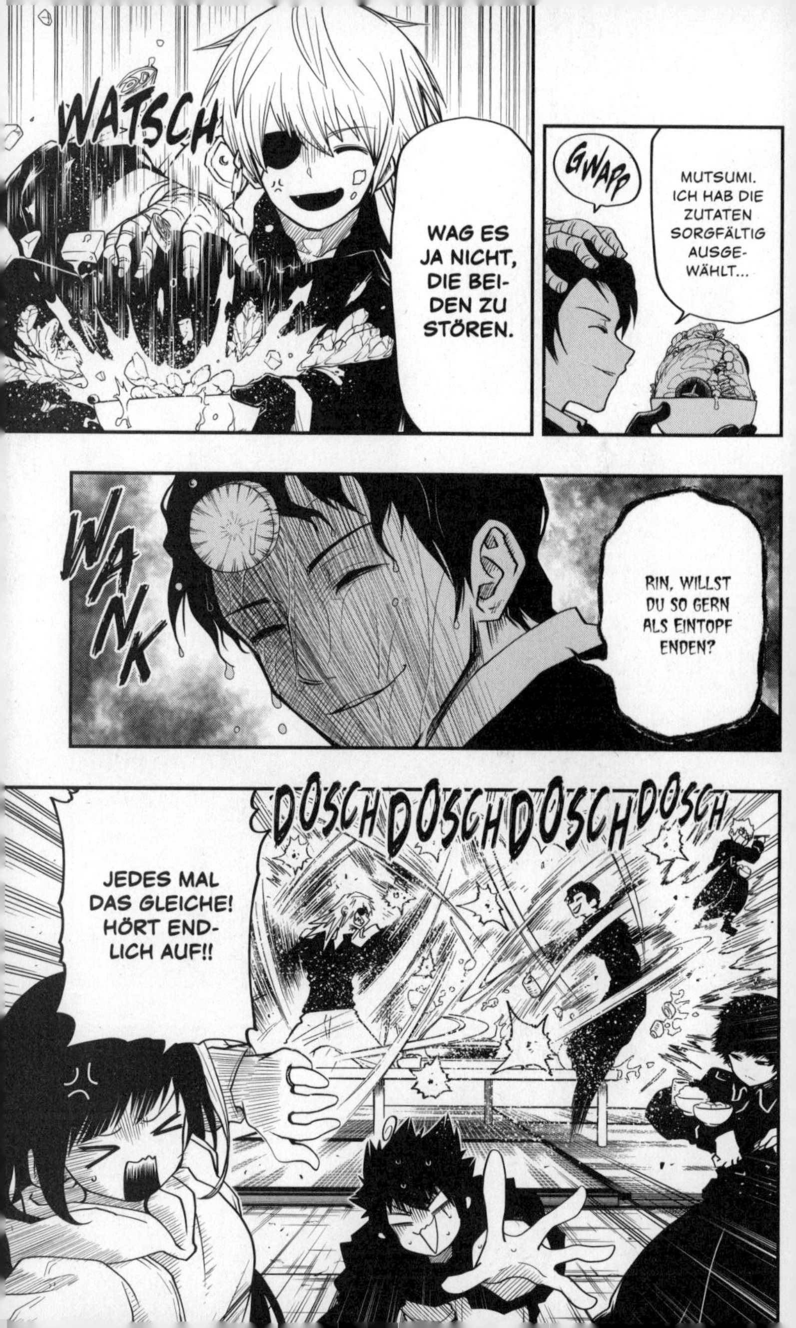
GWAPP
MUTSUMI. ICH HAB DIE ZUTATEN SORGFÄLTIG AUSGE-WÄHLT…
WATSCH
WAG ES JA NICHT, DIE BEI-DEN ZU STÖREN.
WANK
RIN, WILLST DU SO GERN ALS EINTOPF ENDEN?
DOSCH DOSCH DOSCH DOSCH
JEDES MAL DAS GLEICHE! HÖRT END-LICH AUF!!

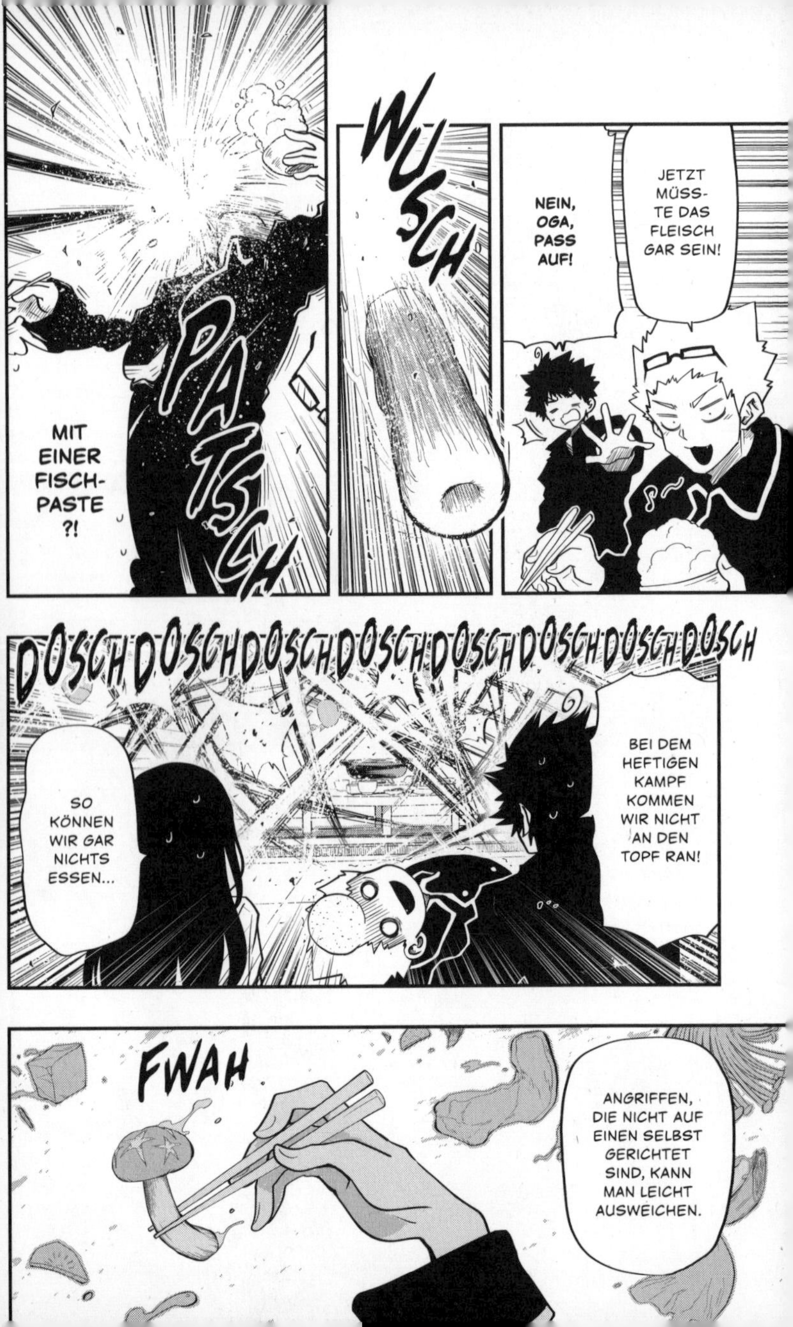
JETZT MÜSSTE DAS FLEISCH GAR SEIN!
NEIN, OGA, PASS AUF!
WUSCH
PATSCH
MIT EINER FISCHPASTE?!
DOSCHDOSCHDOSCHDOSCHDOSCHDOSCHDOSCH
BEI DEM HEFTIGEN KAMPF KOMMEN WIR NICHT AN DEN TOPF RAN!
SO KÖNNEN WIR GAR NICHTS ESSEN...
ANGRIFFEN, DIE NICHT AUF EINEN SELBST GERICHTET SIND, KANN MAN LEICHT AUSWEICHEN.
FWAH

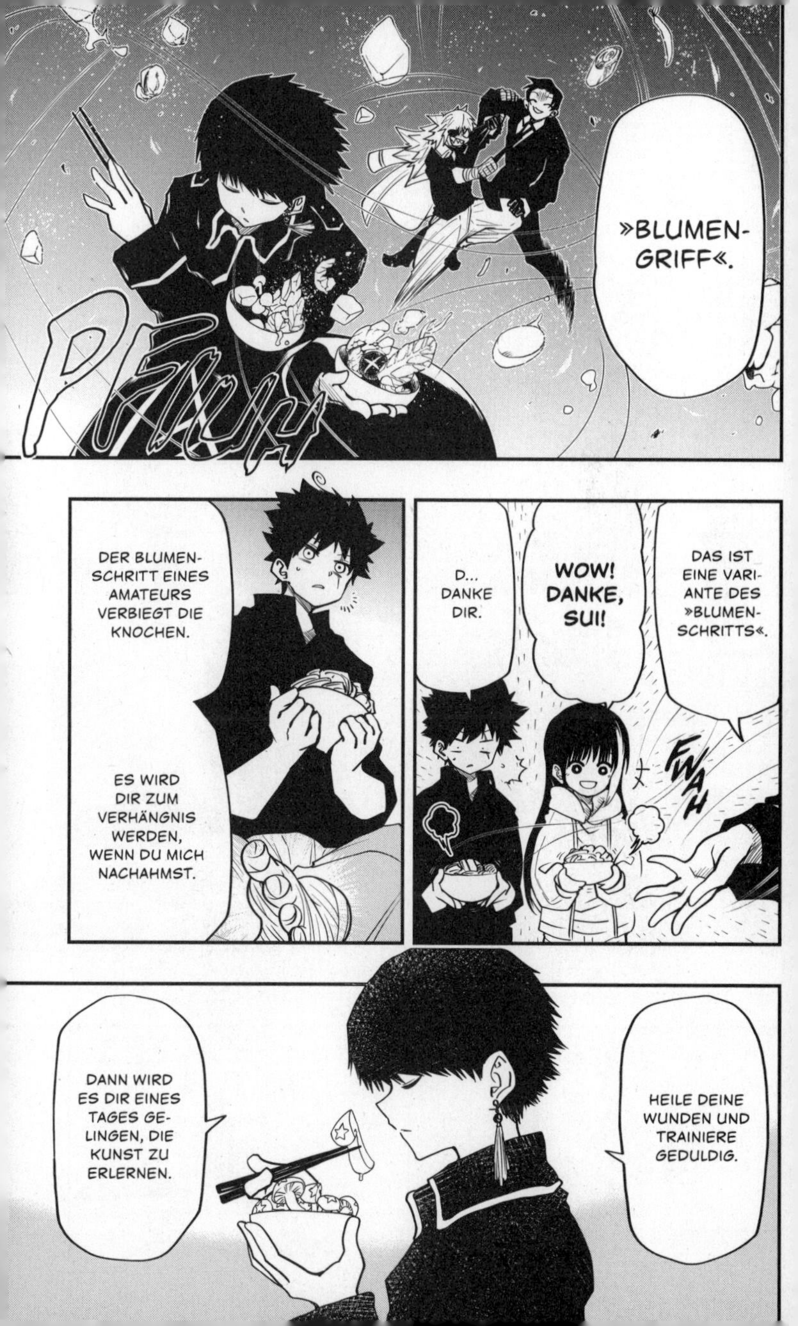
»BLUMEN-GRIFF«.
DAS IST EINE VARIANTE DES »BLUMENSCHRITTS«.
WOW! DANKE, SUI!
D... DANKE DIR.
FWAH
DER BLUMENSCHRITT EINES AMATEURS VERBIEGT DIE KNOCHEN.
ES WIRD DIR ZUM VERHÄNGNIS WERDEN, WENN DU MICH NACHAHMST.
HEILE DEINE WUNDEN UND TRAINIERE GEDULDIG.
DANN WIRD ES DIR EINES TAGES GELINGEN, DIE KUNST ZU ERLERNEN.

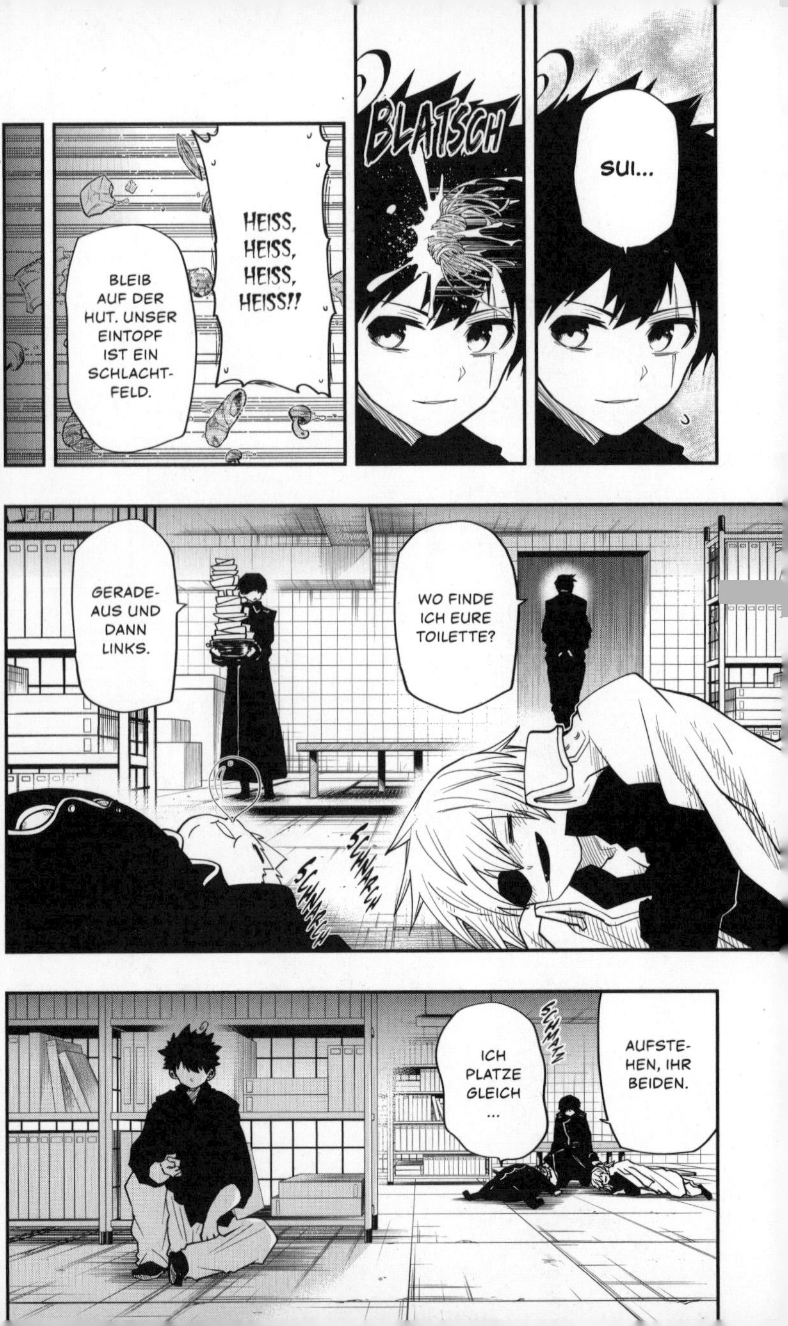
SUI...
BLATSCH
HEISS, HEISS, HEISS, HEISS!!
BLEIB AUF DER HUT. UNSER EINTOPF IST EIN SCHLACHT-FELD.
WO FINDE ICH EURE TOILETTE?
GERADE-AUS UND DANN LINKS.
SCHNARCH
SCHNARCH
AUFSTE-HEN, IHR BEIDEN.
ICH PLATZE GLEICH ...

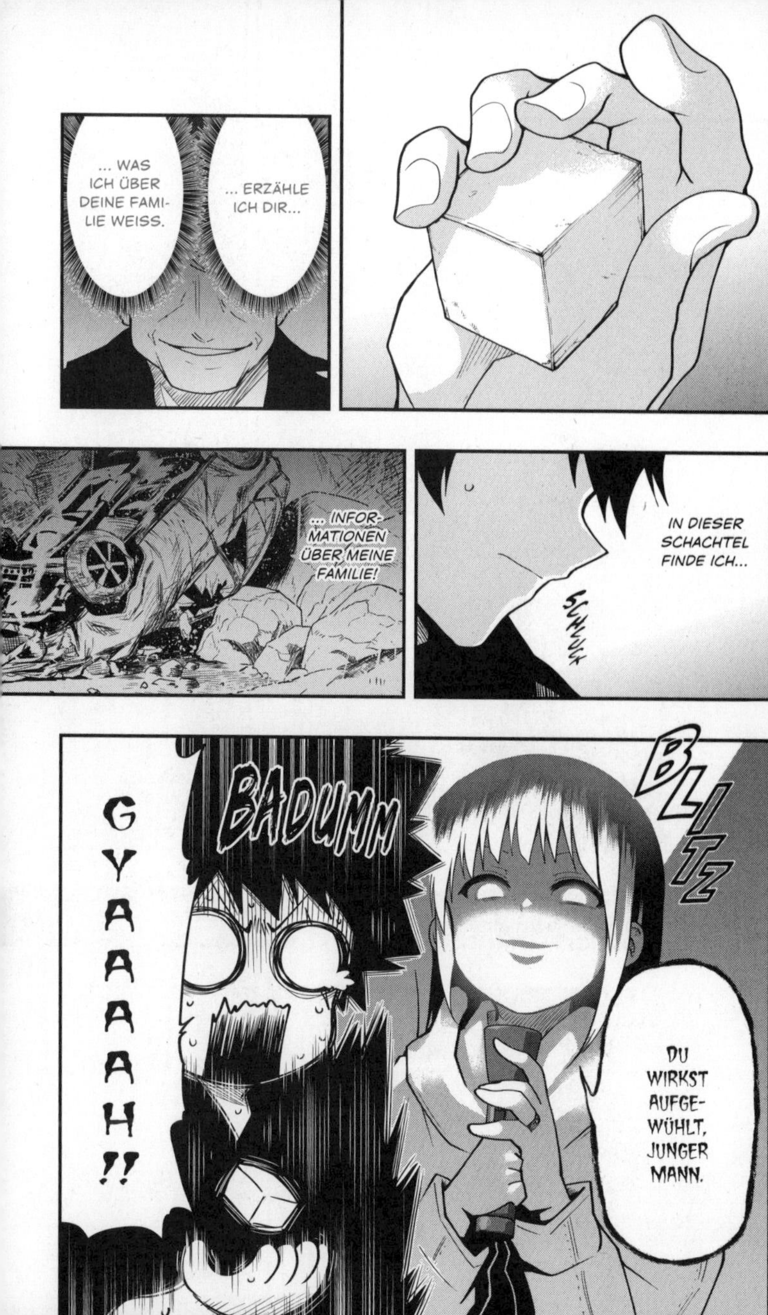
... ERZÄHLE ICH DIR...
... WAS ICH ÜBER DEINE FAMI-LIE WEISS.
IN DIESER SCHACHTEL FINDE ICH...
SCHLUCK
... INFOR-MATIONEN ÜBER MEINE FAMILIE!
BLITZ
DU WIRKST AUFGE-WÜHLT, JUNGER MANN.
BADUMM
GYAAAAAH!!

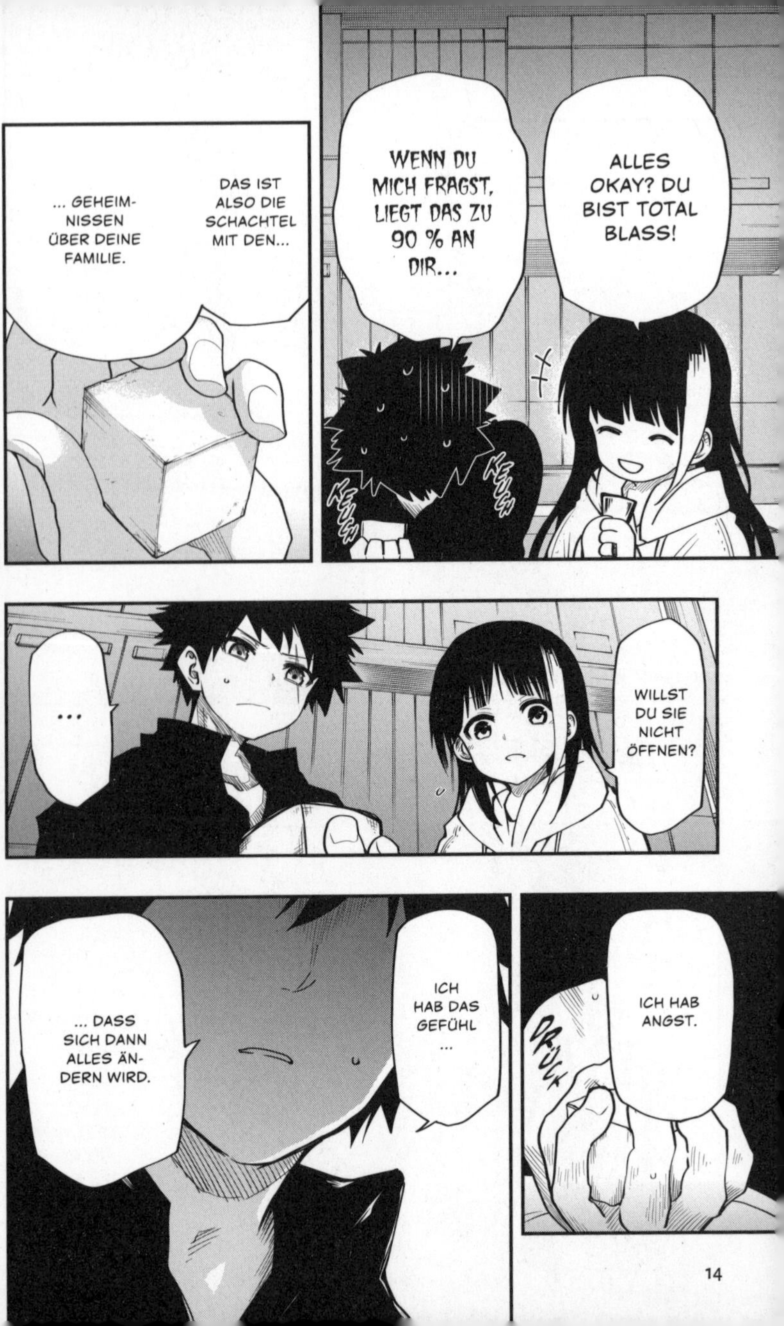
ALLES OKAY? DU BIST TOTAL BLASS!
WENN DU MICH FRAGST, LIEGT DAS ZU 90 % AN DIR...
KEUCH
KEUCH
DAS IST ALSO DIE SCHACHTEL MIT DEN...
... GEHEIM-NISSEN ÜBER DEINE FAMILIE.
WILLST DU SIE NICHT ÖFFNEN?
...
ICH HAB ANGST.
DRÜCK
ICH HAB DAS GEFÜHL ...
... DASS SICH DANN ALLES ÄN-DERN WIRD.

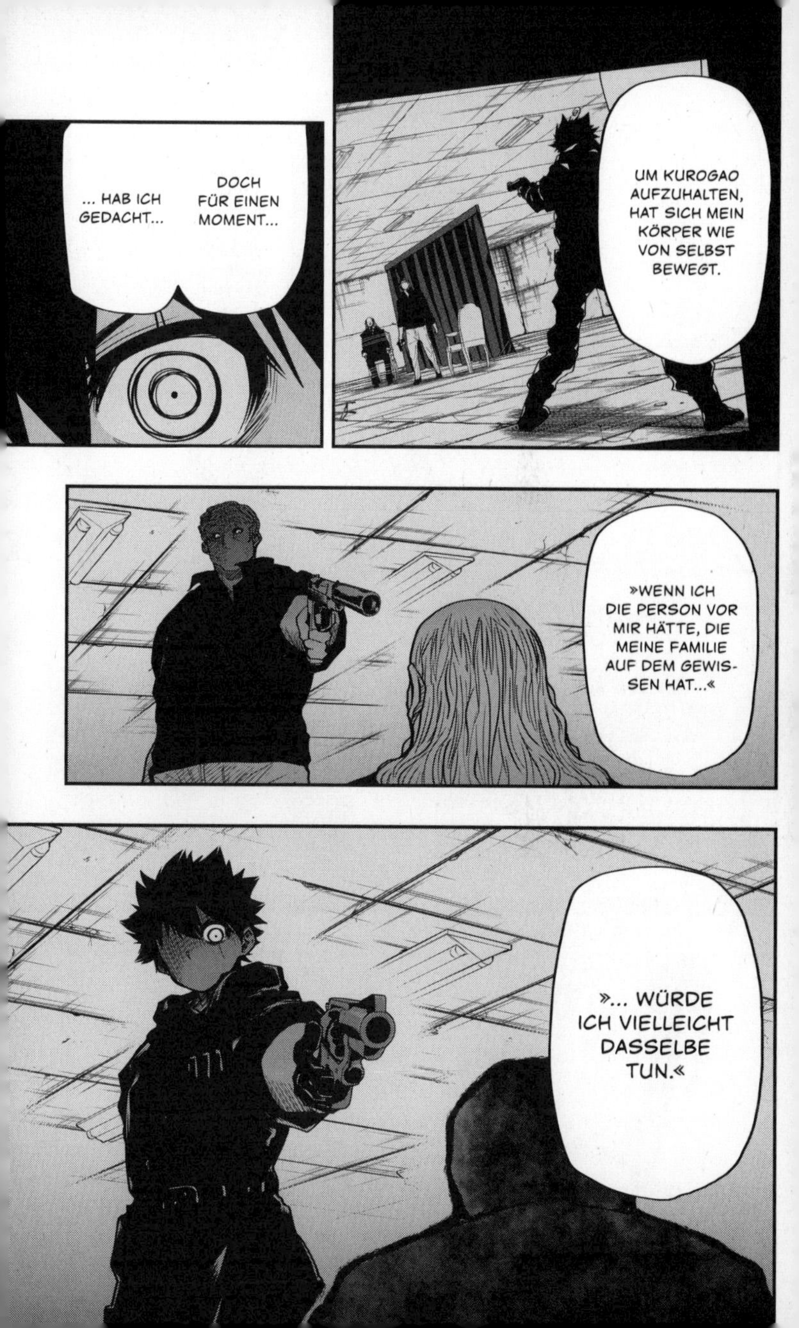

UM KUROGAO AUFZUHALTEN, HAT SICH MEIN KÖRPER WIE VON SELBST BEWEGT.
DOCH FÜR EINEN MOMENT...
... HAB ICH GEDACHT...
»WENN ICH DIE PERSON VOR MIR HÄTTE, DIE MEINE FAMILIE AUF DEM GEWIS-SEN HAT...«
»... WÜRDE ICH VIELLEICHT DASSELBE TUN.«

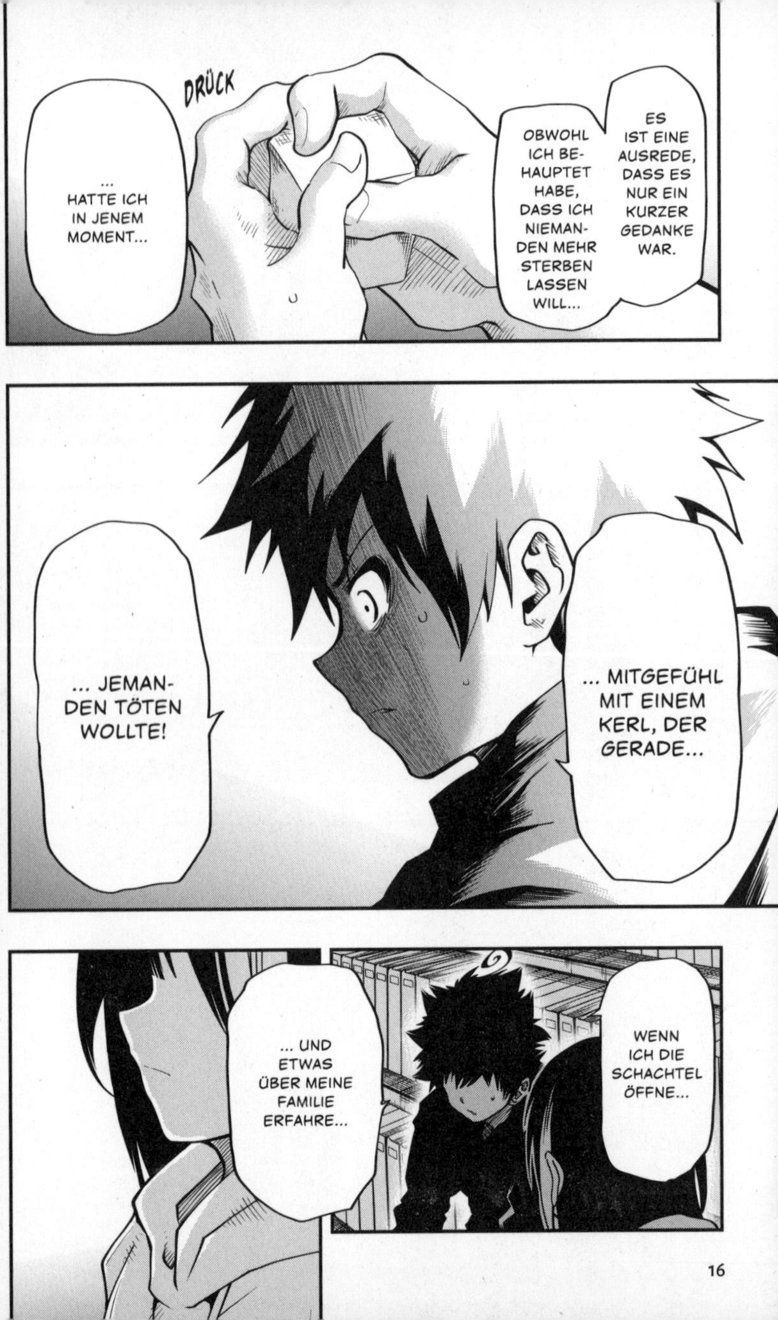
ES IST EINE AUSREDE, DASS ES NUR EIN KURZER GEDANKE WAR.
OBWOHL ICH BEHAUPTET HABE, DASS ICH NIEMANDEN MEHR STERBEN LASSEN WILL...
DRÜCK
... HATTE ICH IN JENEM MOMENT...
... MITGEFÜHL MIT EINEM KERL, DER GERADE...
... JEMANDEN TÖTEN WOLLTE!
WENN ICH DIE SCHACHTEL ÖFFNE...
... UND ETWAS ÜBER MEINE FAMILIE ERFAHRE...

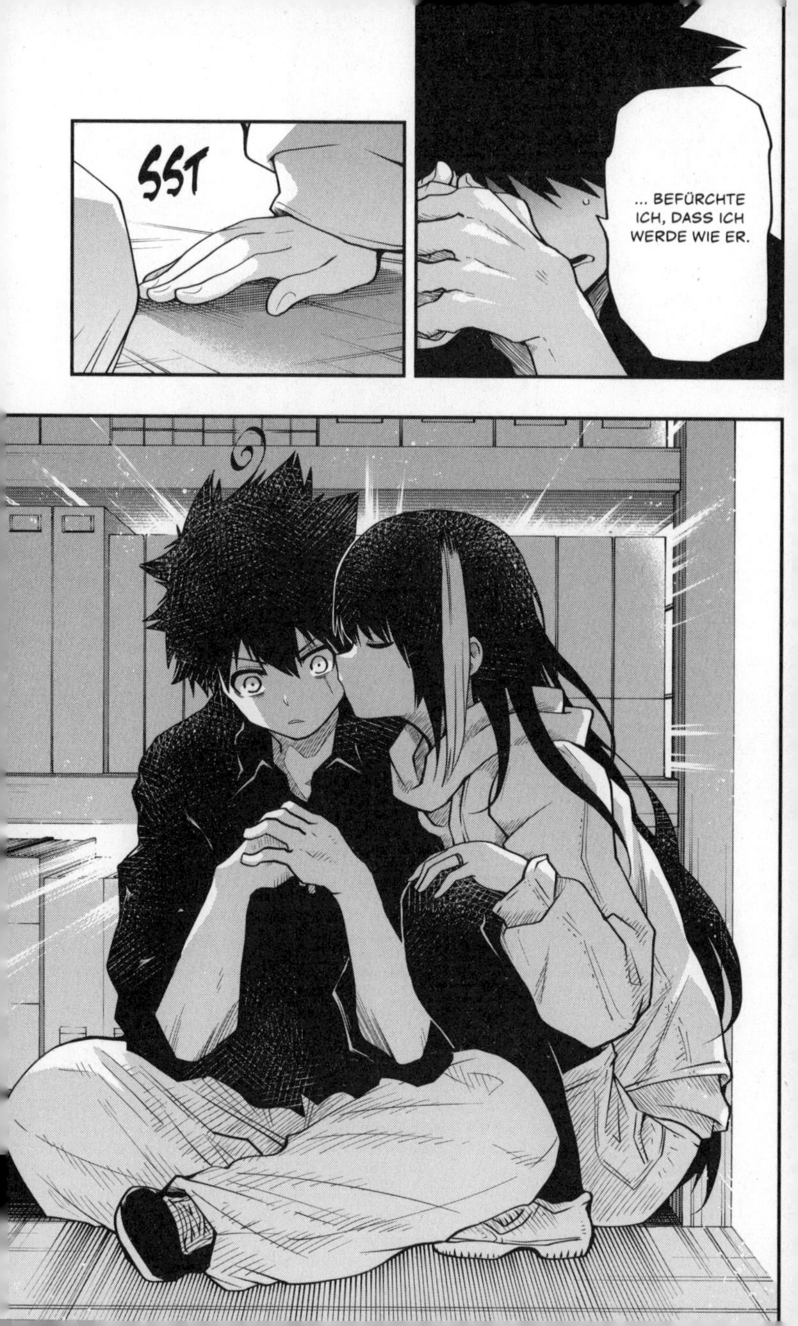
... BEFÜRCHTE ICH, DASS ICH WERDE WIE ER.
SST

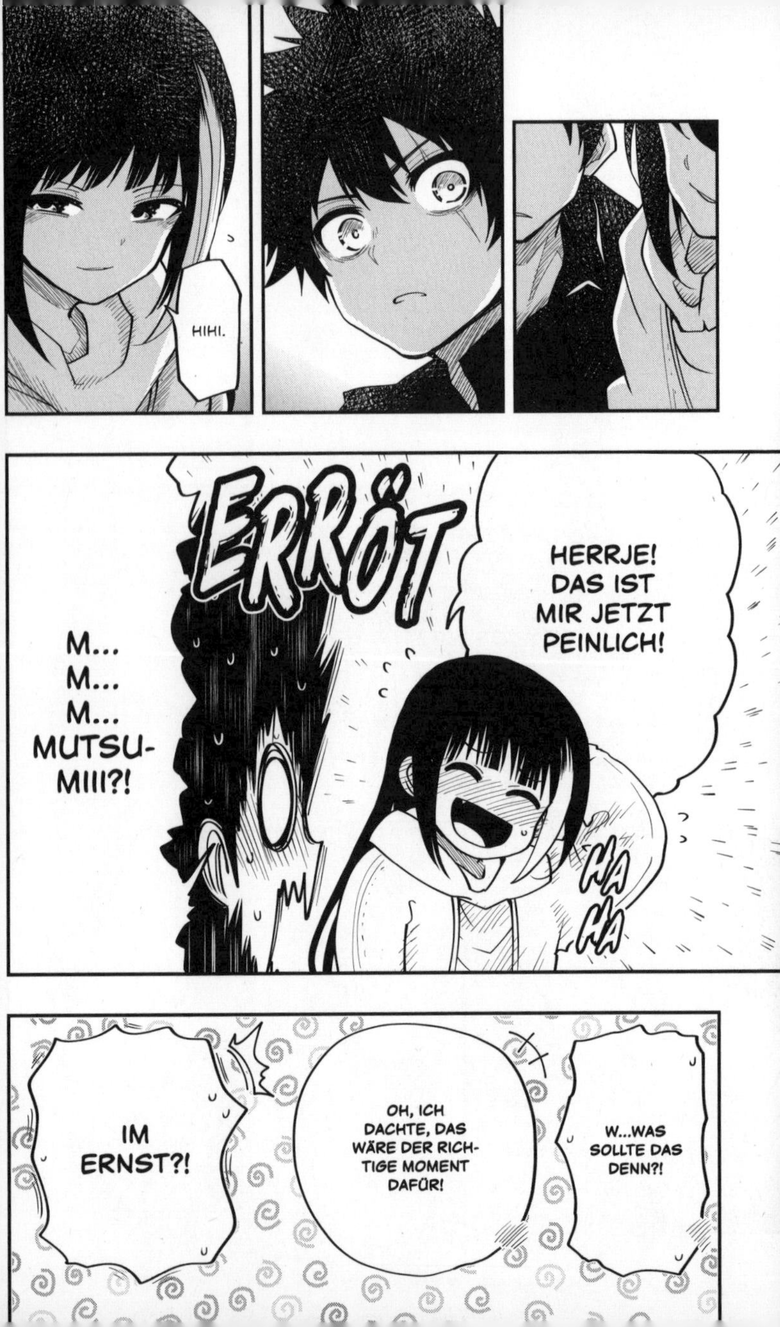
HIHI.
HERRJE! DAS IST MIR JETZT PEINLICH!
HA HA
ERRÖT
M... M... M... MUTSU-MIII?!
W...WAS SOLLTE DAS DENN?!
OH, ICH DACHTE, DAS WÄRE DER RICHTIGE MOMENT DAFÜR!
IM ERNST?!

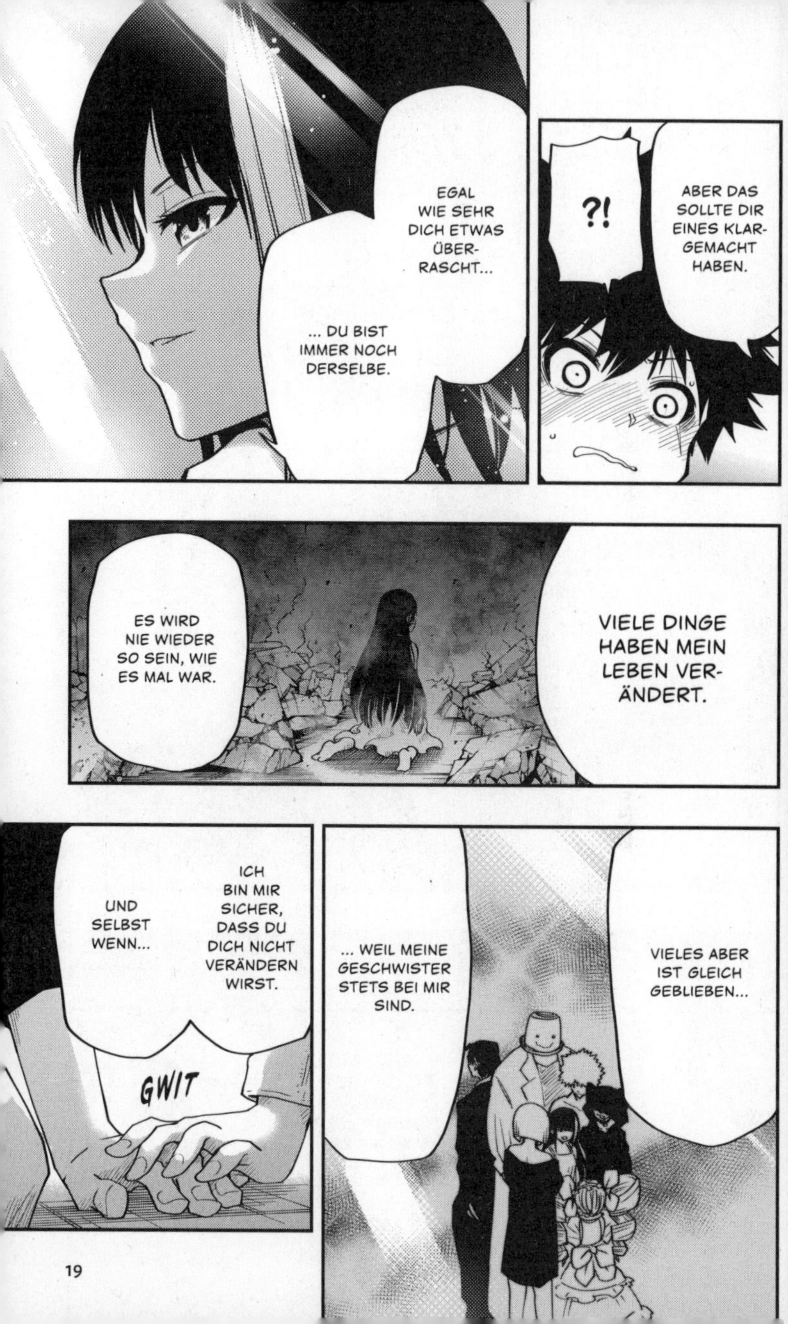
ABER DAS SOLLTE DIR EINES KLARGEMACHT HABEN.
?!
EGAL WIE SEHR DICH ETWAS ÜBERRASCHT...
... DU BIST IMMER NOCH DERSELBE.
VIELE DINGE HABEN MEIN LEBEN VERÄNDERT.
ES WIRD NIE WIEDER SO SEIN, WIE ES MAL WAR.
VIELES ABER IST GLEICH GEBLIEBEN...
... WEIL MEINE GESCHWISTER STETS BEI MIR SIND.
ICH BIN MIR SICHER, DASS DU DICH NICHT VERÄNDERN WIRST.
UND SELBST WENN...
GWIT

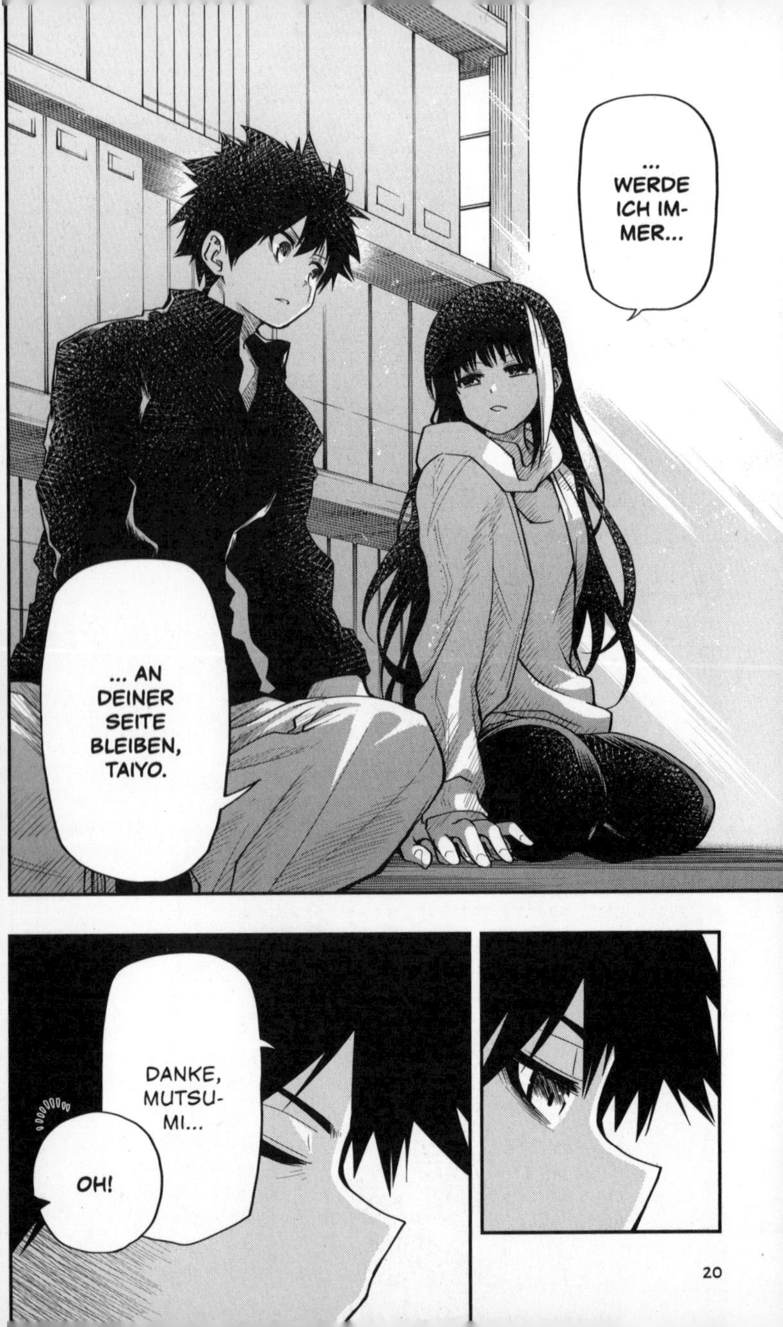
... WERDE ICH IMMER...
... AN DEINER SEITE BLEIBEN, TAIYO.
DANKE, MUTSUMI...
OH!

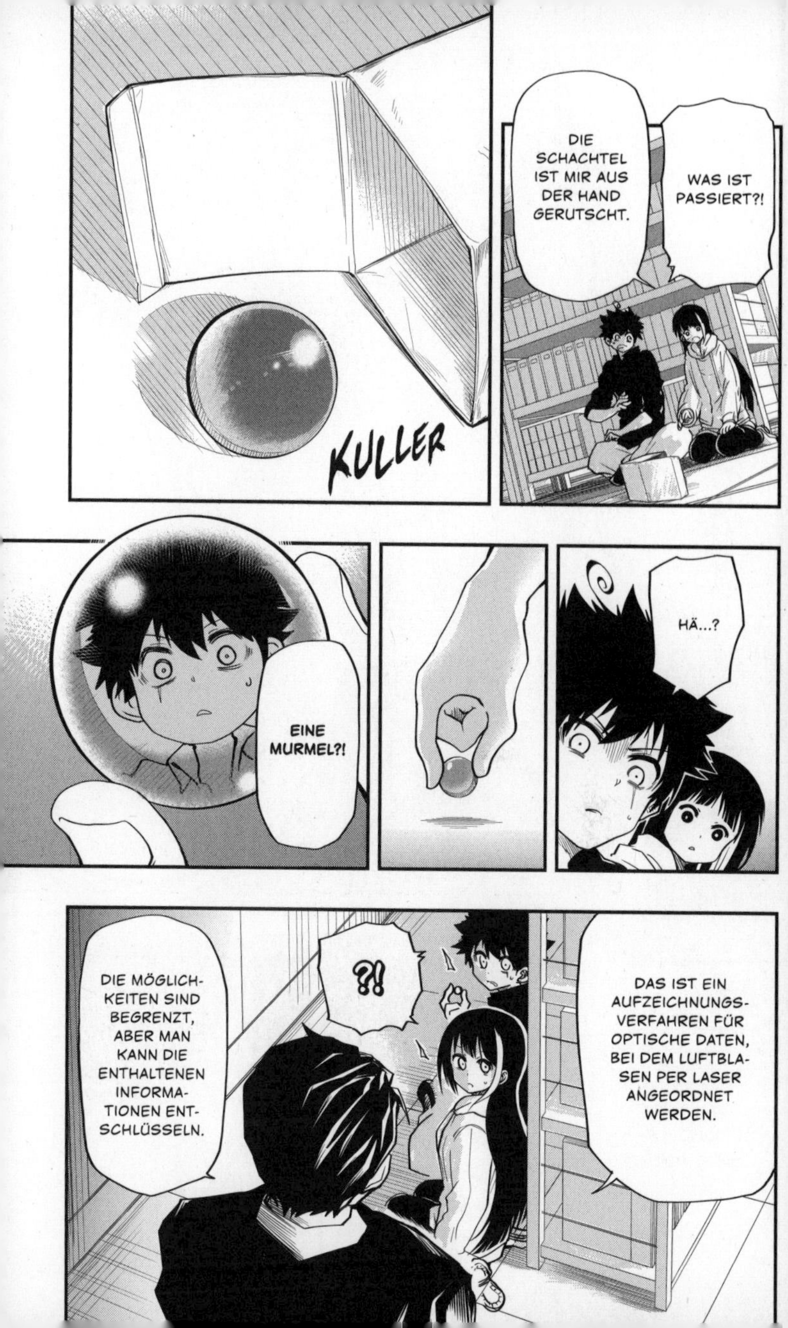
WAS IST PASSIERT?!
DIE SCHACHTEL IST MIR AUS DER HAND GERUTSCHT.
KULLER
HÄ...?
EINE MURMEL?!
DAS IST EIN AUFZEICHNUNGSVERFAHREN FÜR OPTISCHE DATEN, BEI DEM LUFTBLASEN PER LASER ANGEORDNET WERDEN.
?!
DIE MÖGLICHKEITEN SIND BEGRENZT, ABER MAN KANN DIE ENTHALTENEN INFORMATIONEN ENTSCHLÜSSELN.

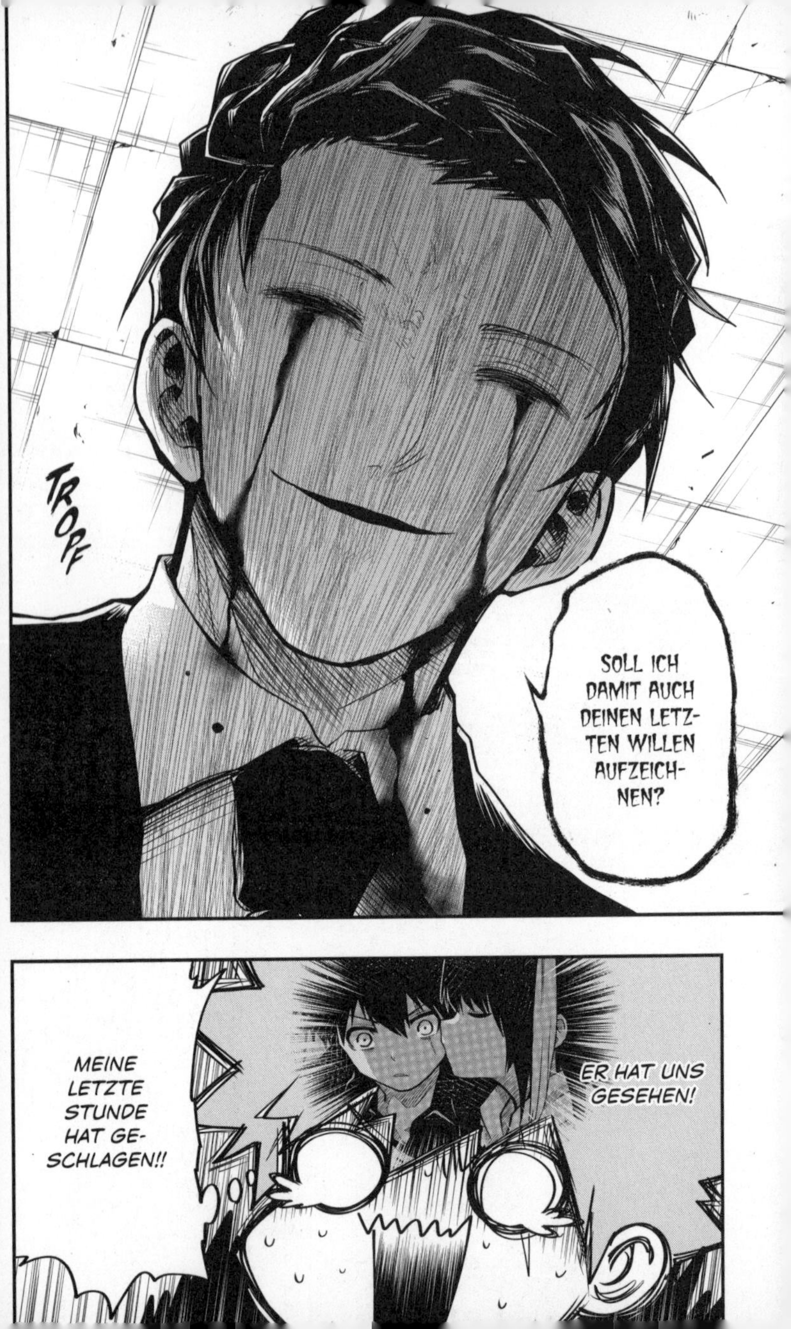
TROPF
SOLL ICH DAMIT AUCH DEINEN LETZTEN WILLEN AUFZEICHNEN?
ER HAT UNS GESEHEN!
MEINE LETZTE STUNDE HAT GESCHLAGEN!!

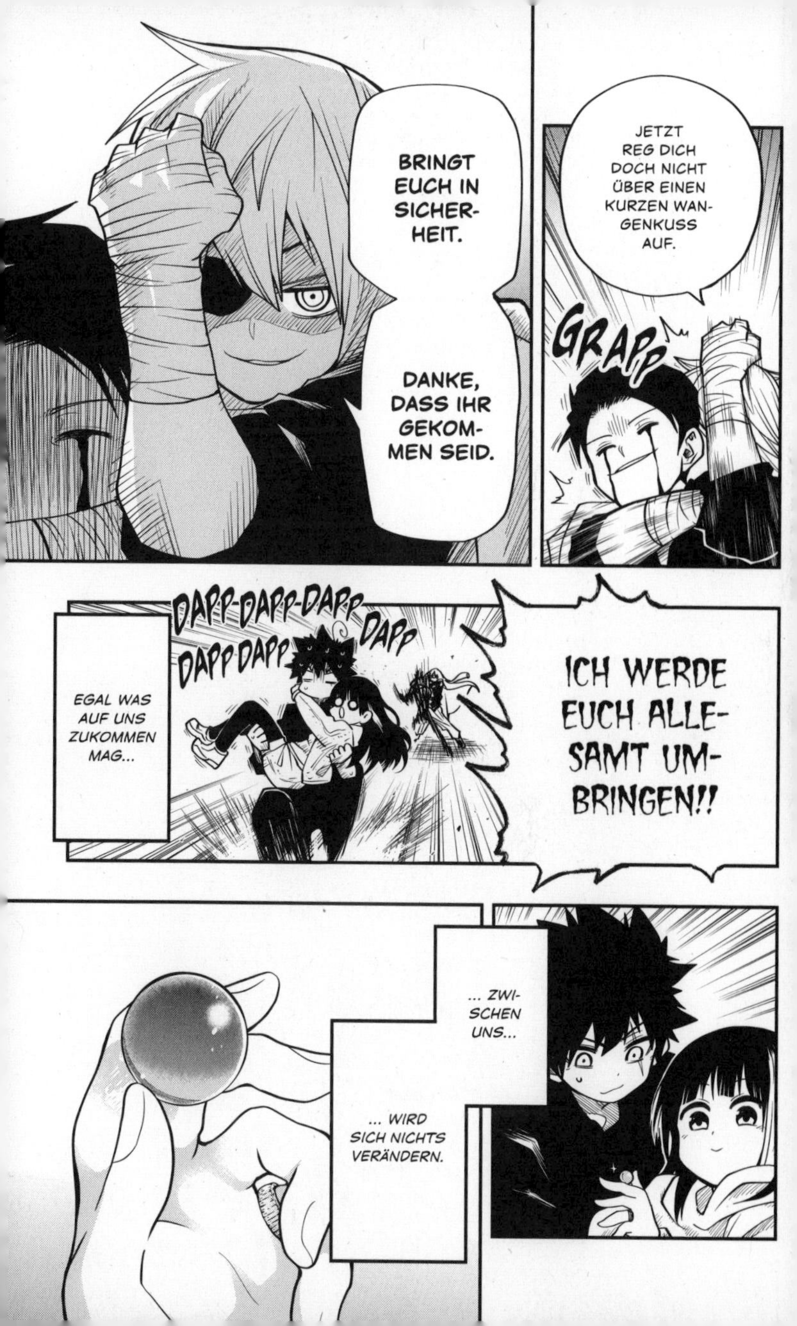
JETZT REG DICH DOCH NICHT ÜBER EINEN KURZEN WANGENKUSS AUF.
GRAPP
BRINGT EUCH IN SICHERHEIT.
DANKE, DASS IHR GEKOMMEN SEID.
ICH WERDE EUCH ALLESAMT UMBRINGEN!!
DAPP-DAPP-DAPP DAPP
DAPP DAPP
EGAL WAS AUF UNS ZUKOMMEN MAG...
... ZWISCHEN UNS...
... WIRD SICH NICHTS VERÄNDERN.

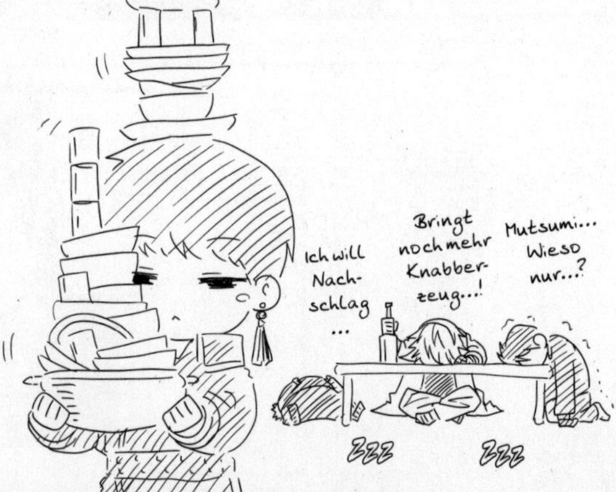
Ich will
Nach-
schlag
...
Bringt
noch mehr
Knabber-
zeug...!
Mutsumi...
Wieso
nur...?
ZZZ
ZZZ

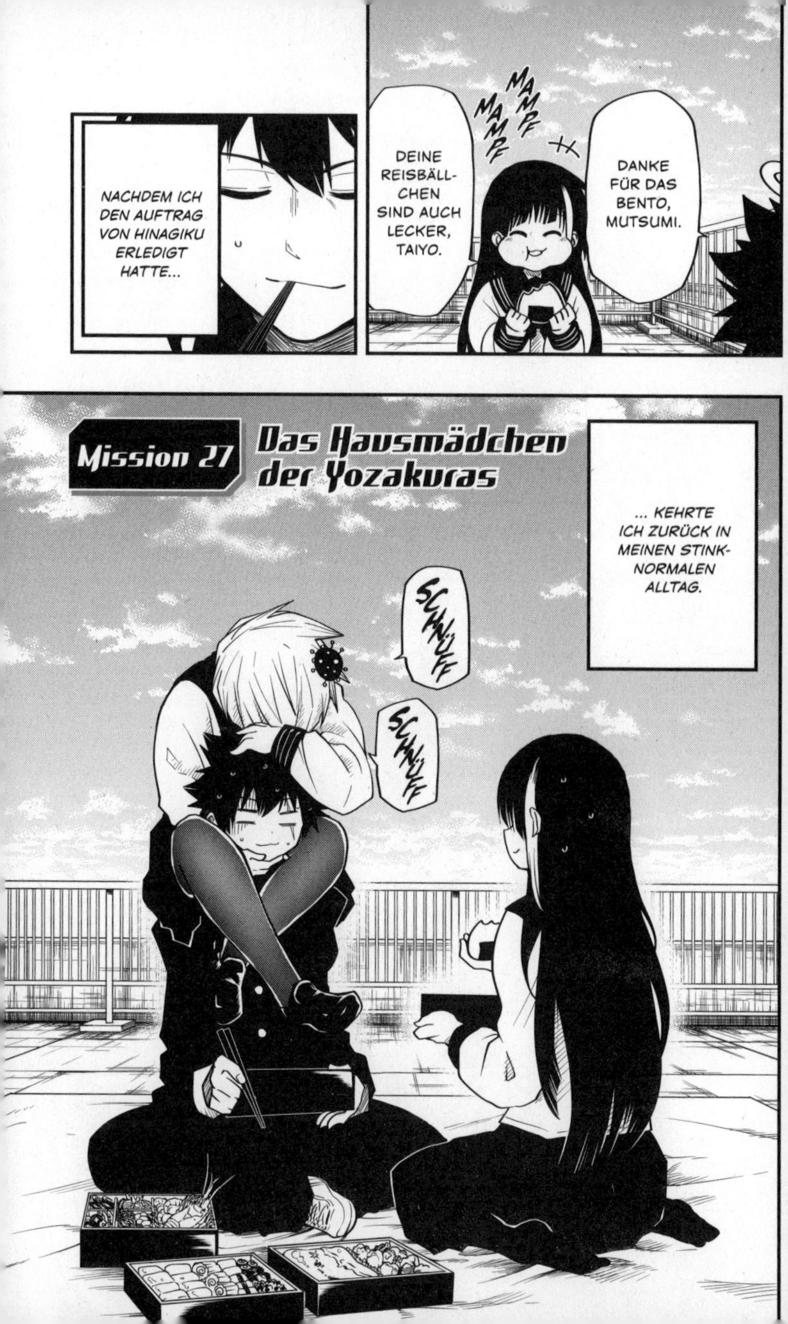
DANKE FÜR DAS BENTO, MUTSUMI.
MAMPF MAMPF
DEINE REISBÄLL-CHEN SIND AUCH LECKER, TAIYO.
NACHDEM ICH DEN AUFTRAG VON HINAGIKU ERLEDIGT HATTE...
Mission 27
Das Hausmädchen der Yozakuras
... KEHRTE ICH ZURÜCK IN MEINEN STINK-NORMALEN ALLTAG.
SCHNÜFF
SCHNÜFF

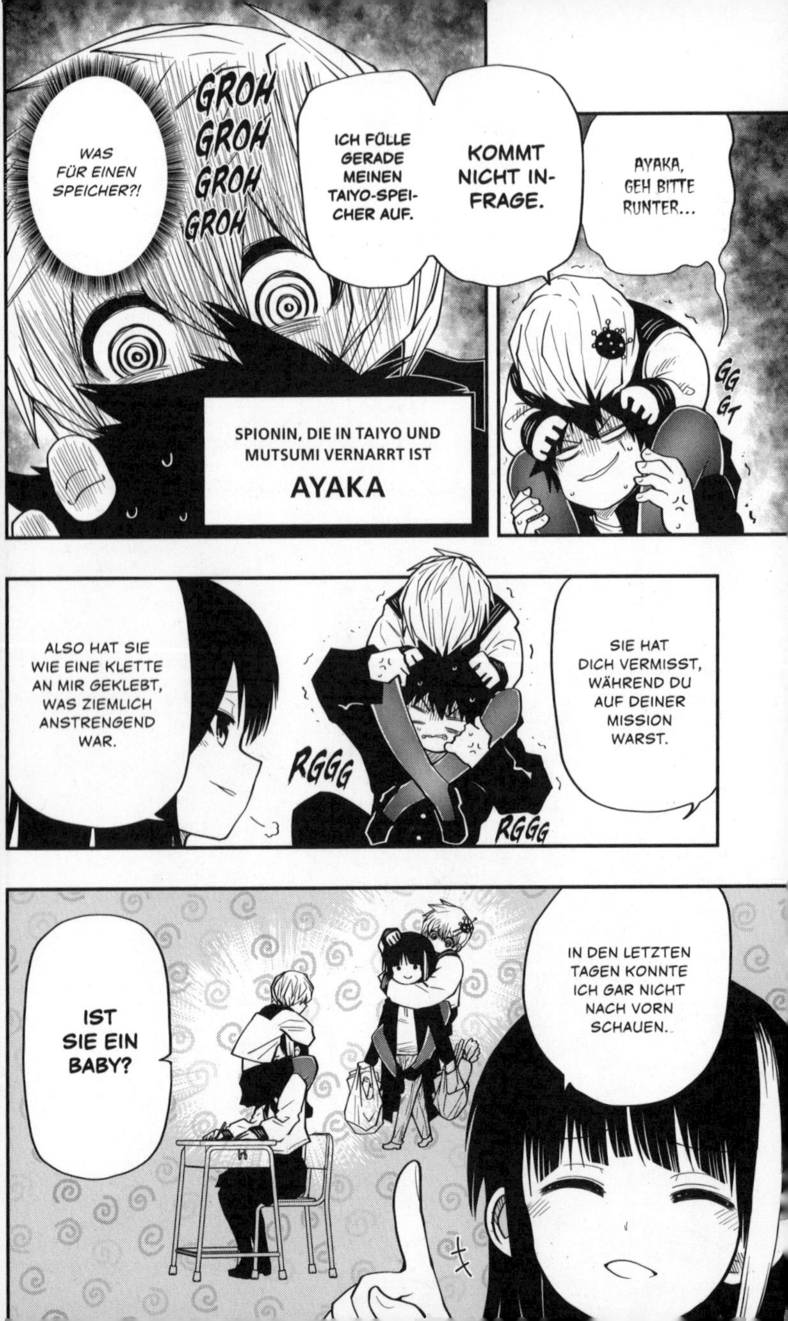
AYAKA, GEH BITTE RUNTER…
GG GT
KOMMT NICHT IN-FRAGE.
ICH FÜLLE GERADE MEINEN TAIYO-SPEI-CHER AUF.
GROH GROH GROH GROH
WAS FÜR EINEN SPEICHER?!
SPIONIN, DIE IN TAIYO UND MUTSUMI VERNARRT IST
AYAKA
SIE HAT DICH VERMISST, WÄHREND DU AUF DEINER MISSION WARST.
RGGG
RGGG
ALSO HAT SIE WIE EINE KLETTE AN MIR GEKLEBT, WAS ZIEMLICH ANSTRENGEND WAR.
IN DEN LETZTEN TAGEN KONNTE ICH GAR NICHT NACH VORN SCHAUEN.
IST SIE EIN BABY?

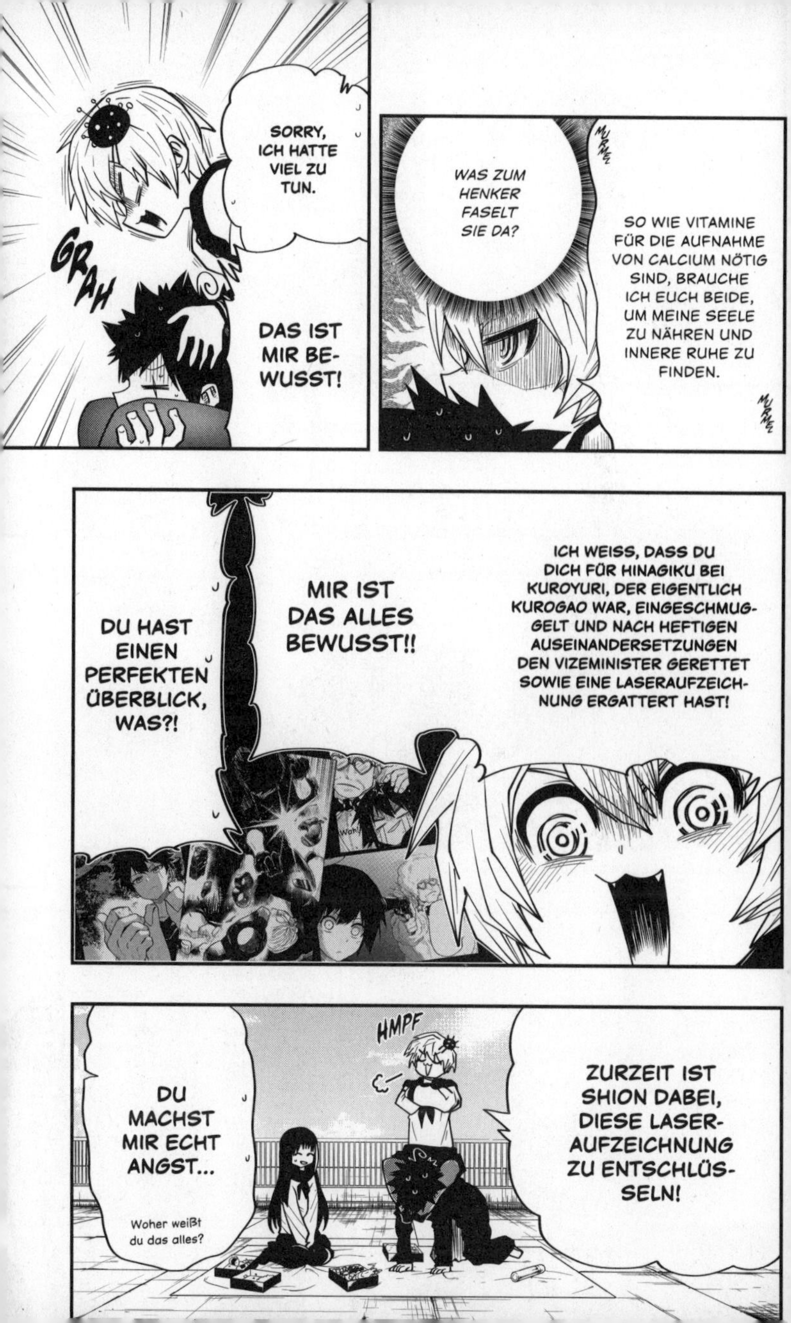
SO WIE VITAMINE FÜR DIE AUFNAHME VON CALCIUM NÖTIG SIND, BRAUCHE ICH EUCH BEIDE, UM MEINE SEELE ZU NÄHREN UND INNERE RUHE ZU FINDEN.
MURMEL
MURMEL
WAS ZUM HENKER FASELT SIE DA?
SORRY, ICH HATTE VIEL ZU TUN.
GRAH
DAS IST MIR BE-WUSST!
ICH WEISS, DASS DU DICH FÜR HINAGIKU BEI KUROYURI, DER EIGENTLICH KUROGAO WAR, EINGESCHMUG-GELT UND NACH HEFTIGEN AUSEINANDERSETZUNGEN DEN VIZEMINISTER GERETTET SOWIE EINE LASERAUFZEICH-NUNG ERGATTERT HAST!
MIR IST DAS ALLES BEWUSST!!
DU HAST EINEN PERFEKTEN ÜBERBLICK, WAS?!
Wah!
ZURZEIT IST SHION DABEI, DIESE LASER-AUFZEICHNUNG ZU ENTSCHLÜS-SELN!
HMPF
DU MACHST MIR ECHT ANGST...
Woher weißt du das alles?

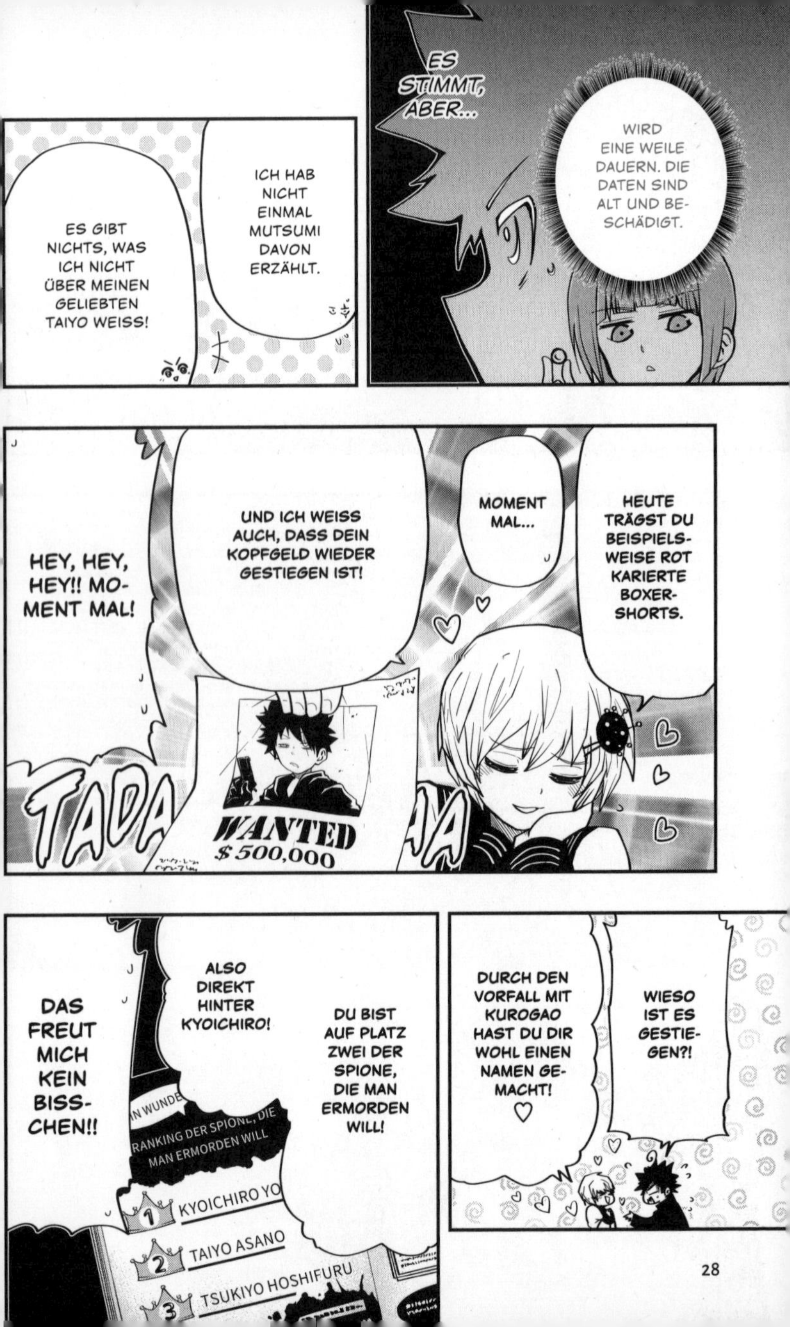
ES STIMMT, ABER...
WIRD EINE WEILE DAUERN. DIE DATEN SIND ALT UND BESCHÄDIGT.
ICH HAB NICHT EINMAL MUTSUMI DAVON ERZÄHLT.
ES GIBT NICHTS, WAS ICH NICHT ÜBER MEINEN GELIEBTEN TAIYO WEISS!
HEUTE TRÄGST DU BEISPIELSWEISE ROT KARIERTE BOXERSHORTS.
MOMENT MAL...
UND ICH WEISS AUCH, DASS DEIN KOPFGELD WIEDER GESTIEGEN IST!
HEY, HEY, HEY!! MOMENT MAL!
TADA
AA
WANTED
$ 500,000
WIESO IST ES GESTIEGEN?!
DURCH DEN VORFALL MIT KUROGAO HAST DU DIR WOHL EINEN NAMEN GEMACHT! ♡
DU BIST AUF PLATZ ZWEI DER SPIONE, DIE MAN ERMORDEN WILL!
ALSO DIREKT HINTER KYOICHIRO!
DAS FREUT MICH KEIN BISSCHEN!!
RANKING DER SPIONE, DIE MAN ERMORDEN WILL
1 KYOICHIRO YO
2 TAIYO ASANO
3 TSUKIYO HOSHIFURU

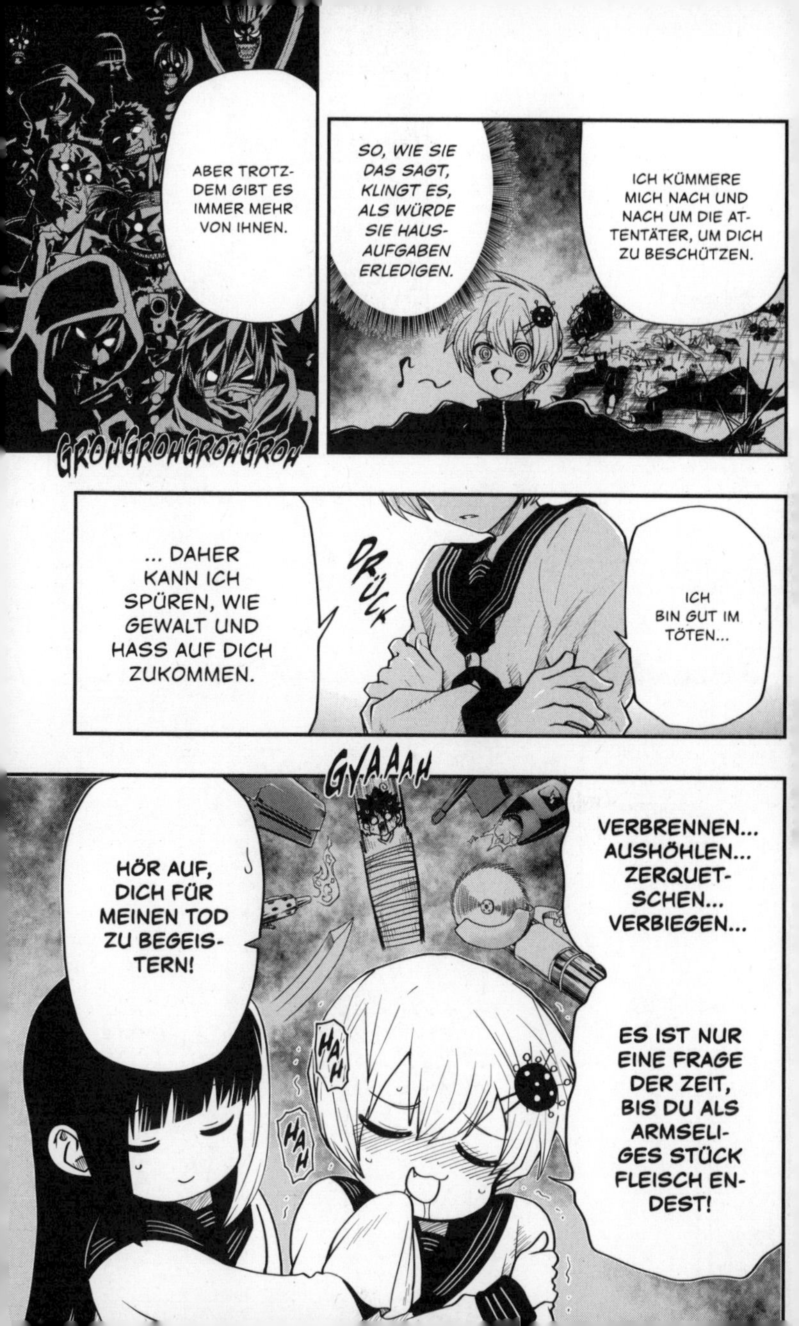
ICH KÜMMERE MICH NACH UND NACH UM DIE ATTENTÄTER, UM DICH ZU BESCHÜTZEN.
SO, WIE SIE DAS SAGT, KLINGT ES, ALS WÜRDE SIE HAUSAUFGABEN ERLEDIGEN.
ABER TROTZDEM GIBT ES IMMER MEHR VON IHNEN.
GROHGROHGROHGROH
ICH BIN GUT IM TÖTEN...
DRÜCK
... DAHER KANN ICH SPÜREN, WIE GEWALT UND HASS AUF DICH ZUKOMMEN.
GYAAAAH
VERBRENNEN... AUSHÖHLEN... ZERQUETSCHEN... VERBIEGEN...
ES IST NUR EINE FRAGE DER ZEIT, BIS DU ALS ARMSELIGES STÜCK FLEISCH ENDEST!
HAH
HAH
HÖR AUF, DICH FÜR MEINEN TOD ZU BEGEISTERN!

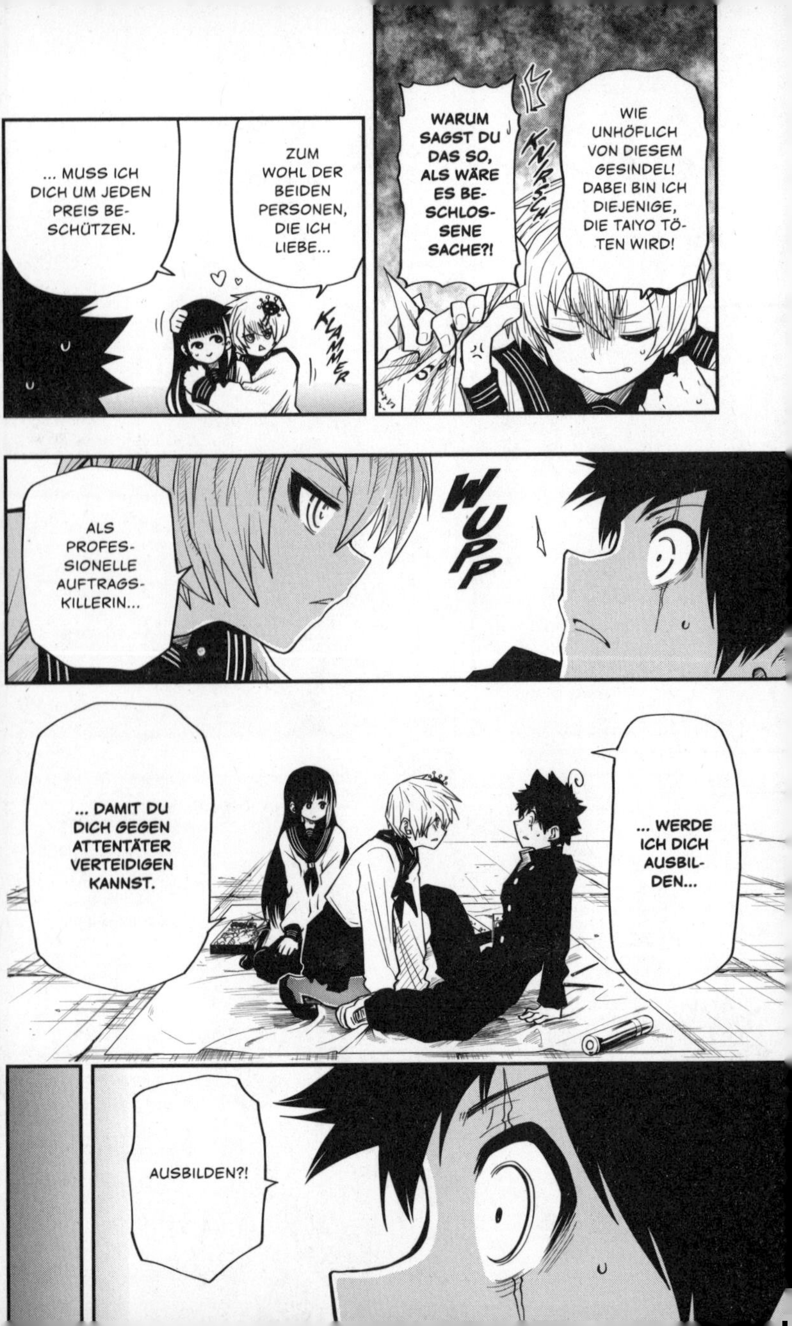

WIE UNHÖFLICH VON DIESEM GESINDEL! DABEI BIN ICH DIEJENIGE, DIE TAIYO TÖTEN WIRD!
KNIRSCH
WARUM SAGST DU DAS SO, ALS WÄRE ES BESCHLOSSENE SACHE?!
ZUM WOHL DER BEIDEN PERSONEN, DIE ICH LIEBE...
KLAMMER
... MUSS ICH DICH UM JEDEN PREIS BESCHÜTZEN.
WUPP
ALS PROFESSIONELLE AUFTRAGSKILLERIN...
... WERDE ICH DICH AUSBILDEN...
... DAMIT DU DICH GEGEN ATTENTÄTER VERTEIDIGEN KANNST.
AUSBILDEN?!

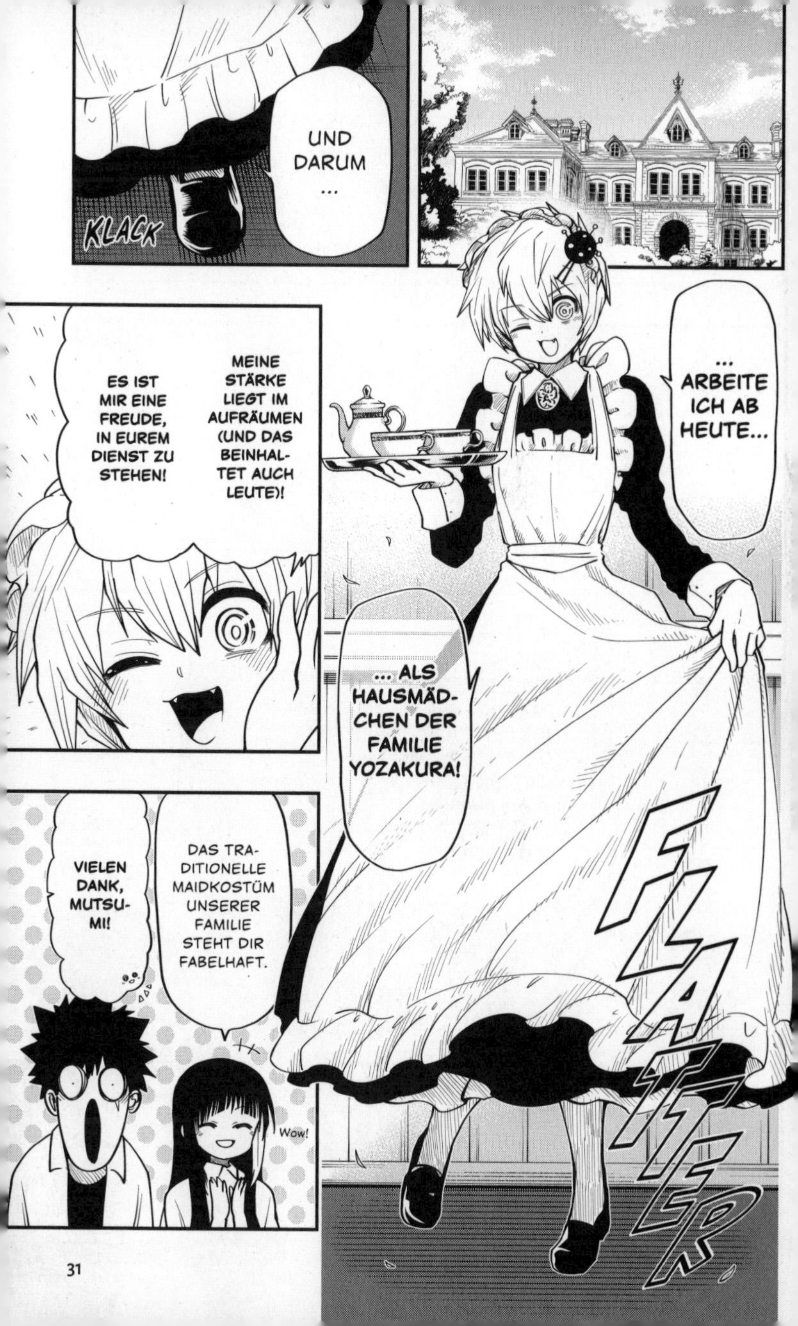
UND DARUM ...
KLACK
... ARBEITE ICH AB HEUTE...
... ALS HAUSMÄDCHEN DER FAMILIE YOZAKURA!
FLATTER
MEINE STÄRKE LIEGT IM AUFRÄUMEN (UND DAS BEINHALTET AUCH LEUTE)!
ES IST MIR EINE FREUDE, IN EUREM DIENST ZU STEHEN!
DAS TRADITIONELLE MAIDKOSTÜM UNSERER FAMILIE STEHT DIR FABELHAFT.
VIELEN DANK, MUTSUMI!
Wow!

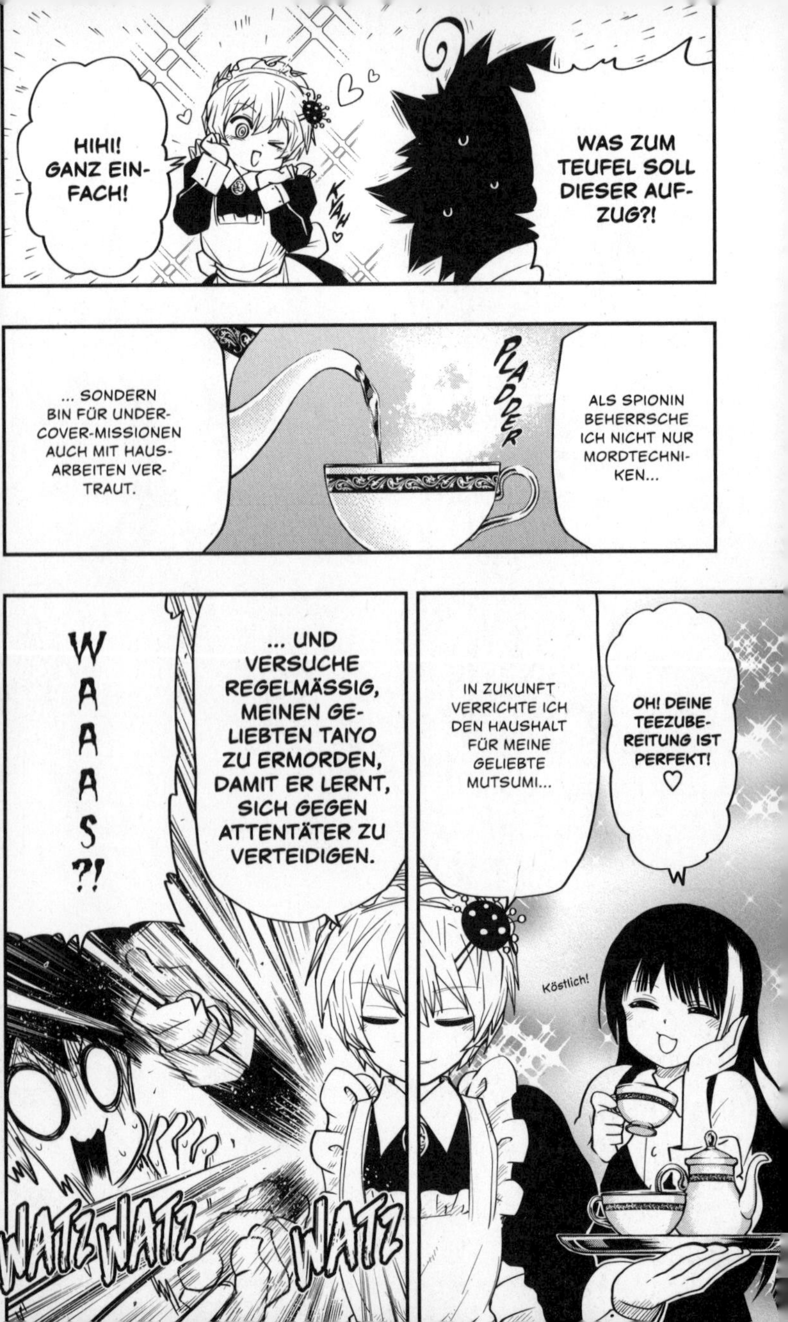
WAS ZUM TEUFEL SOLL DIESER AUFZUG?!
HIHI! GANZ EIN-FACH!
KYAH
ALS SPIONIN BEHERRSCHE ICH NICHT NUR MORDTECHNI-KEN...
PLADDER
... SONDERN BIN FÜR UNDER-COVER-MISSIONEN AUCH MIT HAUS-ARBEITEN VER-TRAUT.
OH! DEINE TEEZUBE-REITUNG IST PERFEKT! ♡
Köstlich!
IN ZUKUNFT VERRICHTE ICH DEN HAUSHALT FÜR MEINE GELIEBTE MUTSUMI...
... UND VERSUCHE REGELMÄSSIG, MEINEN GE-LIEBTEN TAIYO ZU ERMORDEN, DAMIT ER LERNT, SICH GEGEN ATTENTÄTER ZU VERTEIDIGEN.
WAAAAS?!
WATZ WATZ WATZ

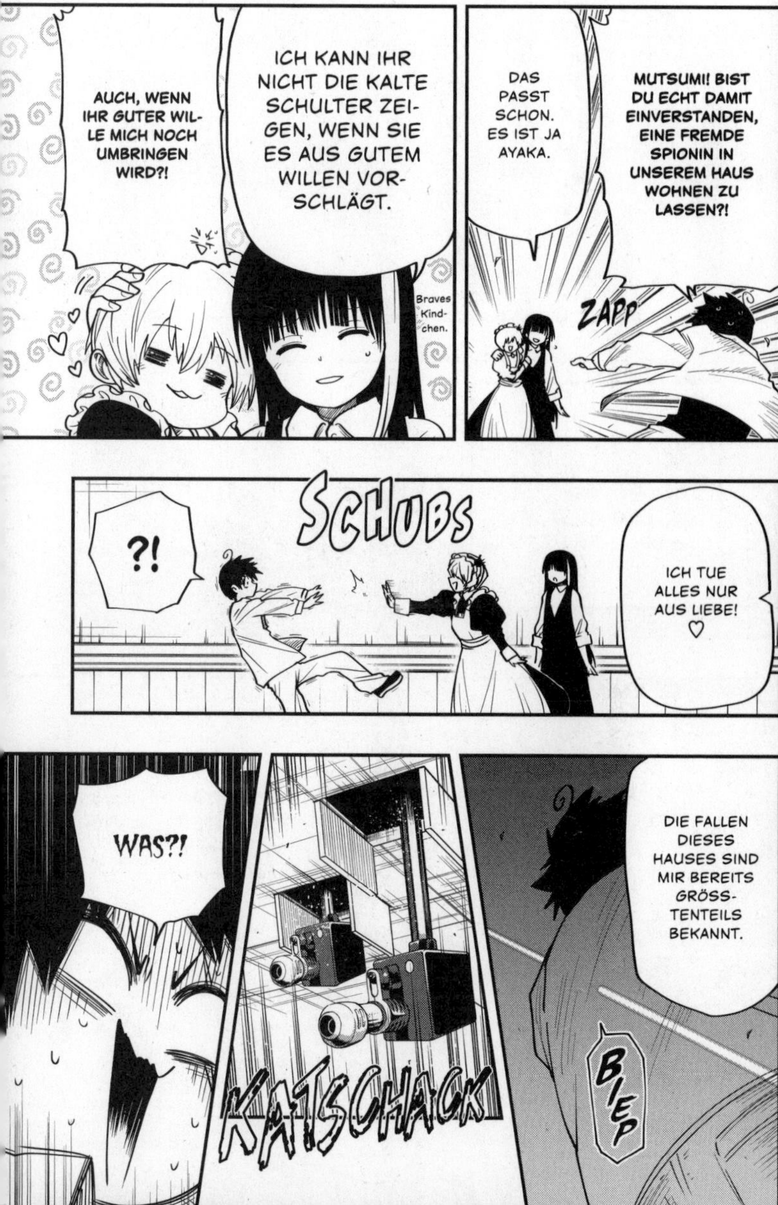
MUTSUMI! BIST DU ECHT DAMIT EINVERSTANDEN, EINE FREMDE SPIONIN IN UNSEREM HAUS WOHNEN ZU LASSEN?!
DAS PASST SCHON. ES IST JA AYAKA.
ZAPP
ICH KANN IHR NICHT DIE KALTE SCHULTER ZEIGEN, WENN SIE ES AUS GUTEM WILLEN VORSCHLÄGT.
Braves Kindchen.
AUCH, WENN IHR GUTER WILLE MICH NOCH UMBRINGEN WIRD?!
ICH TUE ALLES NUR AUS LIEBE! ♡
SCHUBS
?!
DIE FALLEN DIESES HAUSES SIND MIR BEREITS GRÖSSTENTEILS BEKANNT.
BIEP
KATSCHACK
WAS?!

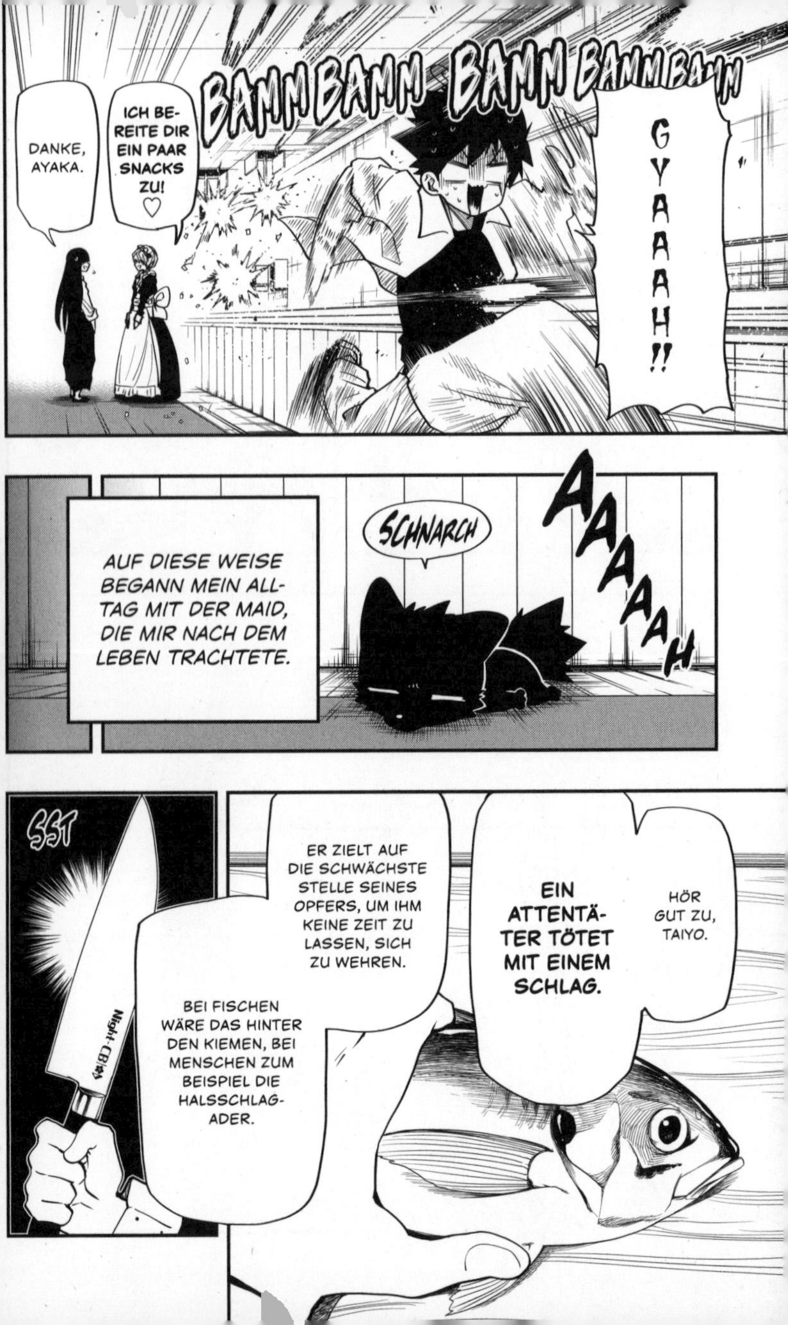
BAMM BAMM BAMM BAMM BAMM
GYAAAAH!!
ICH BEREITE DIR EIN PAAR SNACKS ZU! ♡
DANKE, AYAKA.
AAAAAAH
SCHNARCH
AUF DIESE WEISE BEGANN MEIN ALLTAG MIT DER MAID, DIE MIR NACH DEM LEBEN TRACHTETE.
HÖR GUT ZU, TAIYO.
EIN ATTENTÄTER TÖTET MIT EINEM SCHLAG.
ER ZIELT AUF DIE SCHWÄCHSTE STELLE SEINES OPFERS, UM IHM KEINE ZEIT ZU LASSEN, SICH ZU WEHREN.
BEI FISCHEN WÄRE DAS HINTER DEN KIEMEN, BEI MENSCHEN ZUM BEISPIEL DIE HALSSCHLAGADER.
SST

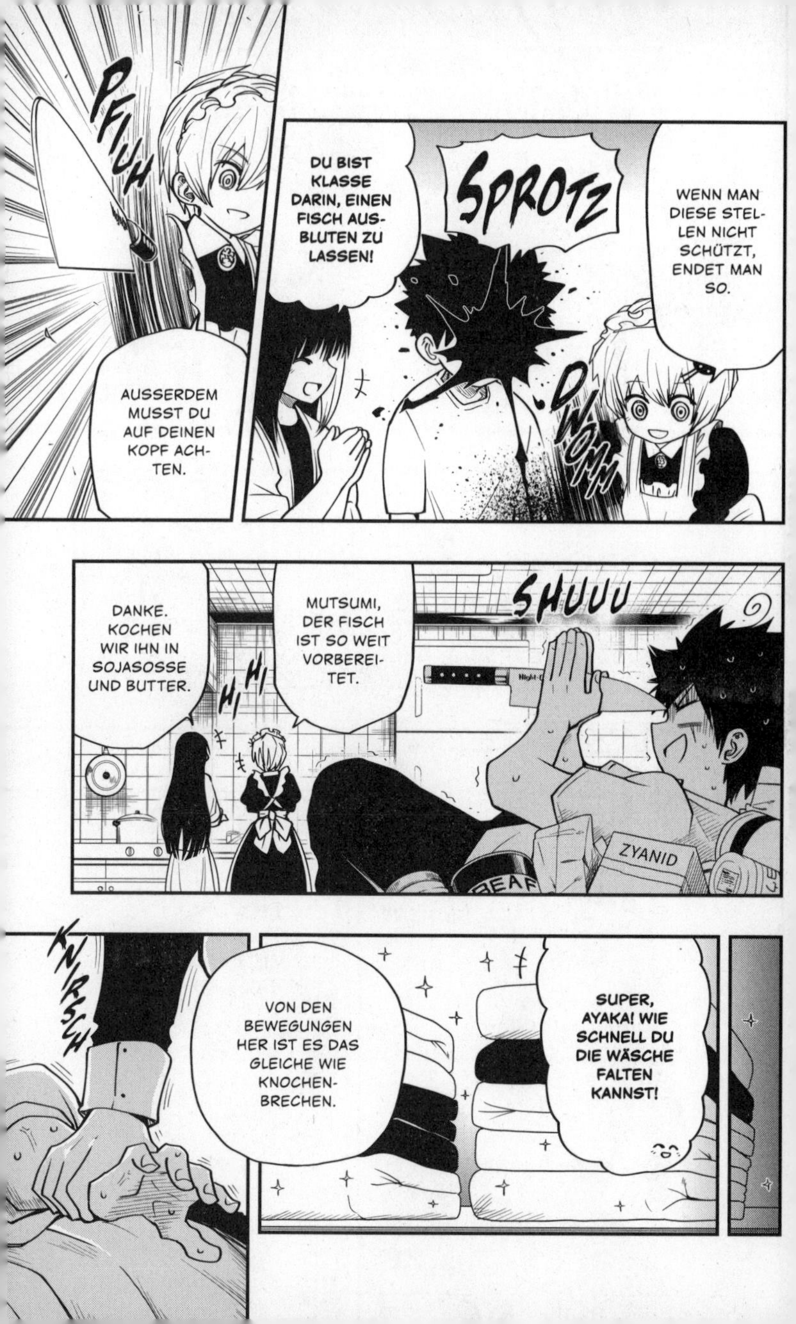

WENN MAN DIESE STELLEN NICHT SCHÜTZT, ENDET MAN SO.
SPROTZ
DWOMM
DU BIST KLASSE DARIN, EINEN FISCH AUSBLUTEN ZU LASSEN!
PFIUH
AUSSERDEM MUSST DU AUF DEINEN KOPF ACHTEN.
SHUUU
MUTSUMI, DER FISCH IST SO WEIT VORBEREITET.
HI HI HI
DANKE. KOCHEN WIR IHN IN SOJASOSSE UND BUTTER.
ZYANID
SUPER, AYAKA! WIE SCHNELL DU DIE WÄSCHE FALTEN KANNST!
VON DEN BEWEGUNGEN HER IST ES DAS GLEICHE WIE KNOCHENBRECHEN.
KNIRSCH

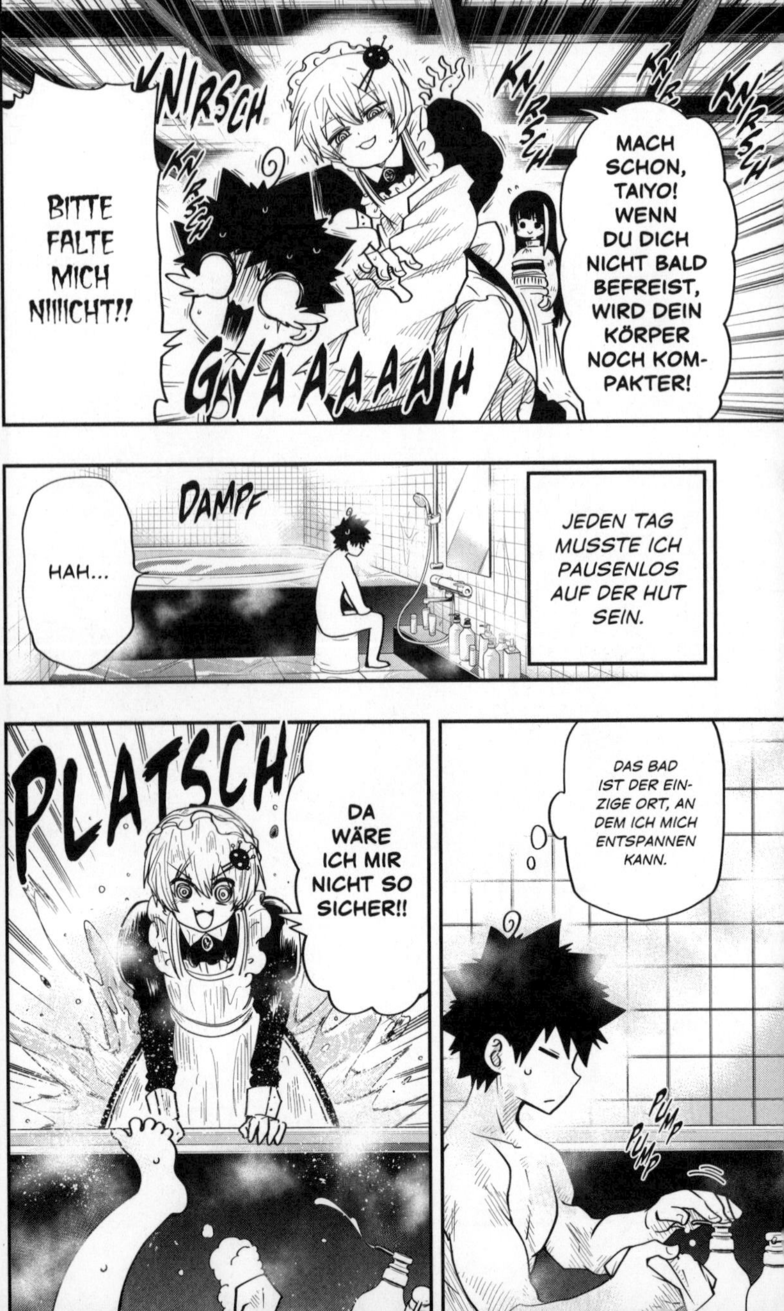
KNIRSCH
KNIRSCH
KNIRSCH
MACH SCHON, TAIYO! WENN DU DICH NICHT BALD BEFREIST, WIRD DEIN KÖRPER NOCH KOMPAKTER!
KNIRSCH
KNIRSCH
BITTE FALTE MICH NIIIICHT!!
GYAAAAAAH
JEDEN TAG MUSSTE ICH PAUSENLOS AUF DER HUT SEIN.
DAMPF
HAH...
DAS BAD IST DER EINZIGE ORT, AN DEM ICH MICH ENTSPANNEN KANN.
PUMP
PUMP
DA WÄRE ICH MIR NICHT SO SICHER!!
PLATSCH

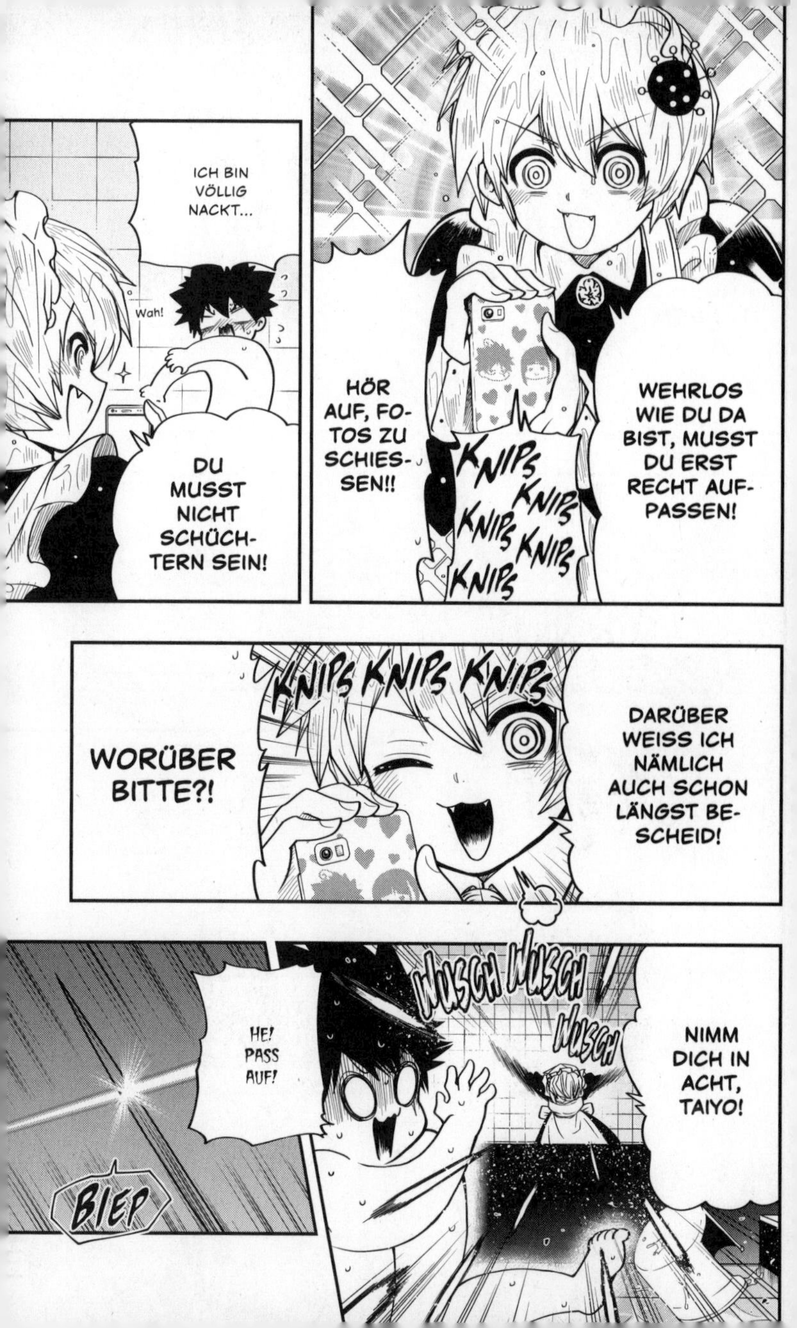

WEHRLOS WIE DU DA BIST, MUSST DU ERST RECHT AUFPASSEN!
KNIPS KNIPS KNIPS KNIPS KNIPS
HÖR AUF, FOTOS ZU SCHIESSEN!!
ICH BIN VÖLLIG NACKT...
Wah!
DU MUSST NICHT SCHÜCHTERN SEIN!
DARÜBER WEISS ICH NÄMLICH AUCH SCHON LÄNGST BESCHEID!
KNIPS KNIPS KNIPS
WORÜBER BITTE?!
NIMM DICH IN ACHT, TAIYO!
WUSCH WUSCH WUSCH
HE! PASS AUF!
BIEP

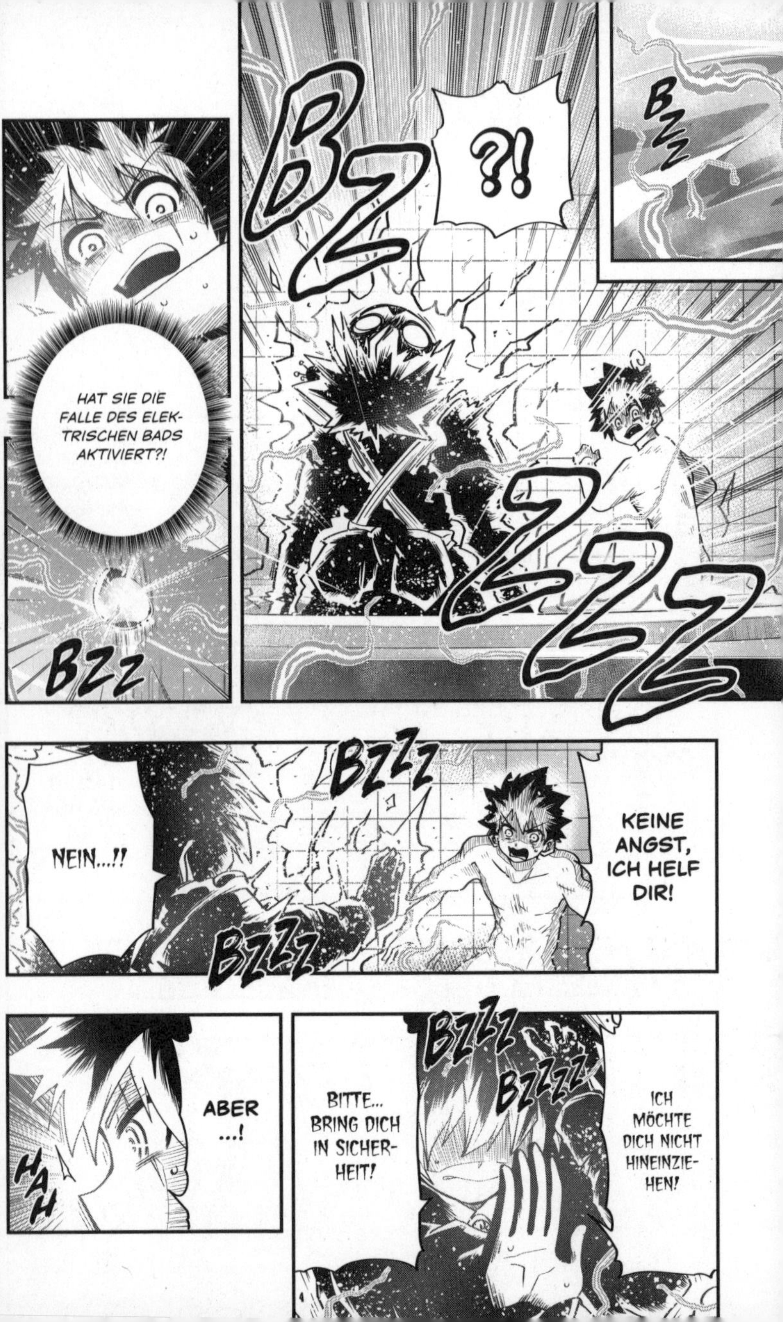
BZZ
BZZZZZ
?!
HAT SIE DIE FALLE DES ELEKTRISCHEN BADS AKTIVIERT?!
BZZ
KEINE ANGST, ICH HELF DIR!
BZZZ
NEIN...!!
BZZZ
ICH MÖCHTE DICH NICHT HINEINZIEHEN!
BZZZ
BZZZZ
BITTE... BRING DICH IN SICHERHEIT!
ABER ...!
HAH

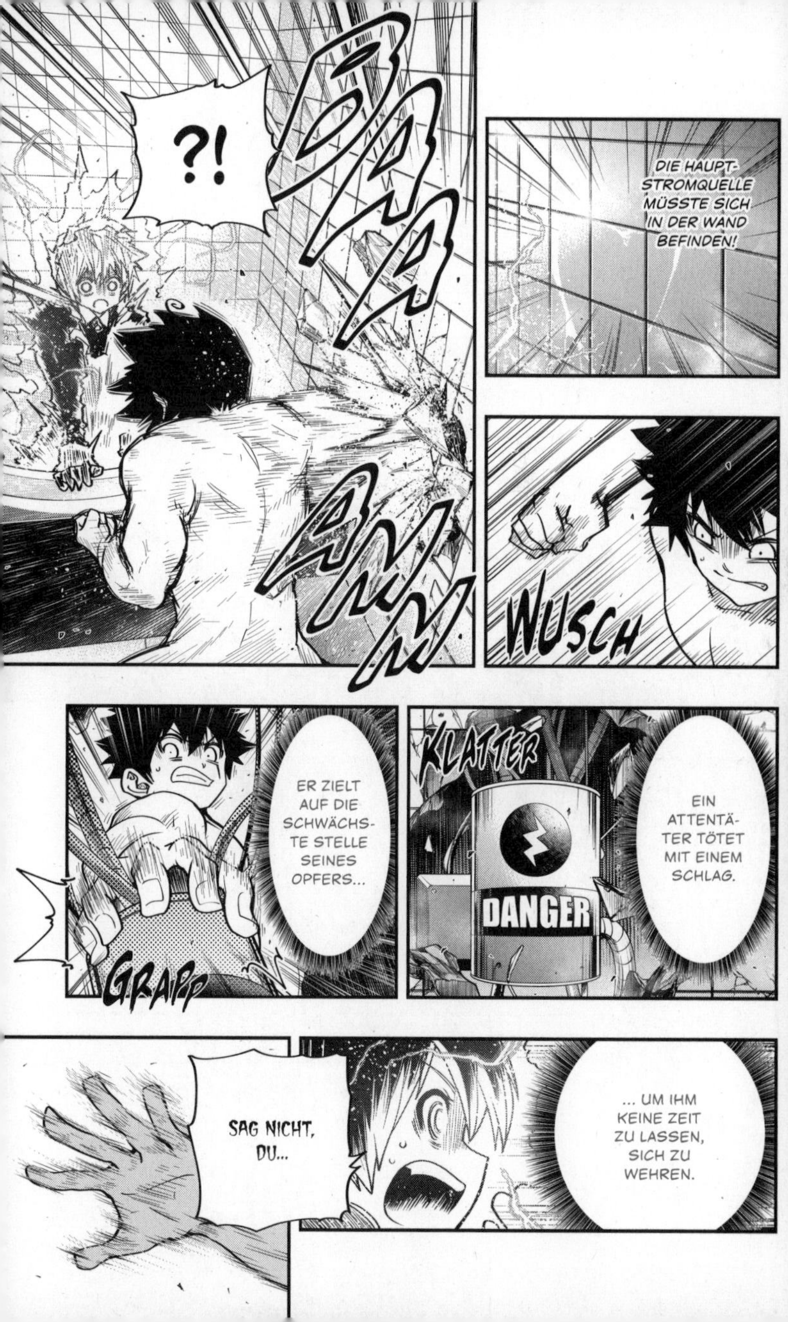
DIE HAUPT-
STROMQUELLE
MÜSSTE SICH
IN DER WAND
BEFINDEN!
WUSCH
?!
KLATTER
DANGER
EIN ATTENTÄTER TÖTET MIT EINEM SCHLAG.
ER ZIELT AUF DIE SCHWÄCHSTE STELLE SEINES OPFERS...
GRAPP
... UM IHM KEINE ZEIT ZU LASSEN, SICH ZU WEHREN.
SAG NICHT, DU...

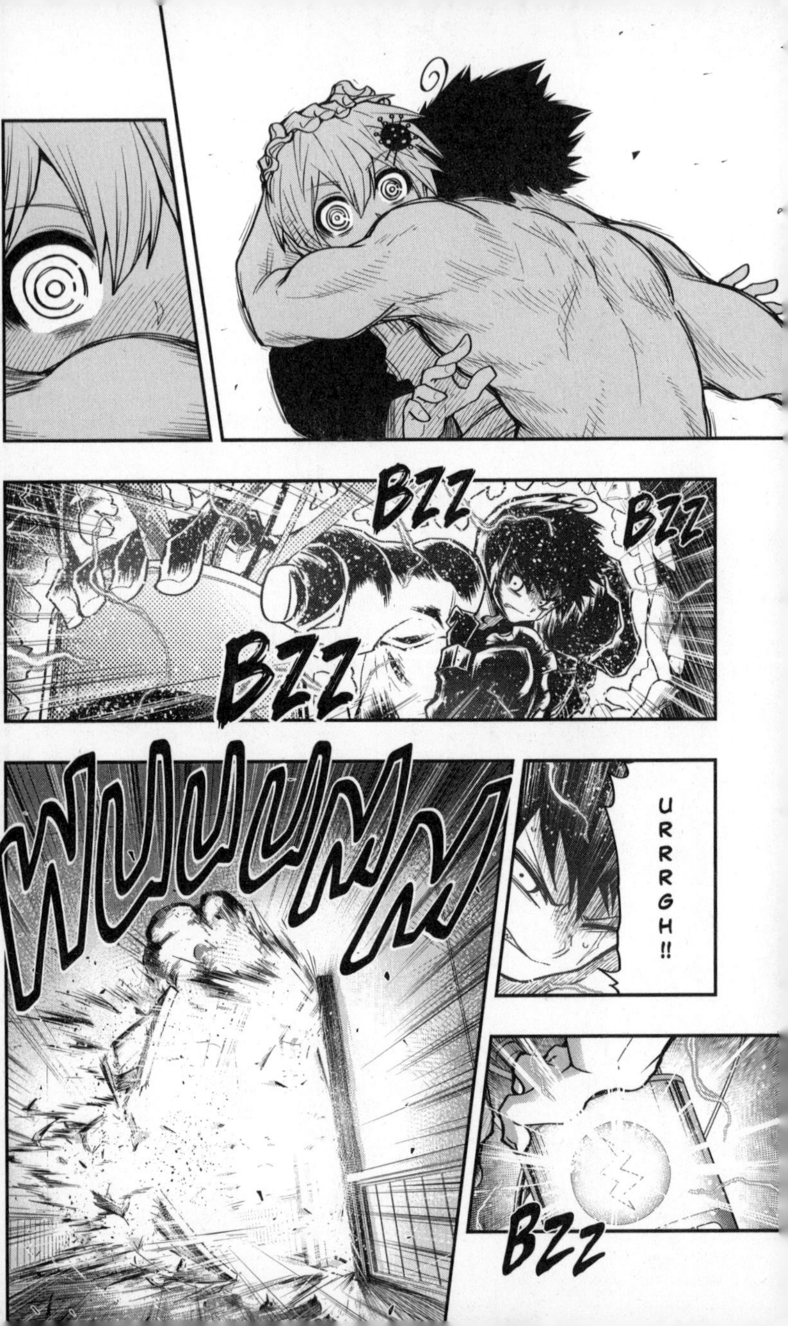
BZZ
BZZ
BZZ
URRRGH!!
WUUUMM
BZZ

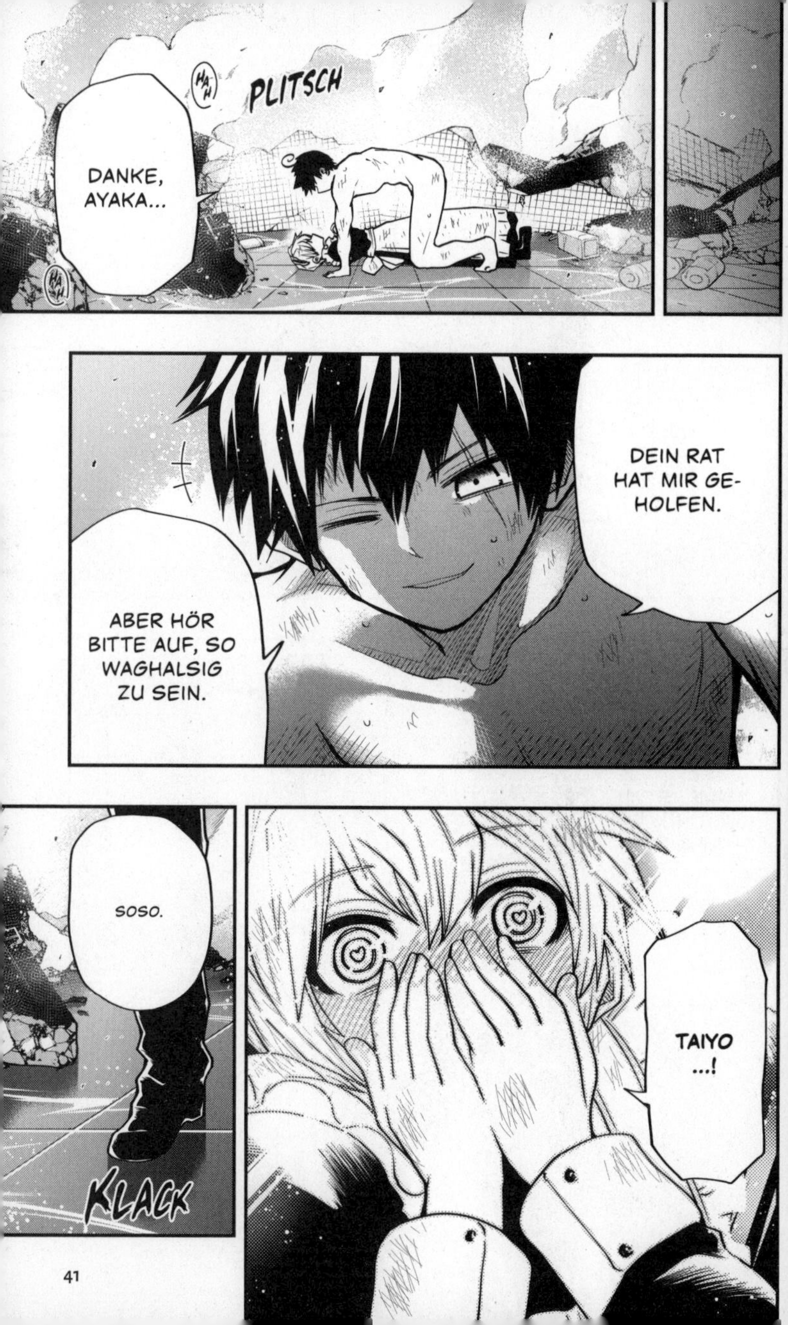
HAH
PLITSCH
DANKE, AYAKA...
HAH
DEIN RAT HAT MIR GE-HOLFEN.
ABER HÖR BITTE AUF, SO WAGHALSIG ZU SEIN.
TAIYO ...!
SOSO.
KLACK

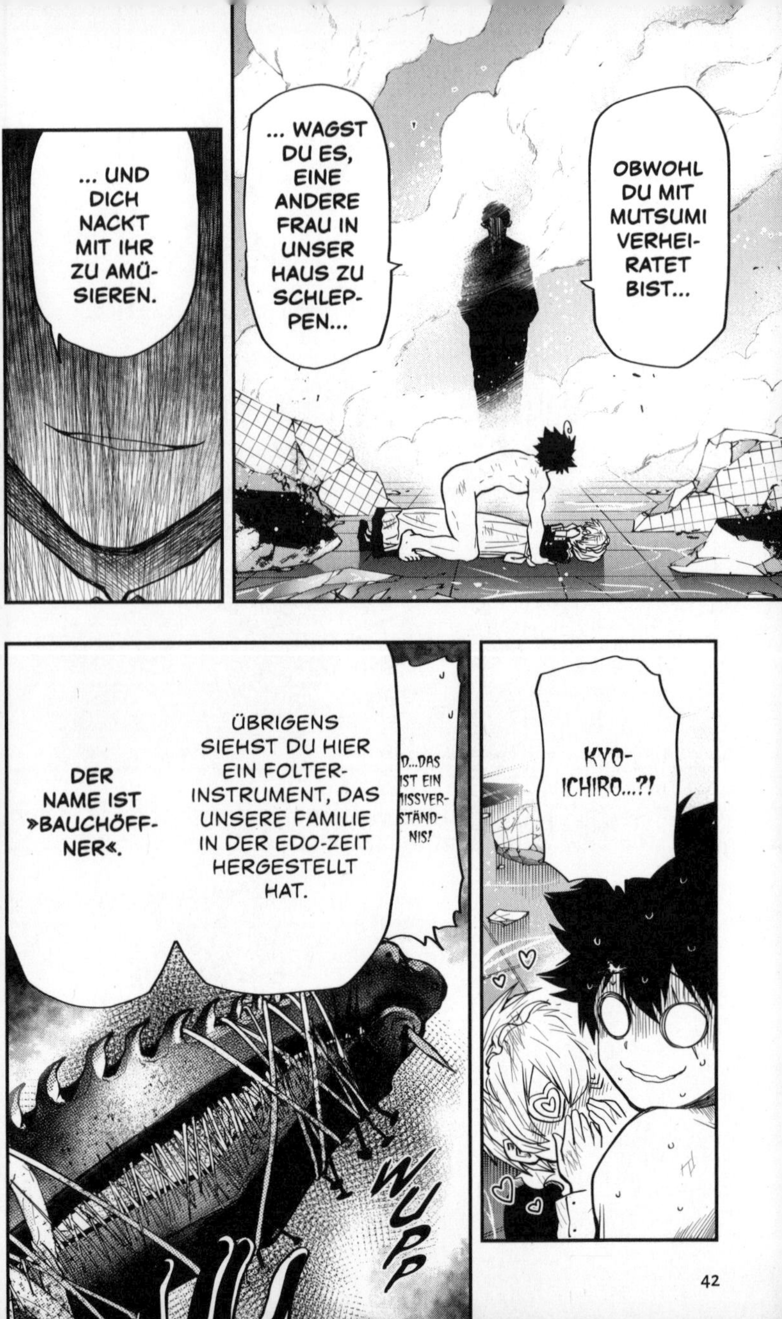
OBWOHL DU MIT MUTSUMI VERHEIRATET BIST...
... WAGST DU ES, EINE ANDERE FRAU IN UNSER HAUS ZU SCHLEPPEN...
... UND DICH NACKT MIT IHR ZU AMÜSIEREN.
KYO-ICHIRO...?!
D...DAS IST EIN MISSVERSTÄNDNIS!
ÜBRIGENS SIEHST DU HIER EIN FOLTERINSTRUMENT, DAS UNSERE FAMILIE IN DER EDO-ZEIT HERGESTELLT HAT.
DER NAME IST »BAUCHÖFFNER«.
WUPP

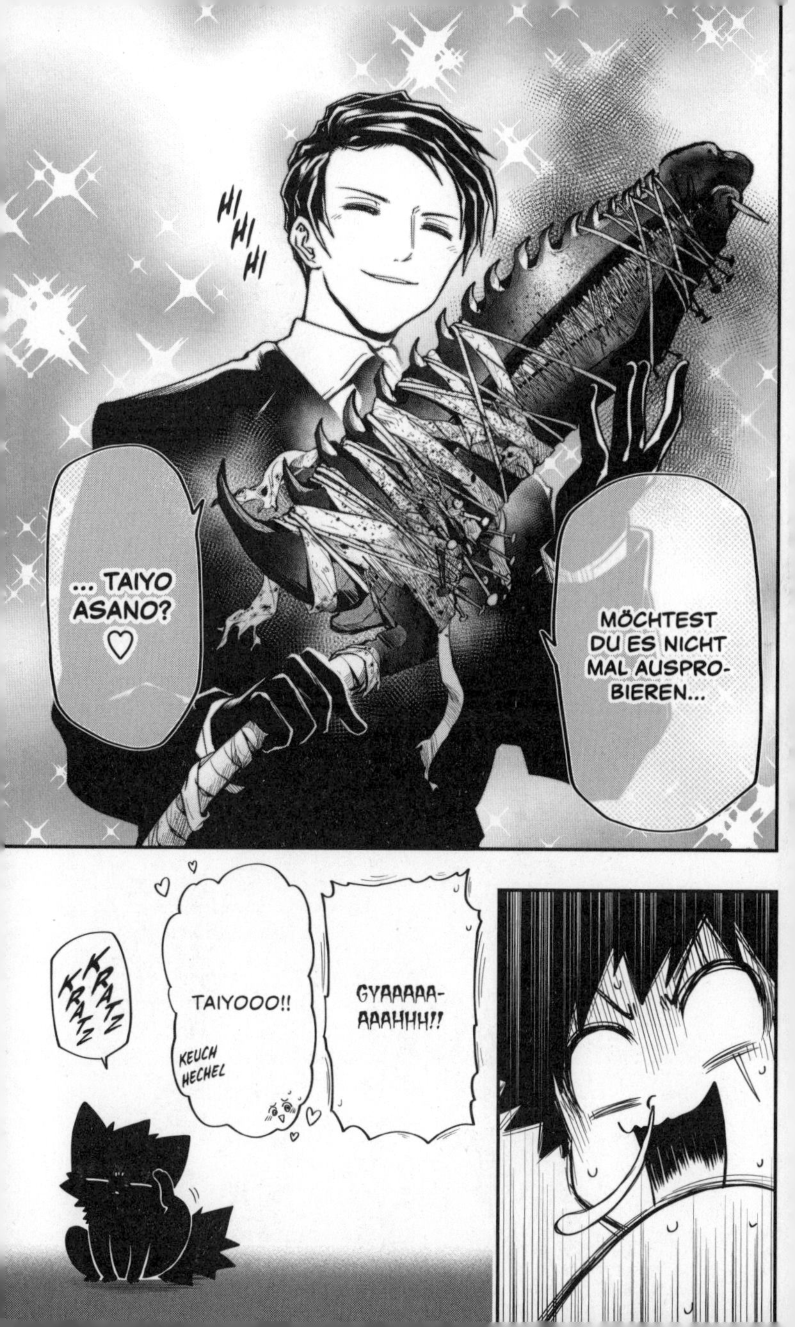
MÖCHTEST DU ES NICHT MAL AUSPRO-BIEREN...
HI HI HI
... TAIYO ASANO? ♡
GYAAAAA-AAAHHH!!
TAIYOOO!!
KEUCH HECHEL
KRATZ KRATZ

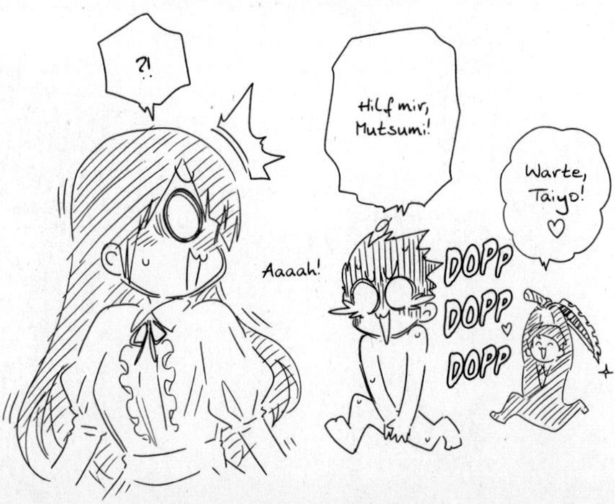

?!
Hilf mir, Mutsumi!
Warte, Taiyo! ♡
Aaaah!
DOPP
DOPP
DOPP

Mission 28 Der Seitensprung

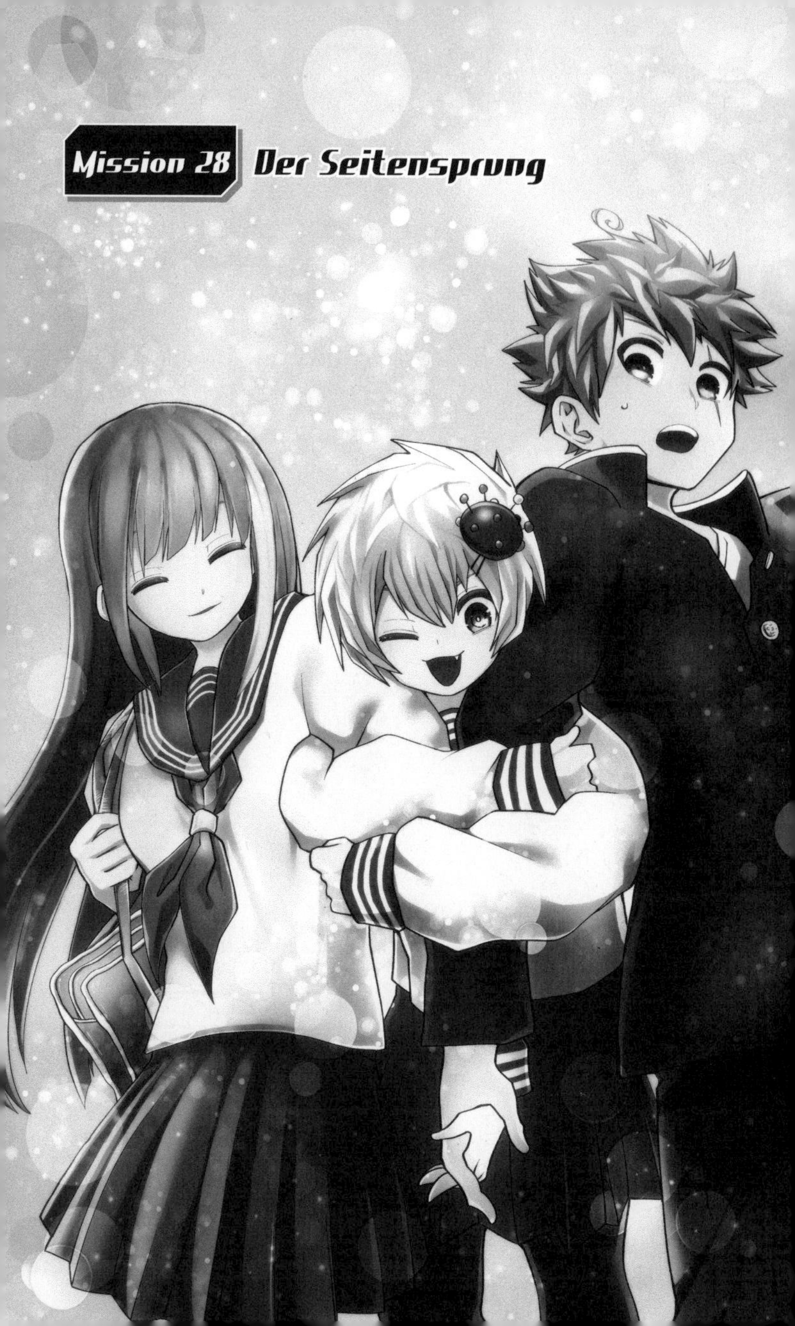

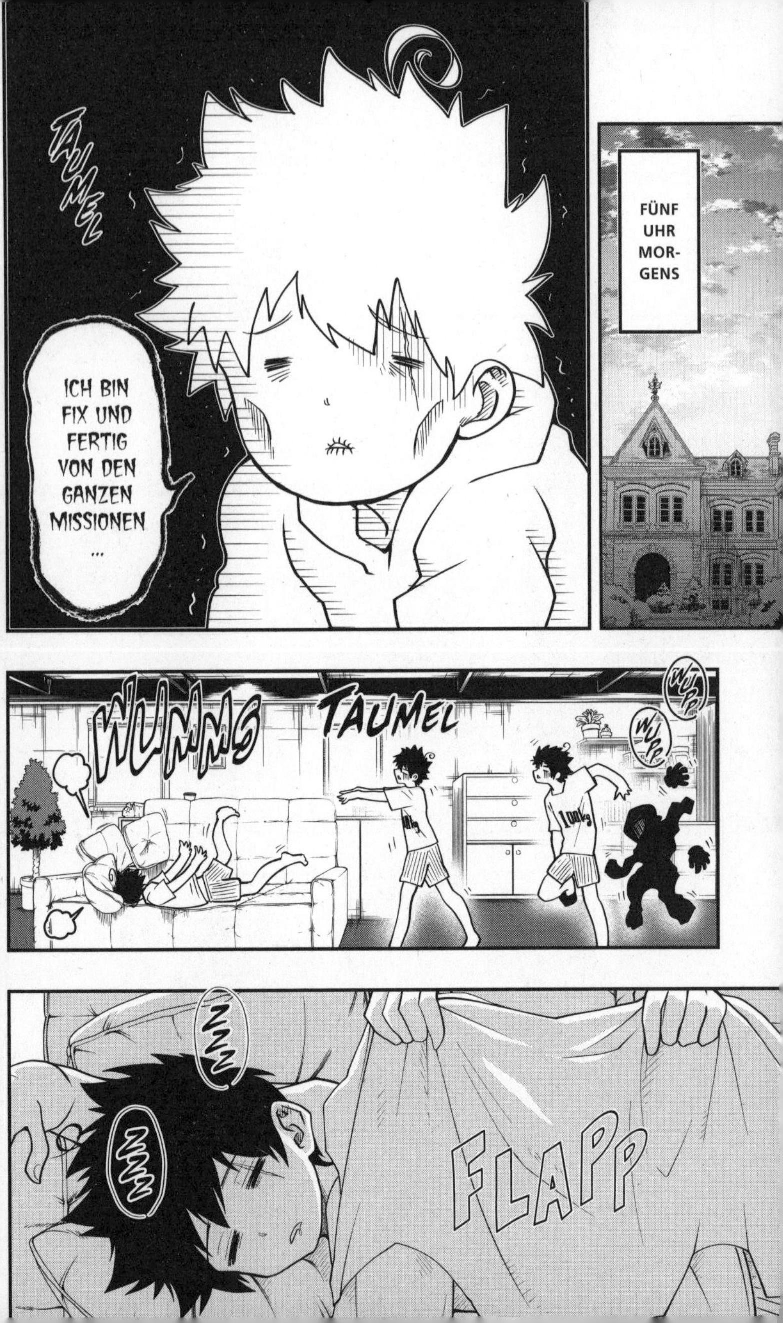
FÜNF UHR MOR-GENS
TAUMEL
ICH BIN FIX UND FERTIG VON DEN GANZEN MISSIONEN ...
WUPP
WUPP
TAUMEL
WUMMS
ZZZ
ZZZ
FLAPP

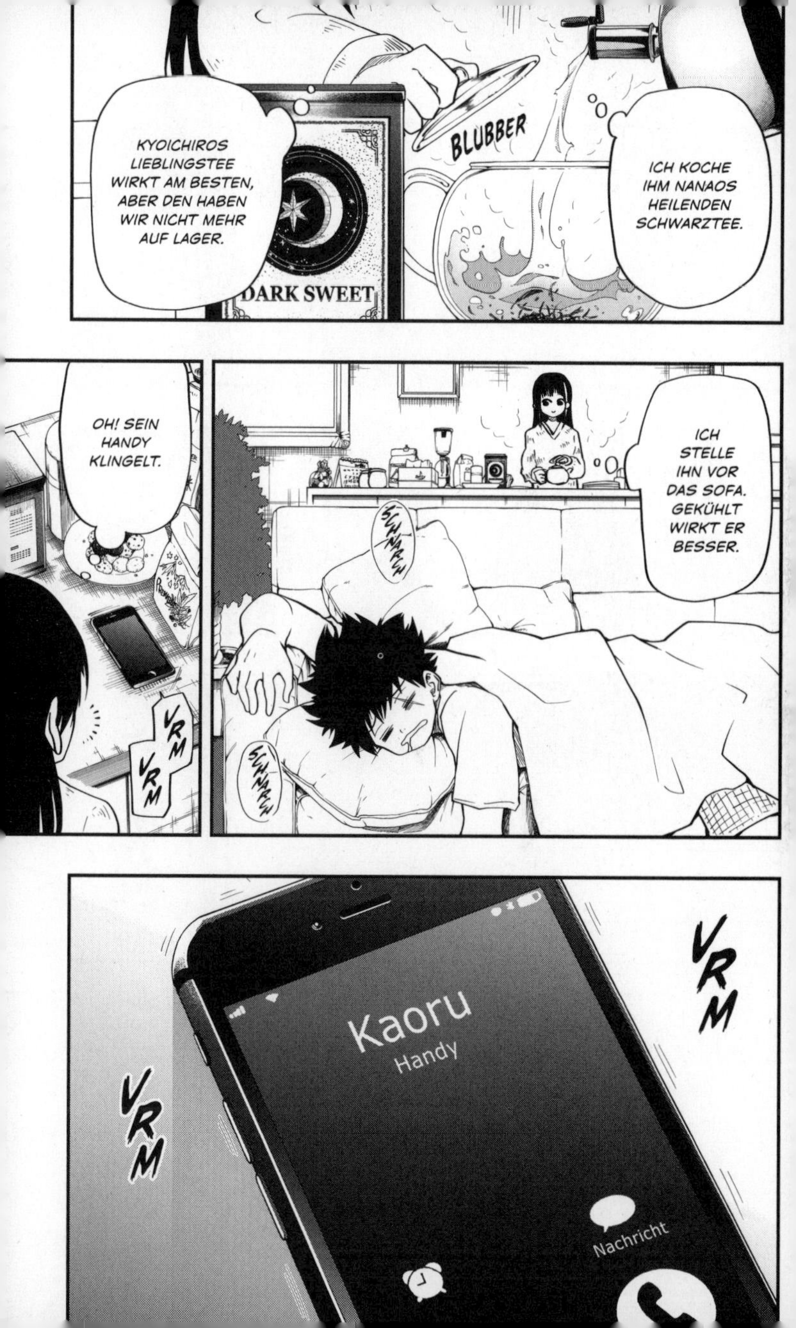
ICH KOCHE IHM NANAOS HEILENDEN SCHWARZTEE.
BLUBBER
KYOICHIROS LIEBLINGSTEE WIRKT AM BESTEN, ABER DEN HABEN WIR NICHT MEHR AUF LAGER.
DARK SWEET
ICH STELLE IHN VOR DAS SOFA. GEKÜHLT WIRKT ER BESSER.
SCHNARCH
SCHNARCH
OH! SEIN HANDY KLINGELT.
VRM
VRM
VRM
VRM
Kaoru
Handy
Nachricht

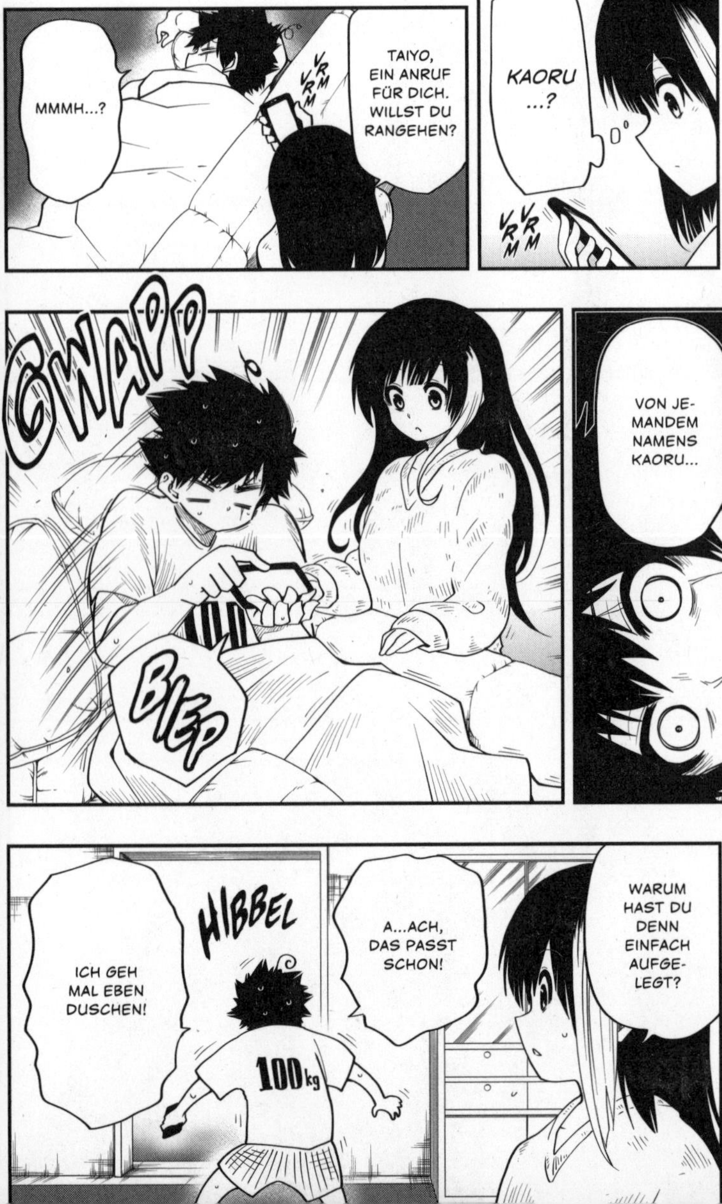
KAORU ...?
VRRM VRRM
TAIYO, EIN ANRUF FÜR DICH. WILLST DU RANGEHEN?
VRRM
MMMH...?
VON JE-MANDEM NAMENS KAORU...
GWAPP
BIEP
WARUM HAST DU DENN EINFACH AUFGE-LEGT?
A...ACH, DAS PASST SCHON!
HIBBEL
ICH GEH MAL EBEN DUSCHEN!
100kg

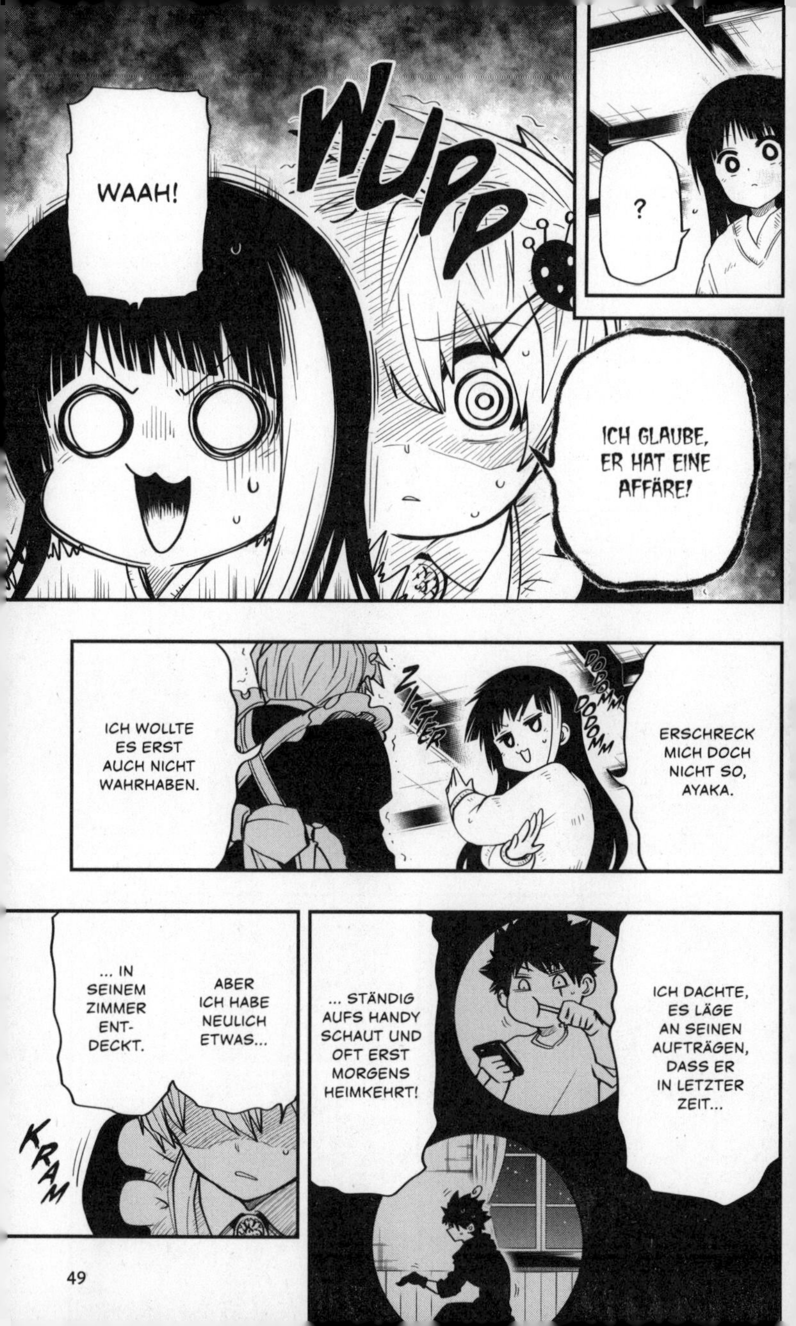
?
WUPP
ICH GLAUBE, ER HAT EINE AFFÄRE!
WAAH!
ERSCHRECK MICH DOCH NICHT SO, AYAKA.
DODOMM DODOMM DODOMM
ZITTER
ICH WOLLTE ES ERST AUCH NICHT WAHRHABEN.
ICH DACHTE, ES LÄGE AN SEINEN AUFTRÄGEN, DASS ER IN LETZTER ZEIT...
... STÄNDIG AUFS HANDY SCHAUT UND OFT ERST MORGENS HEIMKEHRT!
ABER ICH HABE NEULICH ETWAS...
... IN SEINEM ZIMMER ENT-DECKT.
KRAM

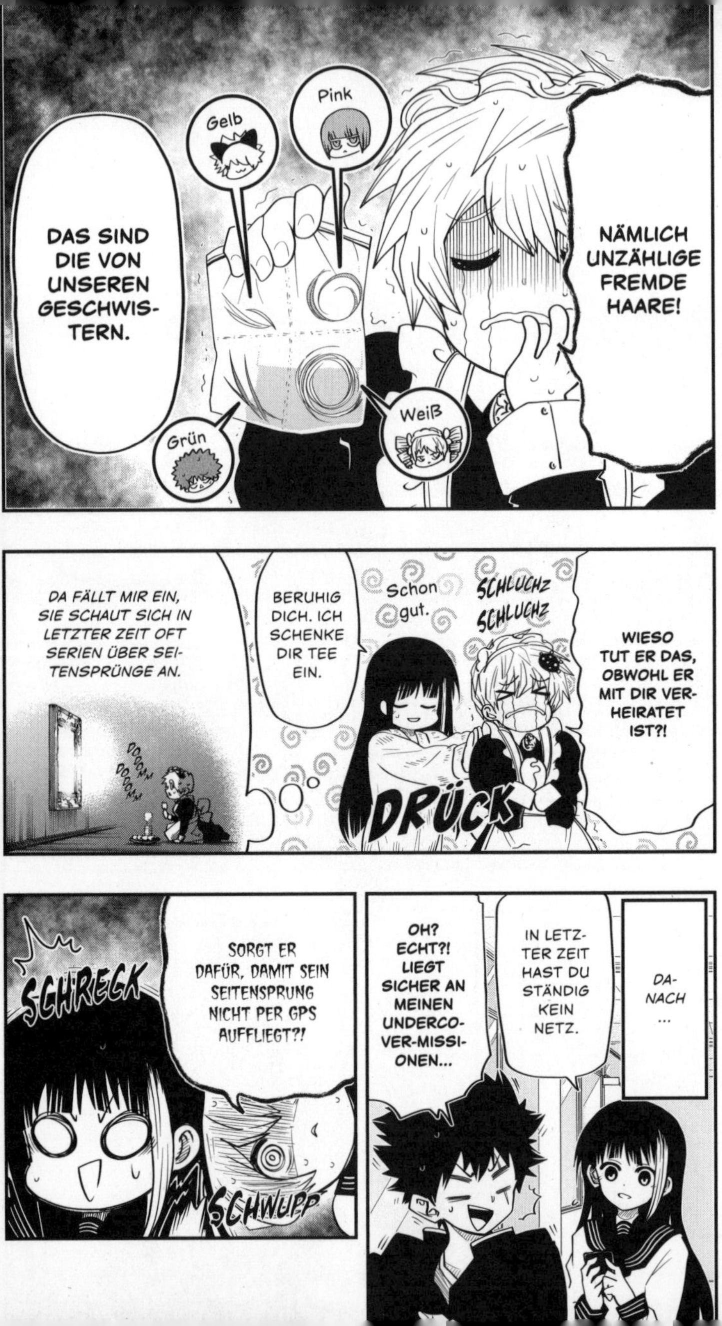
NÄMLICH UNZÄHLIGE FREMDE HAARE!
Pink
Gelb
Weiß
Grün
DAS SIND DIE VON UNSEREN GESCHWISTERN.
WIESO TUT ER DAS, OBWOHL ER MIT DIR VERHEIRATET IST?!
SCHLUCHZ SCHLUCHZ
Schon gut.
BERUHIG DICH. ICH SCHENKE DIR TEE EIN.
DRÜCK
DA FÄLLT MIR EIN, SIE SCHAUT SICH IN LETZTER ZEIT OFT SERIEN ÜBER SEITENSPRÜNGE AN.
DANACH …
IN LETZTER ZEIT HAST DU STÄNDIG KEIN NETZ.
OH? ECHT?! LIEGT SICHER AN MEINEN UNDERCOVER-MISSIONEN…
SORGT ER DAFÜR, DAMIT SEIN SEITENSPRUNG NICHT PER GPS AUFFLIEGT?!
SCHRECK
SCHWUPP

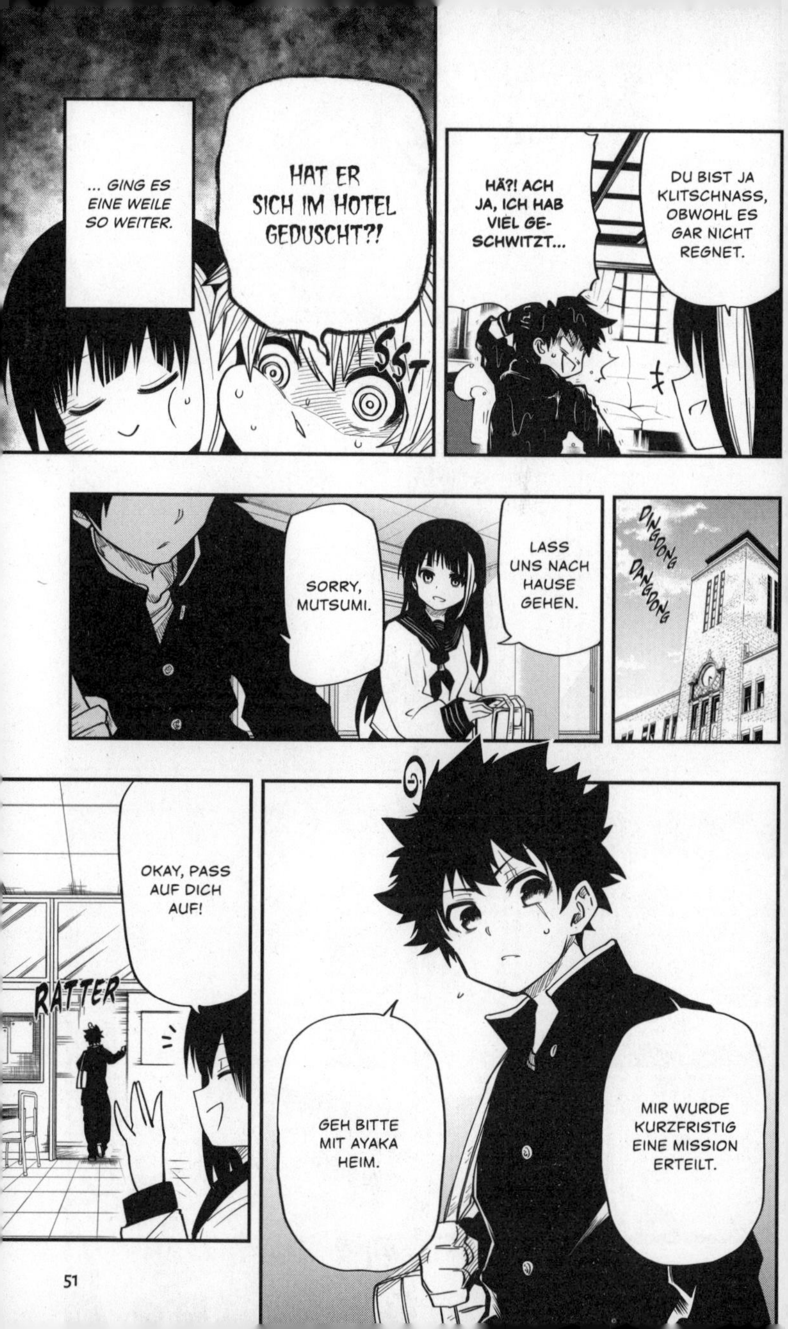

DU BIST JA KLITSCHNASS, OBWOHL ES GAR NICHT REGNET.
HÄ?! ACH JA, ICH HAB VIEL GE- SCHWITZT...
HAT ER SICH IM HOTEL GEDUSCHT?!
SST
... GING ES EINE WEILE SO WEITER.
DINGDONG DANGDONG
LASS UNS NACH HAUSE GEHEN.
SORRY, MUTSUMI.
MIR WURDE KURZFRISTIG EINE MISSION ERTEILT.
GEH BITTE MIT AYAKA HEIM.
OKAY, PASS AUF DICH AUF!
RATTER

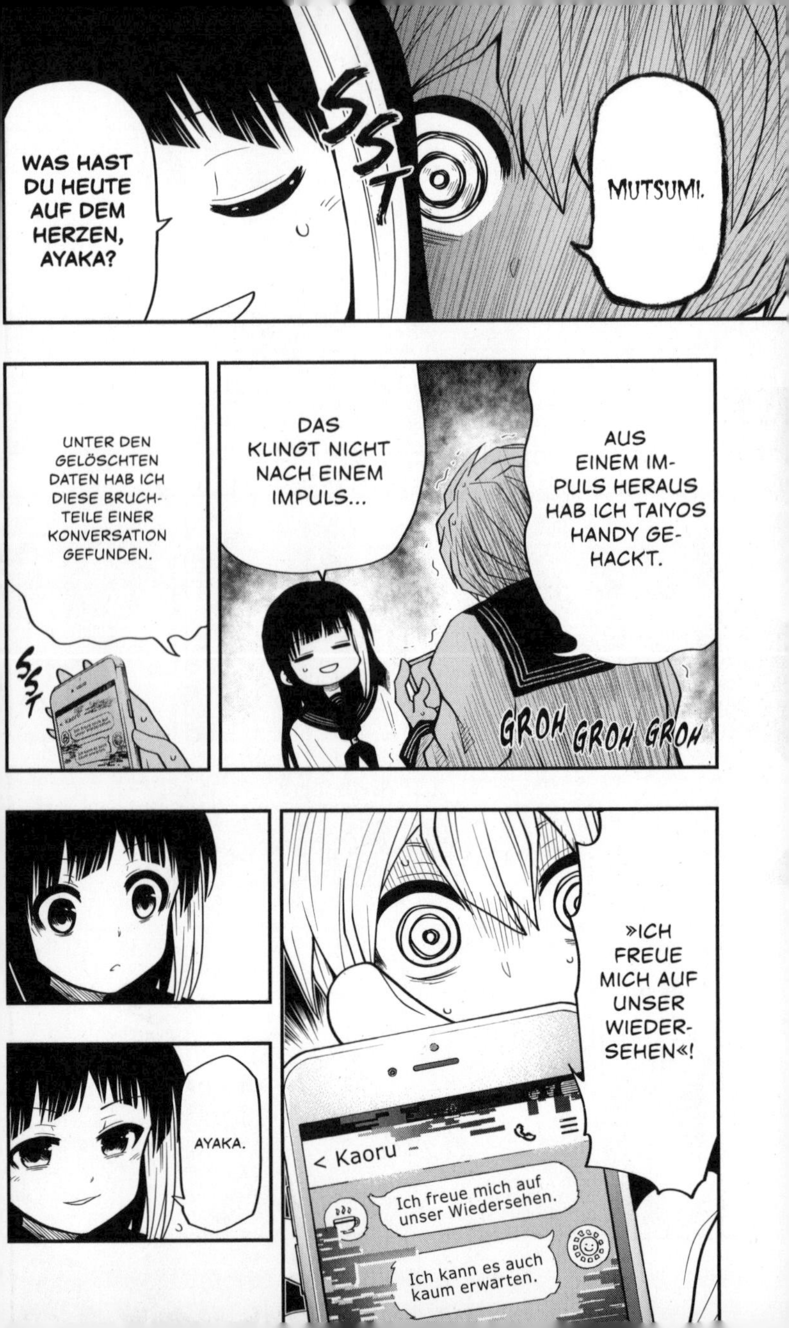
MUTSUMI.
WAS HAST DU HEUTE AUF DEM HERZEN, AYAKA?
SST
AUS EINEM IMPULS HERAUS HAB ICH TAIYOS HANDY GEHACKT.
DAS KLINGT NICHT NACH EINEM IMPULS...
GROH GROH GROH
UNTER DEN GELÖSCHTEN DATEN HAB ICH DIESE BRUCHTEILE EINER KONVERSATION GEFUNDEN.
SST
»ICH FREUE MICH AUF UNSER WIEDERSEHEN«!
< Kaoru
Ich freue mich auf unser Wiedersehen.
Ich kann es auch kaum erwarten.
AYAKA.

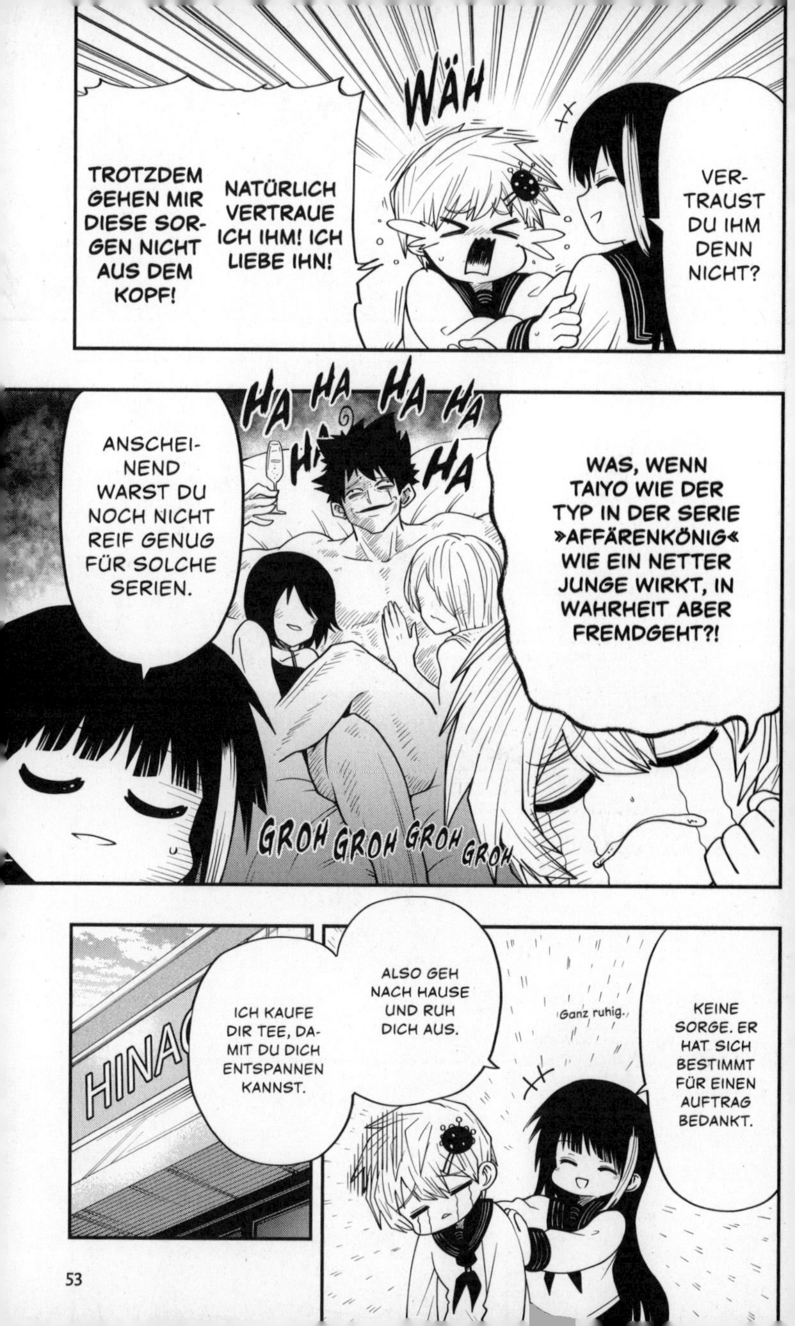
VER-TRAUST DU IHM DENN NICHT?
WÄH
NATÜRLICH VERTRAUE ICH IHM! ICH LIEBE IHN!
TROTZDEM GEHEN MIR DIESE SOR-GEN NICHT AUS DEM KOPF!
WAS, WENN TAIYO WIE DER TYP IN DER SERIE »AFFÄRENKÖNIG« WIE EIN NETTER JUNGE WIRKT, IN WAHRHEIT ABER FREMDGEHT?!
HA HA HA HA HA HA HA
GROH GROH GROH GROH
ANSCHEI-NEND WARST DU NOCH NICHT REIF GENUG FÜR SOLCHE SERIEN.
KEINE SORGE. ER HAT SICH BESTIMMT FÜR EINEN AUFTRAG BEDANKT.
Ganz ruhig.
ALSO GEH NACH HAUSE UND RUH DICH AUS.
ICH KAUFE DIR TEE, DA-MIT DU DICH ENTSPANNEN KANNST.
HINA

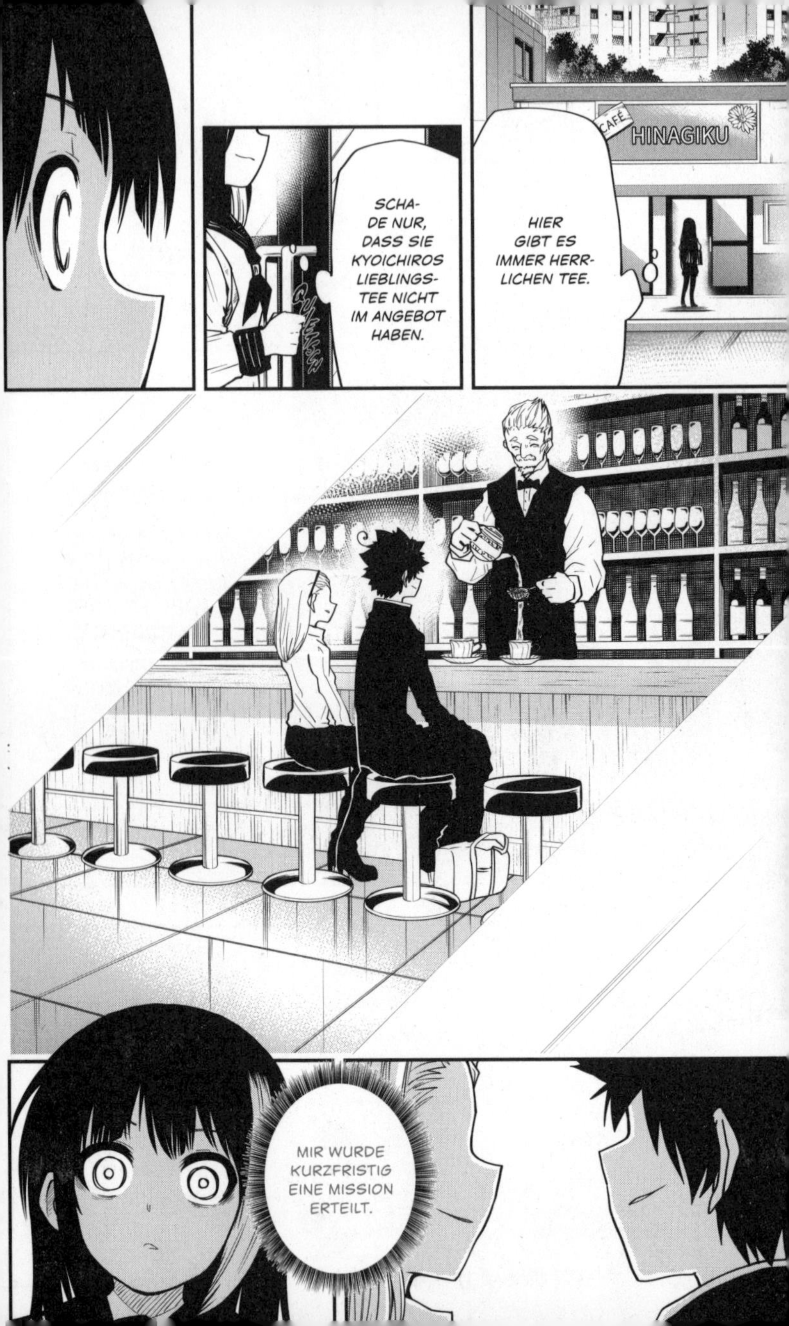
CAFÉ
HINAGIKU
HIER GIBT ES IMMER HERR-LICHEN TEE.
SCHA-DE NUR, DASS SIE KYOICHIROS LIEBLINGS-TEE NICHT IM ANGEBOT HABEN.
MIR WURDE KURZFRISTIG EINE MISSION ERTEILT.

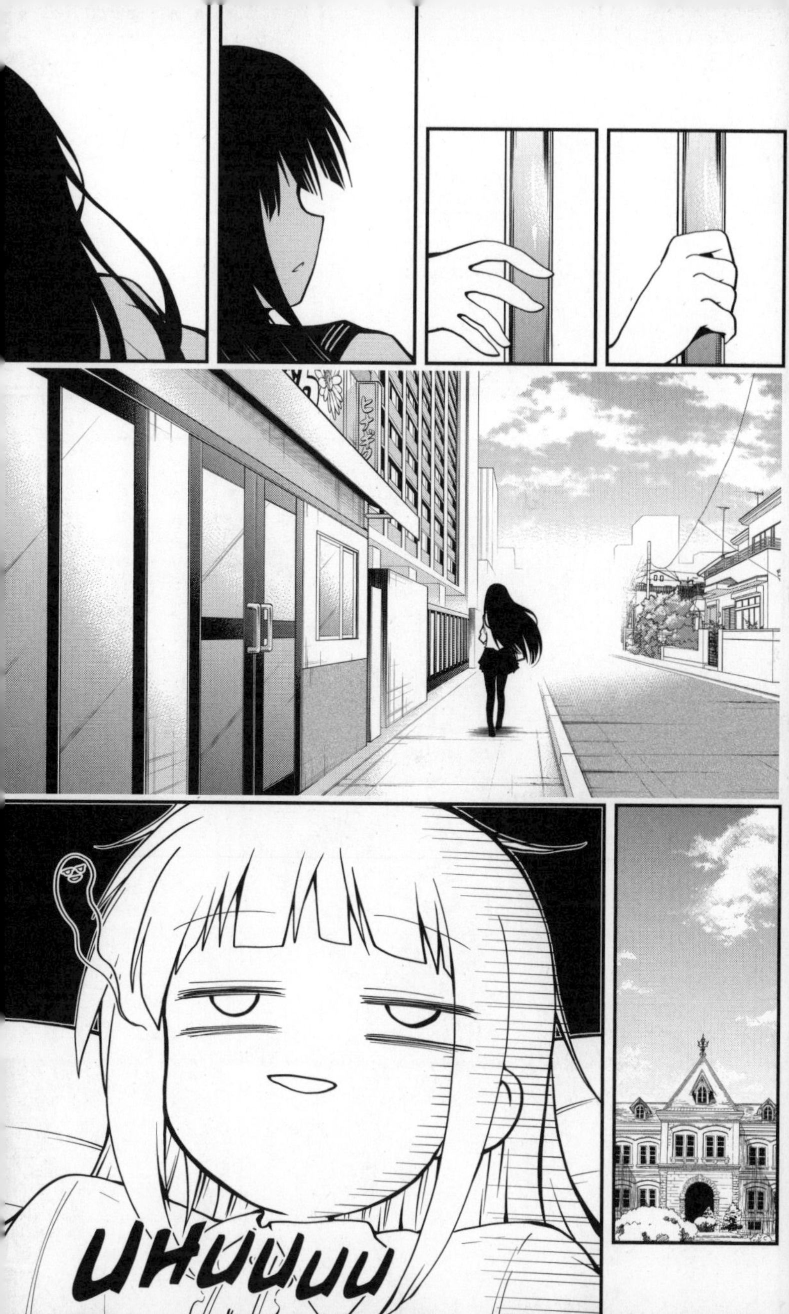
ヒナギク
UHUUUUU

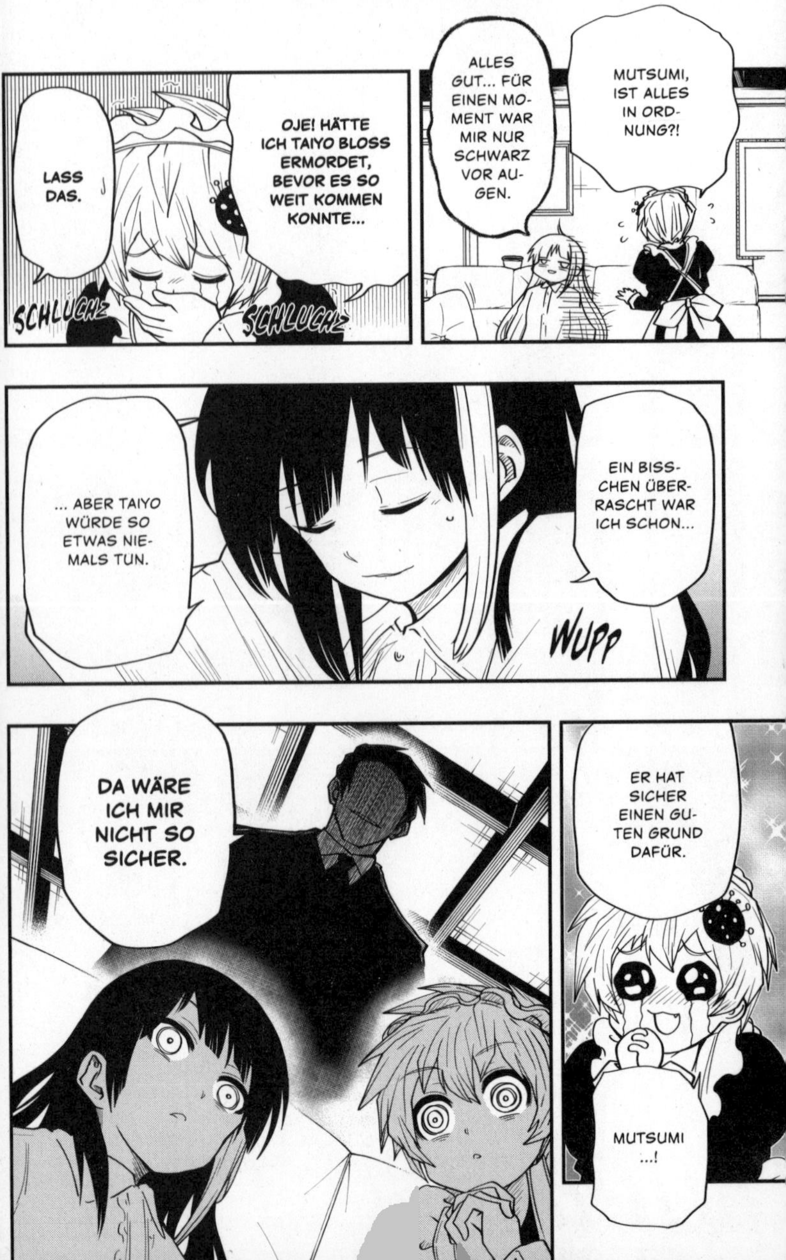
MUTSUMI, IST ALLES IN ORDNUNG?!
ALLES GUT... FÜR EINEN MOMENT WAR MIR NUR SCHWARZ VOR AUGEN.
OJE! HÄTTE ICH TAIYO BLOSS ERMORDET, BEVOR ES SO WEIT KOMMEN KONNTE...
SCHLUCHZ
LASS DAS.
SCHLUCHZ
EIN BISSCHEN ÜBERRASCHT WAR ICH SCHON...
WUPP
... ABER TAIYO WÜRDE SO ETWAS NIEMALS TUN.
ER HAT SICHER EINEN GUTEN GRUND DAFÜR.
MUTSUMI ...!
DA WÄRE ICH MIR NICHT SO SICHER.

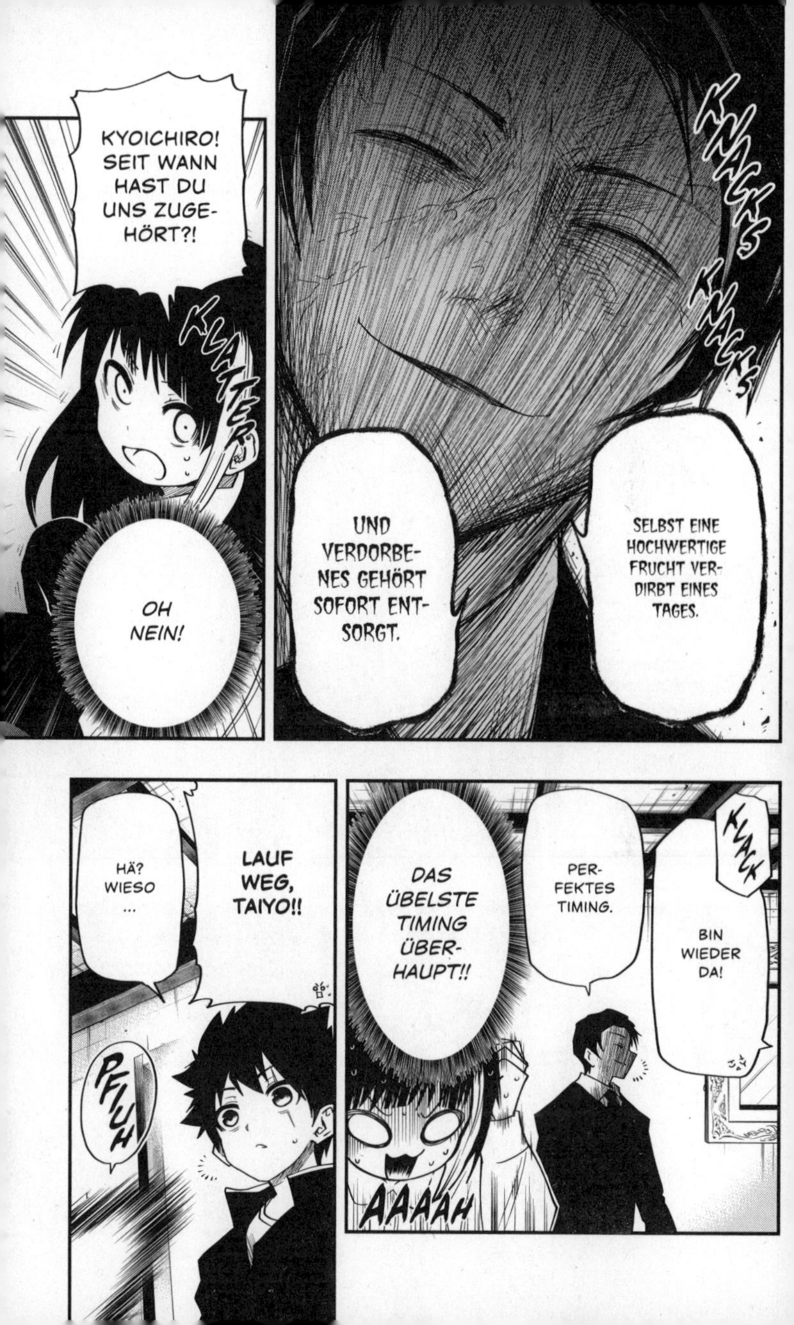
KNACKS KNACKS KNACKS
SELBST EINE HOCHWERTIGE FRUCHT VERDIRBT EINES TAGES.
UND VERDORBENES GEHÖRT SOFORT ENTSORGT.
KYOICHIRO! SEIT WANN HAST DU UNS ZUGEHÖRT?!
KLATTER
OH NEIN!
KLACK
BIN WIEDER DA!
PERFEKTES TIMING.
DAS ÜBELSTE TIMING ÜBERHAUPT!!
AAAAH
LAUF WEG, TAIYO!!
HÄ? WIESO ...
PFIUH

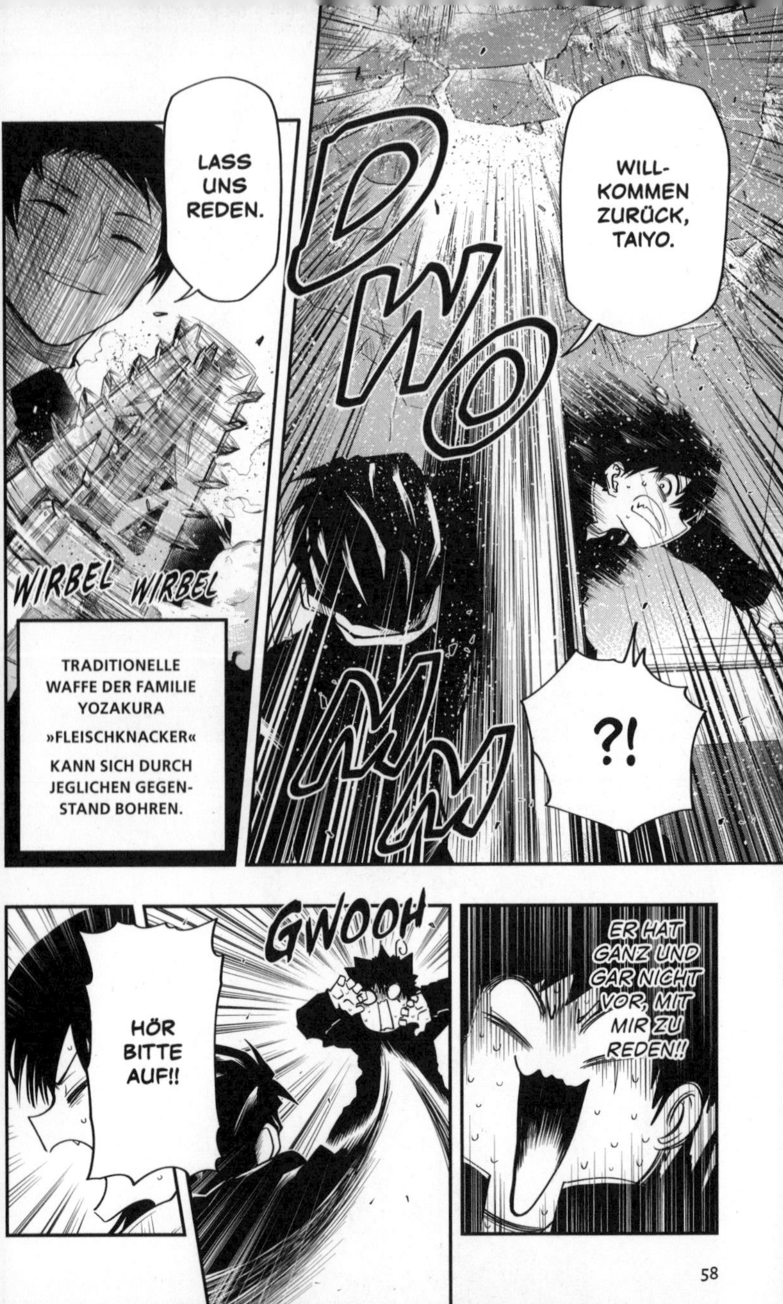
WILL-
KOMMEN
ZURÜCK,
TAIYO.
DWOMM
?!
LASS
UNS
REDEN.
WIRBEL WIRBEL
TRADITIONELLE
WAFFE DER FAMILIE
YOZAKURA
»FLEISCHKNACKER«
KANN SICH DURCH
JEGLICHEN GEGEN-
STAND BOHREN.
ER HAT
GANZ UND
GAR NICHT
VOR, MIT
MIR ZU
REDEN!!
GWOOH
HÖR
BITTE
AUF!!

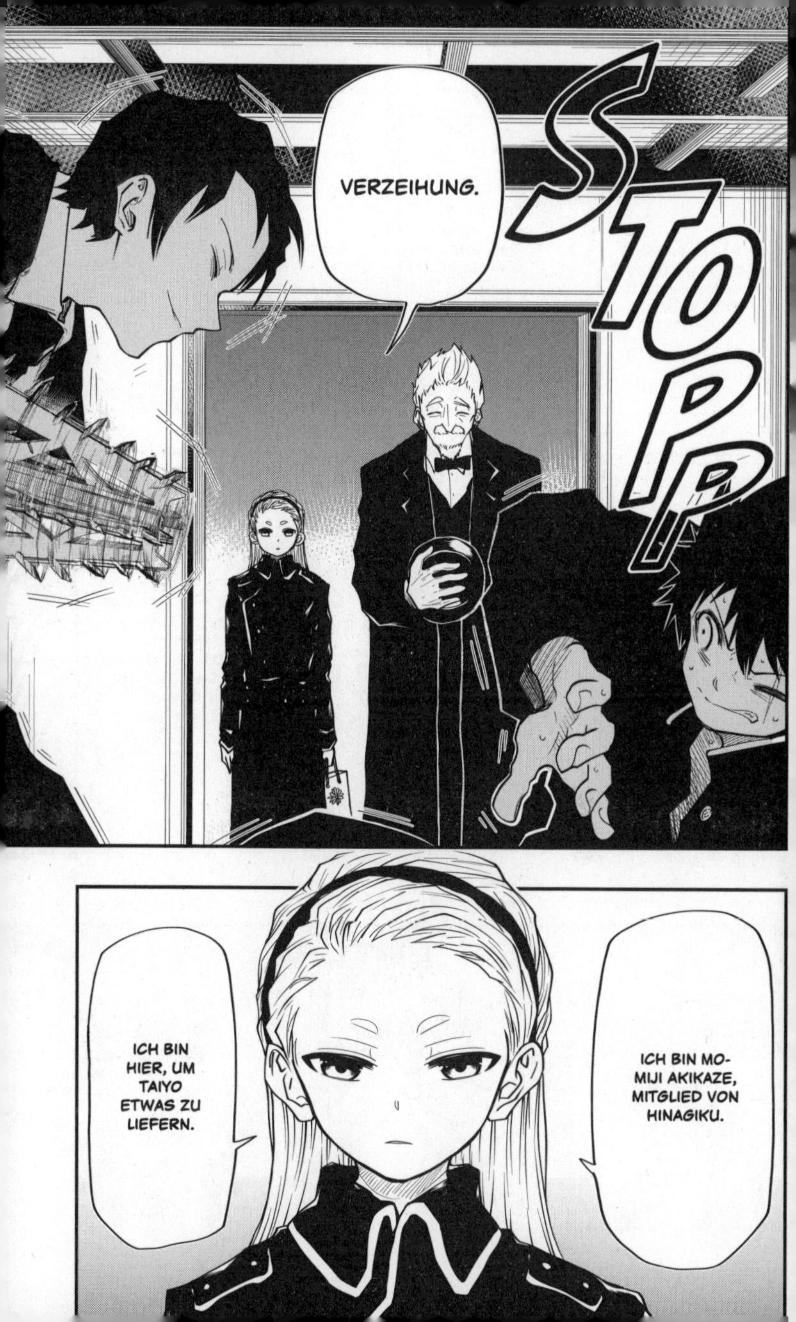
STOPP
VERZEIHUNG.
ICH BIN MO-MIJI AKIKAZE, MITGLIED VON HINAGIKU.
ICH BIN HIER, UM TAIYO ETWAS ZU LIEFERN.

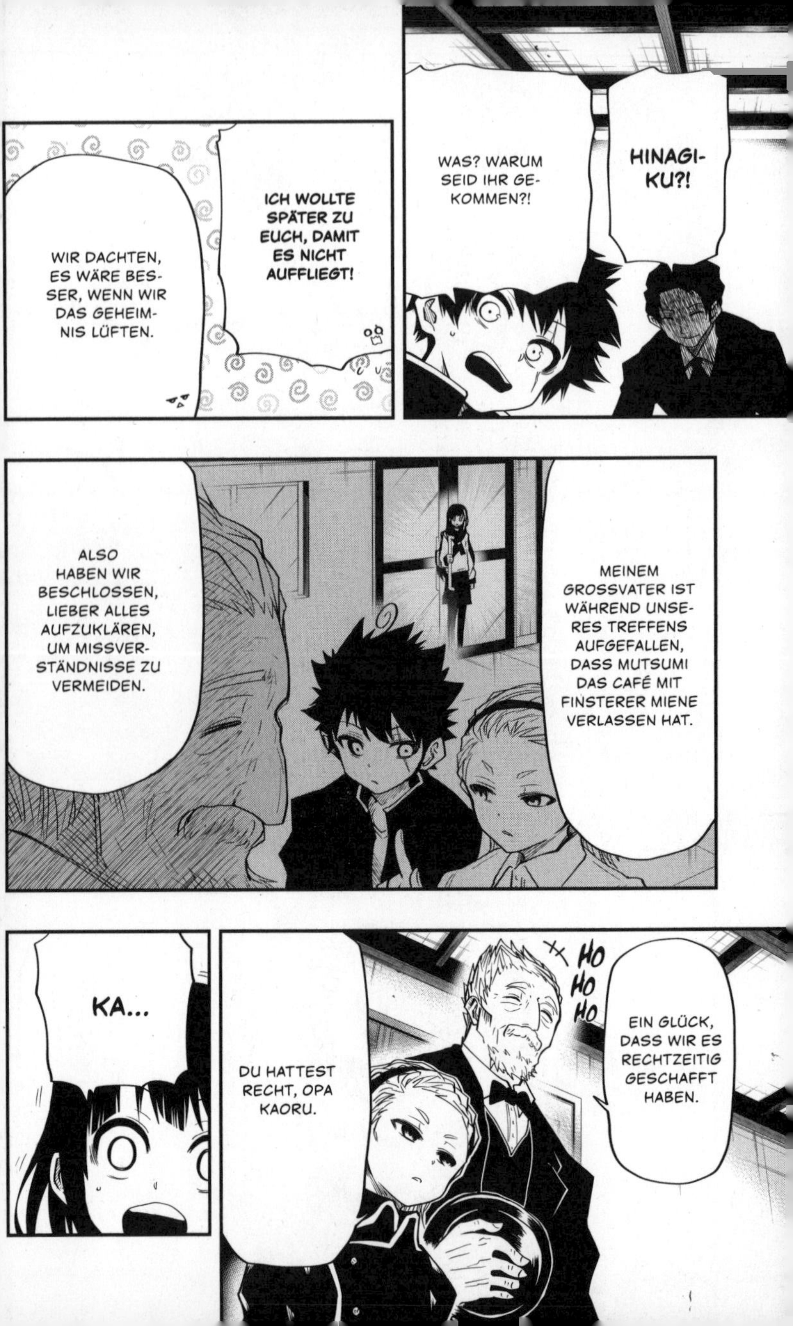
HINAGI-
KU?!
WAS? WARUM
SEID IHR GE-
KOMMEN?!
ICH WOLLTE
SPÄTER ZU
EUCH, DAMIT
ES NICHT
AUFFLIEGT!
WIR DACHTEN,
ES WÄRE BES-
SER, WENN WIR
DAS GEHEIM-
NIS LÜFTEN.
MEINEM
GROSSVATER IST
WÄHREND UNSE-
RES TREFFENS
AUFGEFALLEN,
DASS MUTSUMI
DAS CAFÉ MIT
FINSTERER MIENE
VERLASSEN HAT.
ALSO
HABEN WIR
BESCHLOSSEN,
LIEBER ALLES
AUFZUKLÄREN,
UM MISSVER-
STÄNDNISSE ZU
VERMEIDEN.
HO
HO
HO
EIN GLÜCK,
DASS WIR ES
RECHTZEITIG
GESCHAFFT
HABEN.
DU HATTEST
RECHT, OPA
KAORU.
KA...

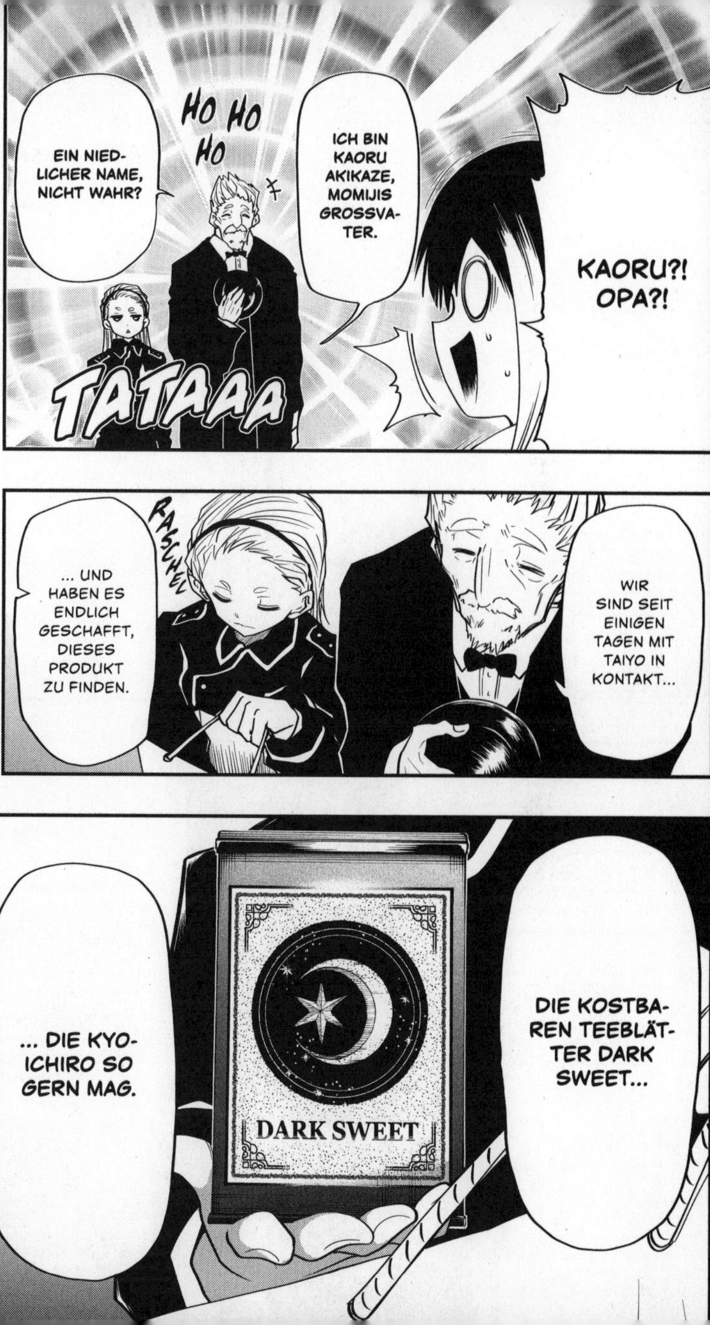
KAORU?! OPA?!
ICH BIN KAORU AKIKAZE, MOMIJIS GROSSVATER.
HO HO HO
EIN NIEDLICHER NAME, NICHT WAHR?
TATAAA
WIR SIND SEIT EINIGEN TAGEN MIT TAIYO IN KONTAKT...
RASCHEL
... UND HABEN ES ENDLICH GESCHAFFT, DIESES PRODUKT ZU FINDEN.
DIE KOSTBAREN TEEBLÄTTER DARK SWEET...
DARK SWEET
... DIE KYOICHIRO SO GERN MAG.

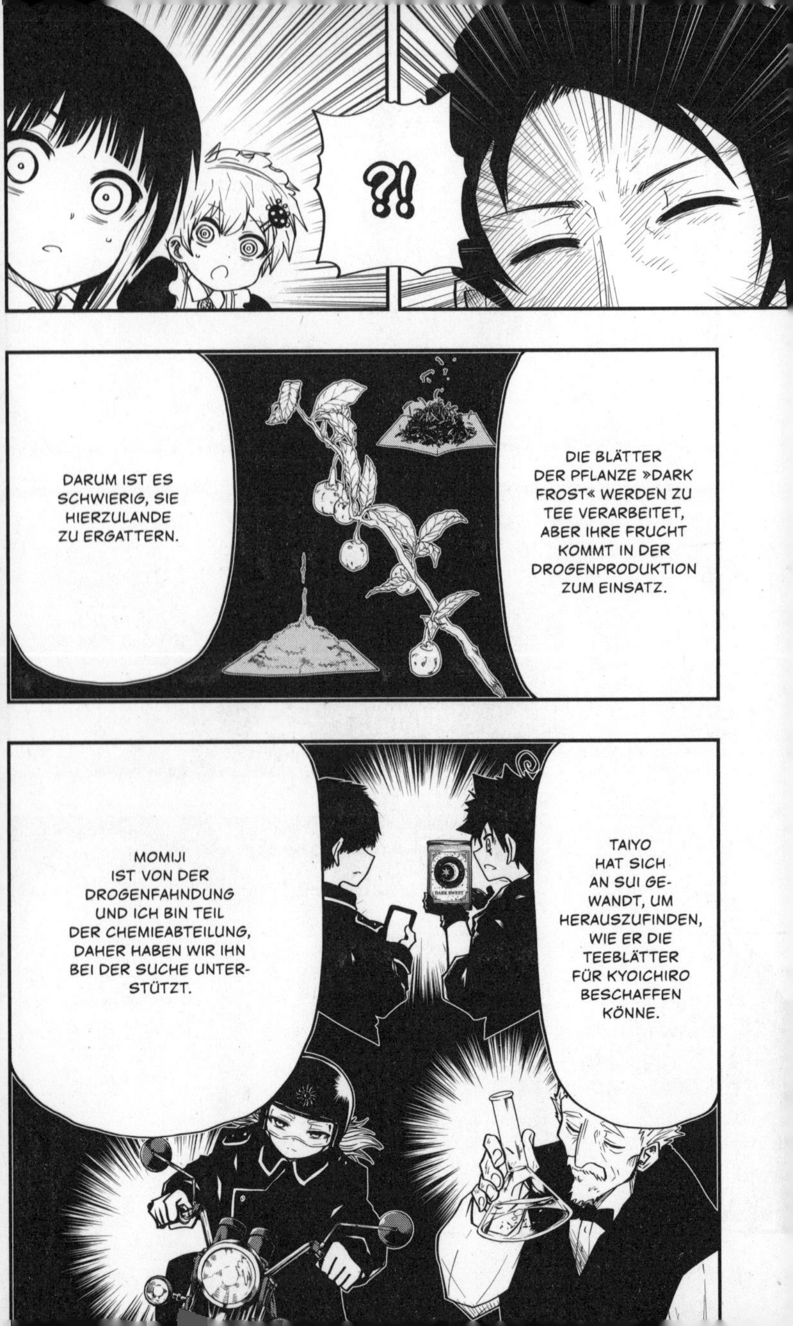
?!
DIE BLÄTTER DER PFLANZE »DARK FROST« WERDEN ZU TEE VERARBEITET, ABER IHRE FRUCHT KOMMT IN DER DROGENPRODUKTION ZUM EINSATZ.
DARUM IST ES SCHWIERIG, SIE HIERZULANDE ZU ERGATTERN.
TAIYO HAT SICH AN SUI GE-WANDT, UM HERAUSZUFINDEN, WIE ER DIE TEEBLÄTTER FÜR KYOICHIRO BESCHAFFEN KÖNNE.
MOMIJI IST VON DER DROGENFAHNDUNG UND ICH BIN TEIL DER CHEMIEABTEILUNG, DAHER HABEN WIR IHN BEI DER SUCHE UNTER-STÜTZT.
DARK SWEET

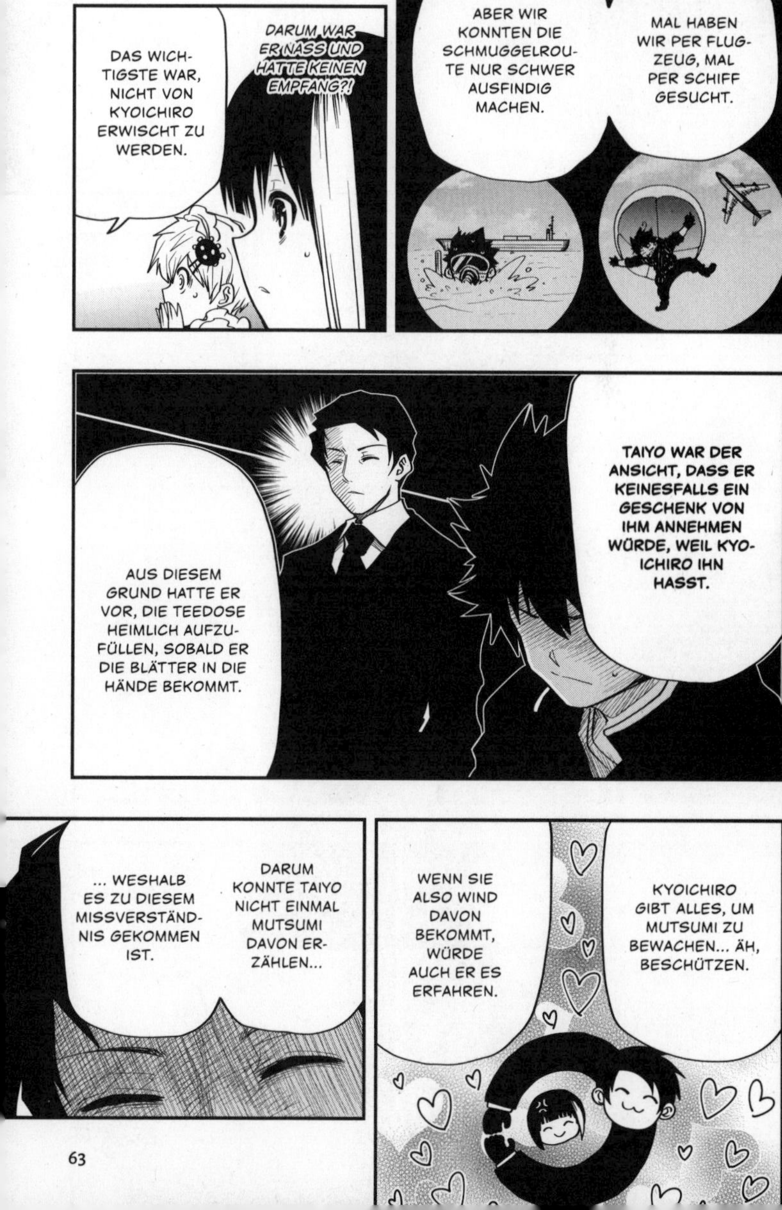
MAL HABEN WIR PER FLUGZEUG, MAL PER SCHIFF GESUCHT.
ABER WIR KONNTEN DIE SCHMUGGELROUTE NUR SCHWER AUSFINDIG MACHEN.
DAS WICHTIGSTE WAR, NICHT VON KYOICHIRO ERWISCHT ZU WERDEN.
DARUM WAR ER NASS UND HATTE KEINEN EMPFANG?!
TAIYO WAR DER ANSICHT, DASS ER KEINESFALLS EIN GESCHENK VON IHM ANNEHMEN WÜRDE, WEIL KYOICHIRO IHN HASST.
AUS DIESEM GRUND HATTE ER VOR, DIE TEEDOSE HEIMLICH AUFZUFÜLLEN, SOBALD ER DIE BLÄTTER IN DIE HÄNDE BEKOMMT.
KYOICHIRO GIBT ALLES, UM MUTSUMI ZU BEWACHEN... ÄH, BESCHÜTZEN.
WENN SIE ALSO WIND DAVON BEKOMMT, WÜRDE AUCH ER ES ERFAHREN.
DARUM KONNTE TAIYO NICHT EINMAL MUTSUMI DAVON ERZÄHLEN...
... WESHALB ES ZU DIESEM MISSVERSTÄNDNIS GEKOMMEN IST.

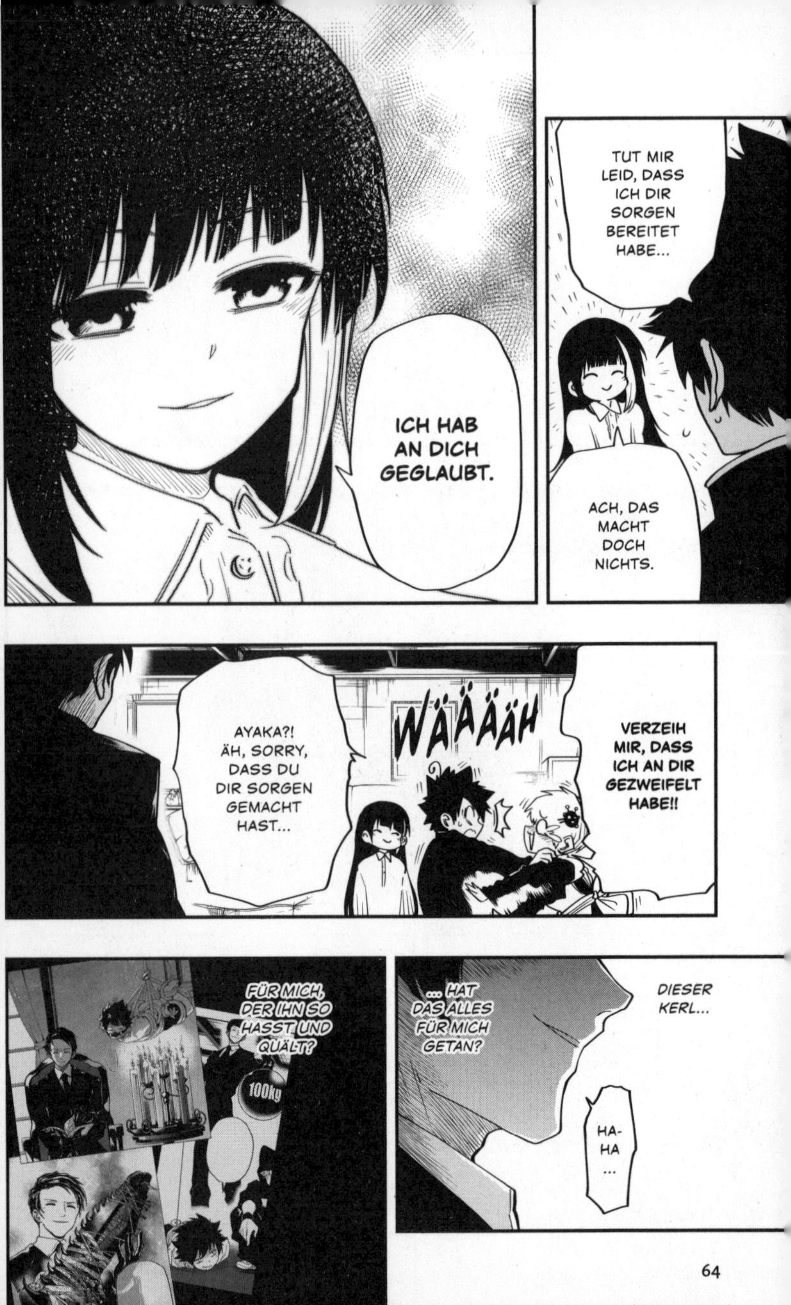
TUT MIR LEID, DASS ICH DIR SORGEN BEREITET HABE...
ACH, DAS MACHT DOCH NICHTS.
ICH HAB AN DICH GEGLAUBT.
VERZEIH MIR, DASS ICH AN DIR GEZWEIFELT HABE!!
WÄÄÄH
AYAKA?! ÄH, SORRY, DASS DU DIR SORGEN GEMACHT HAST...
DIESER KERL...
... HAT DAS ALLES FÜR MICH GETAN?
HA-HA ...
FÜR MICH, DER IHN SO HASST UND QUÄLT?
100kg

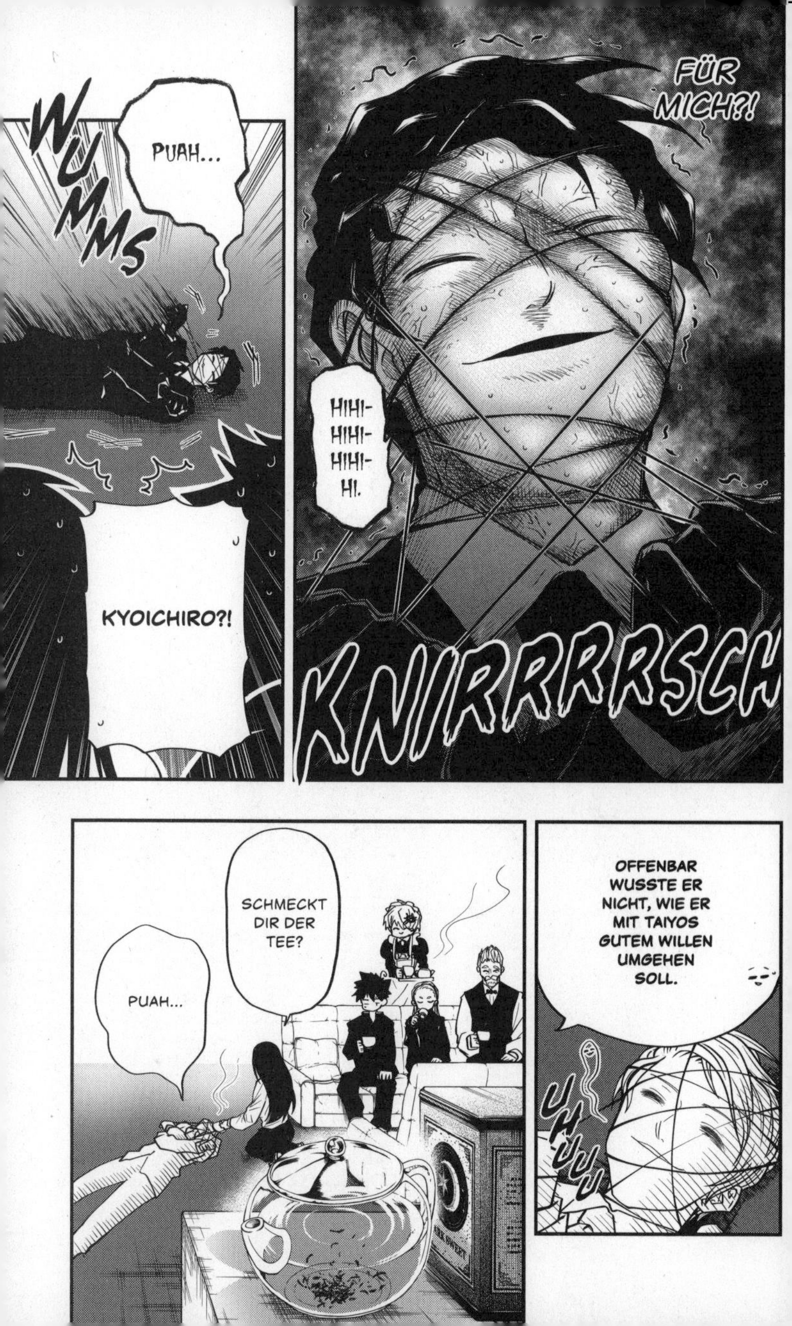
FÜR MICH?!
HIHI-HIHI-HIHI-HI.
KNIRRRRSCH
PUAH...
WUMMS
KYOICHIRO?!
OFFENBAR WUSSTE ER NICHT, WIE ER MIT TAIYOS GUTEM WILLEN UMGEHEN SOLL.
UHUUU
SCHMECKT DIR DER TEE?
PUAH...

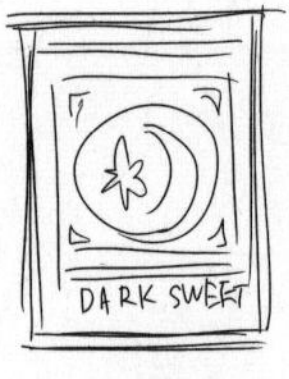

Dark Sweet
1 Gramm kostet 10.000 Yen*.

Da seine aufputschende Wirkung unfassbar viel stärker ist als bei Kaffee, ist eine Überdosis tödlich. Er ist aber wohlschmeckend und gesund, wenn man ihn um ein Tausendfaches verdünnt. Kyoichiro mag ihn unverdünnt und trinkt mindestens drei Tassen pro Tag.

* ca. 70,00 €

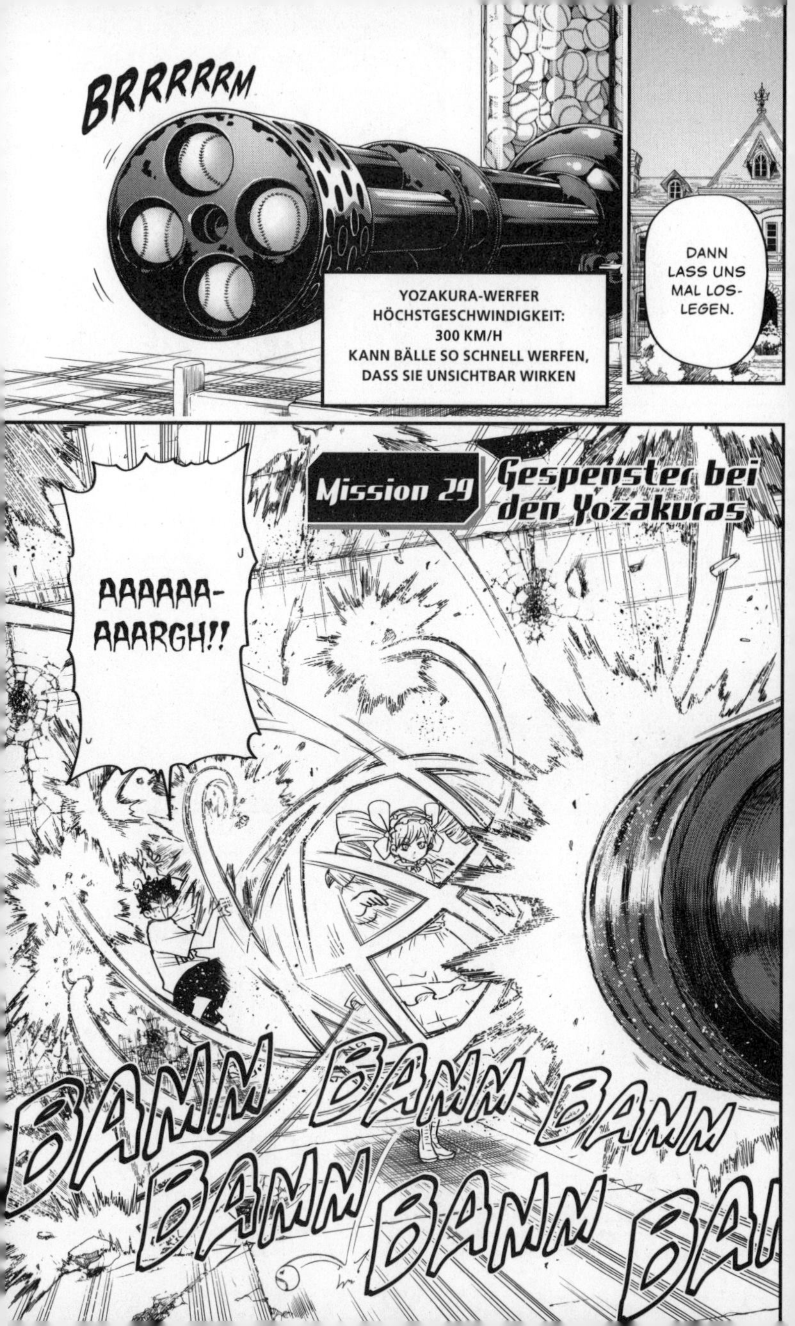
BRRRRRM
DANN LASS UNS MAL LOS-LEGEN.
YOZAKURA-WERFER
HÖCHSTGESCHWINDIGKEIT:
300 KM/H
KANN BÄLLE SO SCHNELL WERFEN, DASS SIE UNSICHTBAR WIRKEN
Mission 29
Gespenster bei den Yozakuras
AAAAAA-AAARGH!!
BAMM BAMM BAMM
BAMM BAMM BA

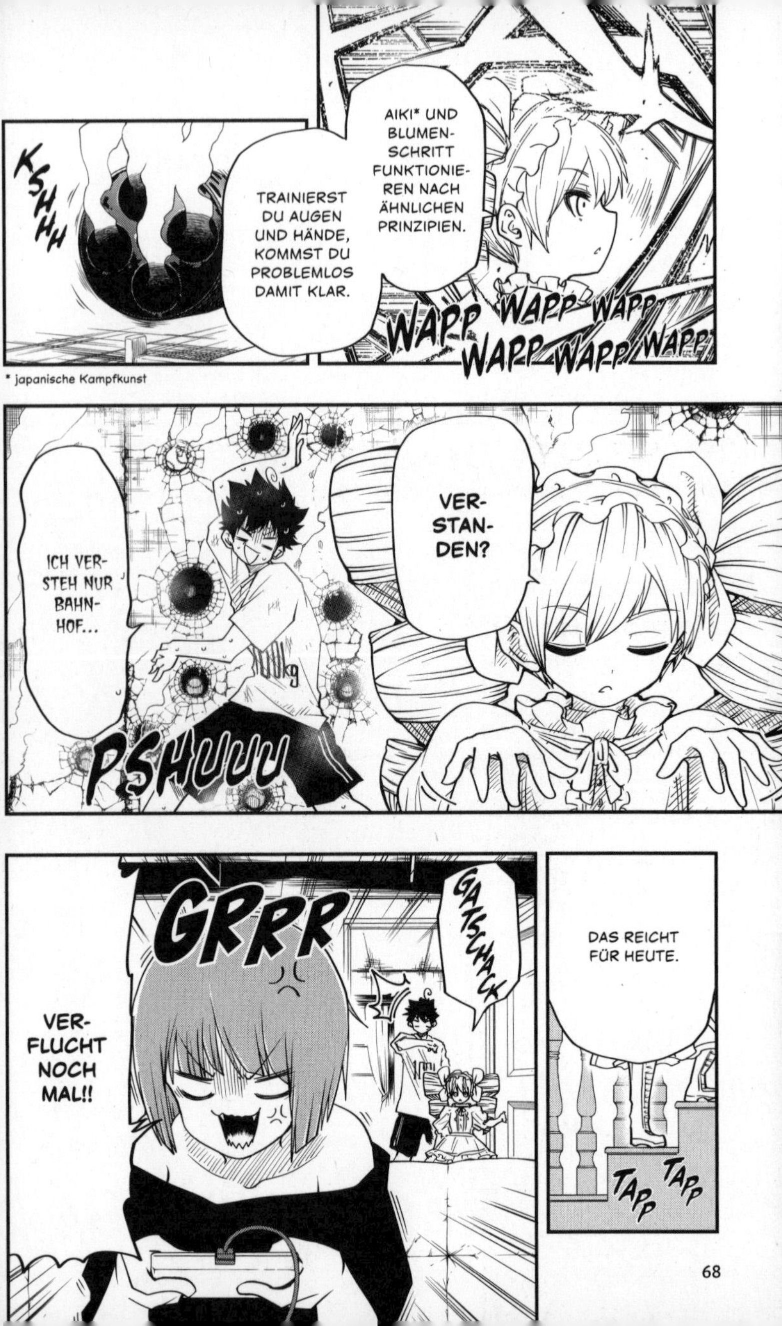

* japanische Kampfkunst

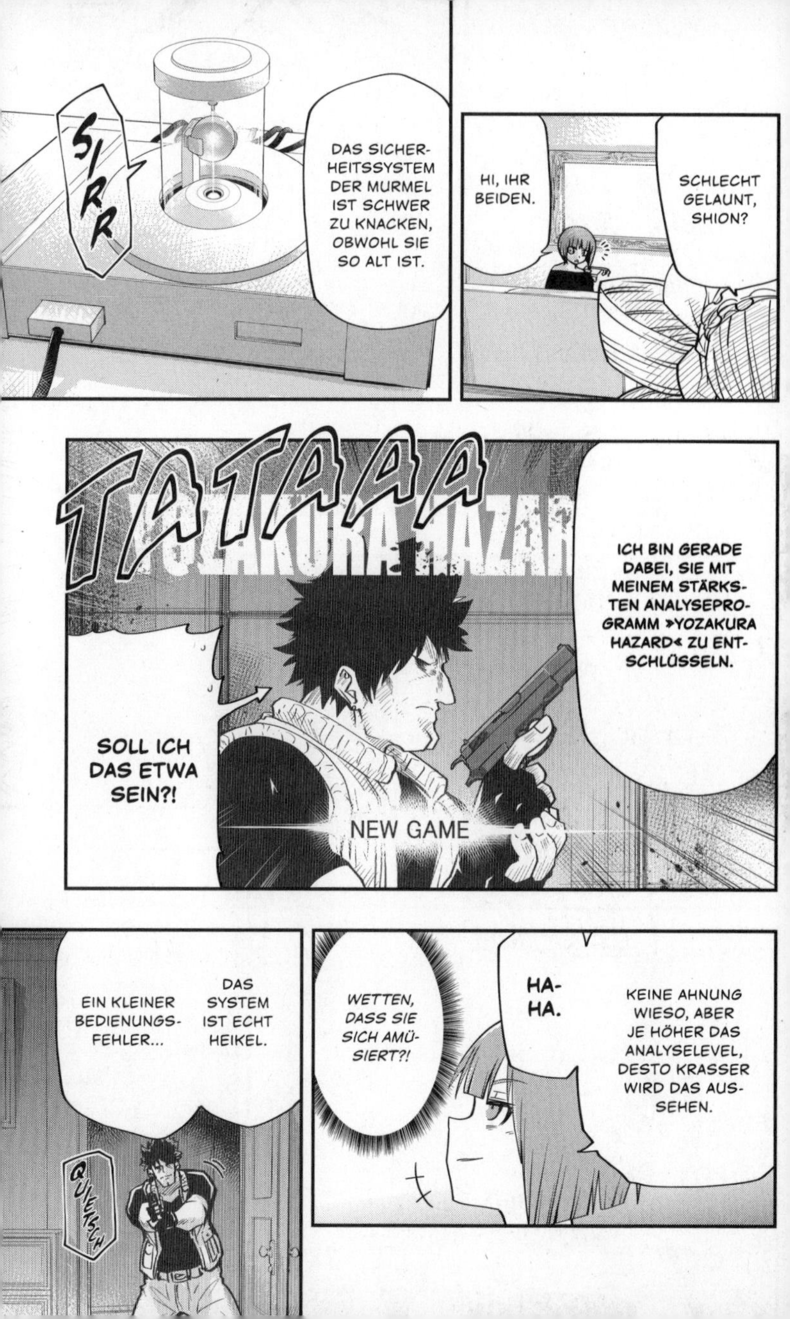
SCHLECHT GELAUNT, SHION?
HI, IHR BEIDEN.
DAS SICHERHEITSSYSTEM DER MURMEL IST SCHWER ZU KNACKEN, OBWOHL SIE SO ALT IST.
SIRR
ICH BIN GERADE DABEI, SIE MIT MEINEM STÄRKSTEN ANALYSEPROGRAMM »YOZAKURA HAZARD« ZU ENTSCHLÜSSELN.
TATAAA
YOZAKURA HAZAR
NEW GAME
SOLL ICH DAS ETWA SEIN?!
KEINE AHNUNG WIESO, ABER JE HÖHER DAS ANALYSELEVEL, DESTO KRASSER WIRD DAS AUSSEHEN.
HA-HA.
WETTEN, DASS SIE SICH AMÜSIERT?!
DAS SYSTEM IST ECHT HEIKEL.
EIN KLEINER BEDIENUNGSFEHLER...
QUIETSCH

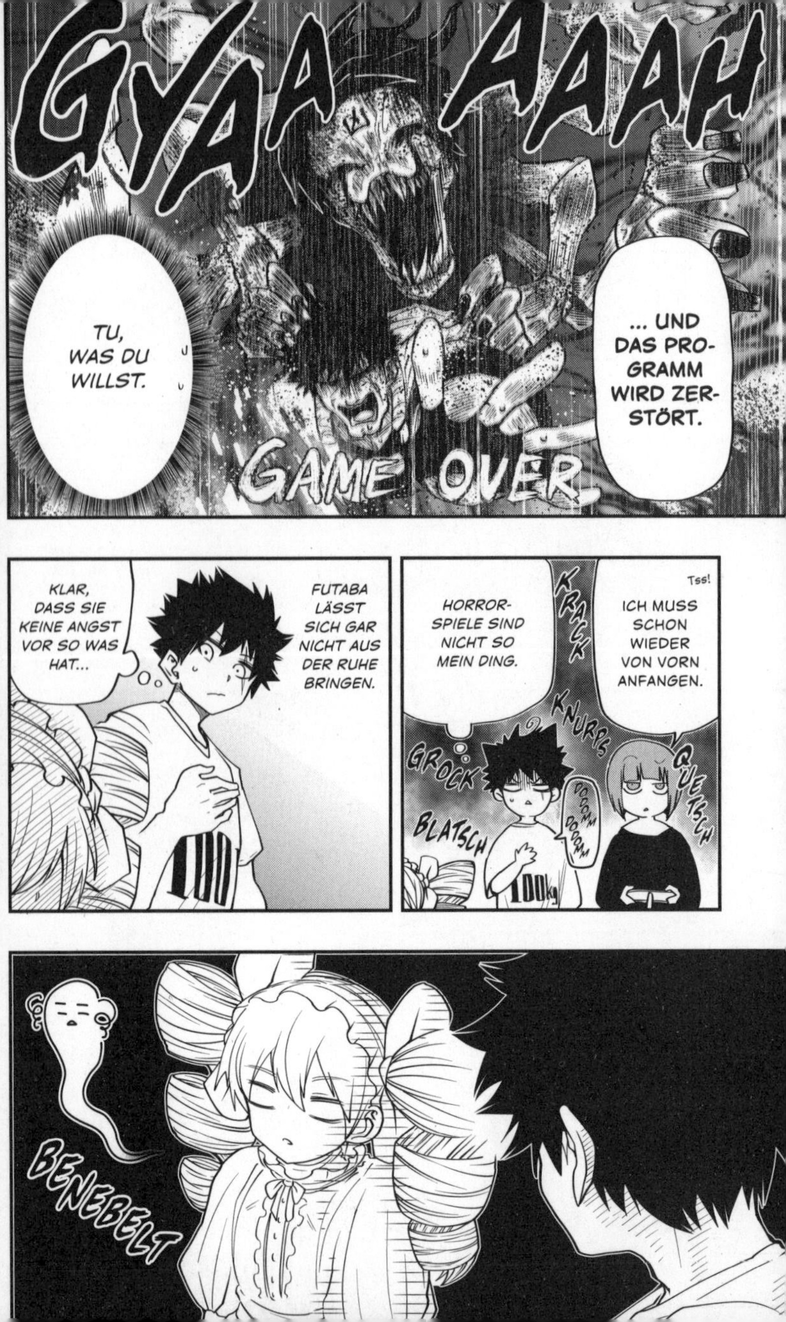
GYAAAAAH
... UND DAS PROGRAMM WIRD ZERSTÖRT.
TU, WAS DU WILLST.
GAME OVER
Tss!
ICH MUSS SCHON WIEDER VON VORN ANFANGEN.
KRACK
HORROR-SPIELE SIND NICHT SO MEIN DING.
KNURPS
QUETSCH
GROCK
BLATSCH
FUTABA LÄSST SICH GAR NICHT AUS DER RUHE BRINGEN.
KLAR, DASS SIE KEINE ANGST VOR SO WAS HAT...
BENEBELT

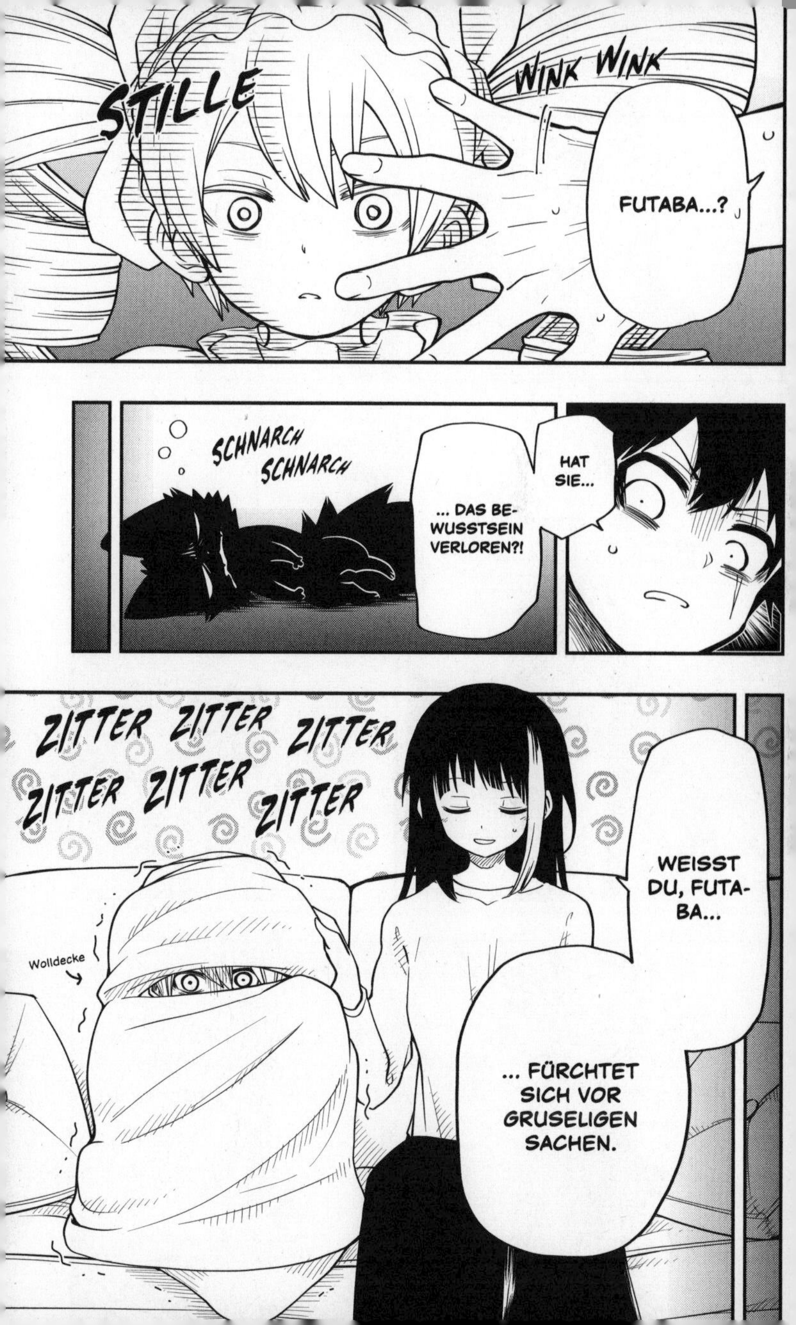
FUTABA...?
WINK WINK
STILLE
HAT SIE...
... DAS BEWUSSTSEIN VERLOREN?!
SCHNARCH SCHNARCH
WEISST DU, FUTABA...
... FÜRCHTET SICH VOR GRUSELIGEN SACHEN.
ZITTER ZITTER ZITTER ZITTER ZITTER ZITTER
Wolldecke

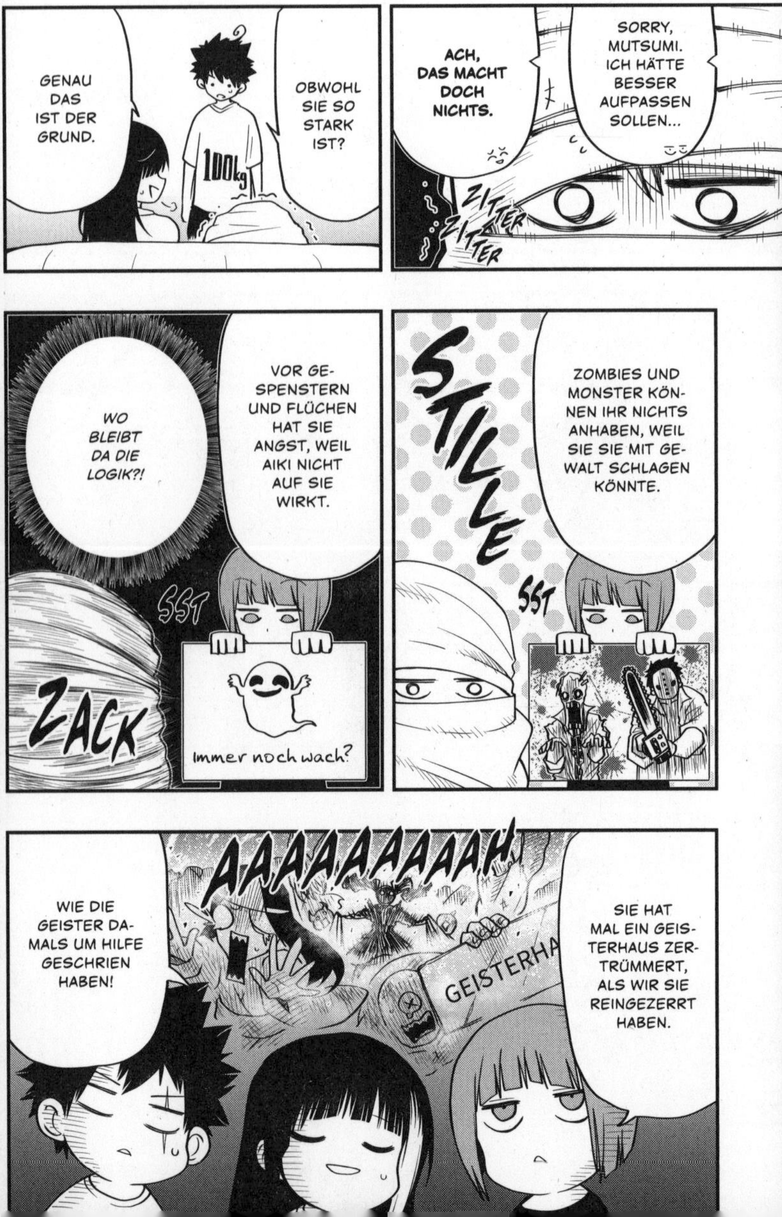
SORRY, MUTSUMI. ICH HÄTTE BESSER AUFPASSEN SOLLEN...
ACH, DAS MACHT DOCH NICHTS.
ZITTER ZITTER
OBWOHL SIE SO STARK IST?
GENAU DAS IST DER GRUND.
100kg
ZOMBIES UND MONSTER KÖN-NEN IHR NICHTS ANHABEN, WEIL SIE SIE MIT GE-WALT SCHLAGEN KÖNNTE.
STILLE
SST
VOR GE-SPENSTERN UND FLÜCHEN HAT SIE ANGST, WEIL AIKI NICHT AUF SIE WIRKT.
WO BLEIBT DA DIE LOGIK?!
SST
ZACK
Immer noch wach?
SIE HAT MAL EIN GEIS-TERHAUS ZER-TRÜMMERT, ALS WIR SIE REINGEZERRT HABEN.
AAAAAAAAAH
GEISTERHA
WIE DIE GEISTER DA-MALS UM HILFE GESCHRIEN HABEN!

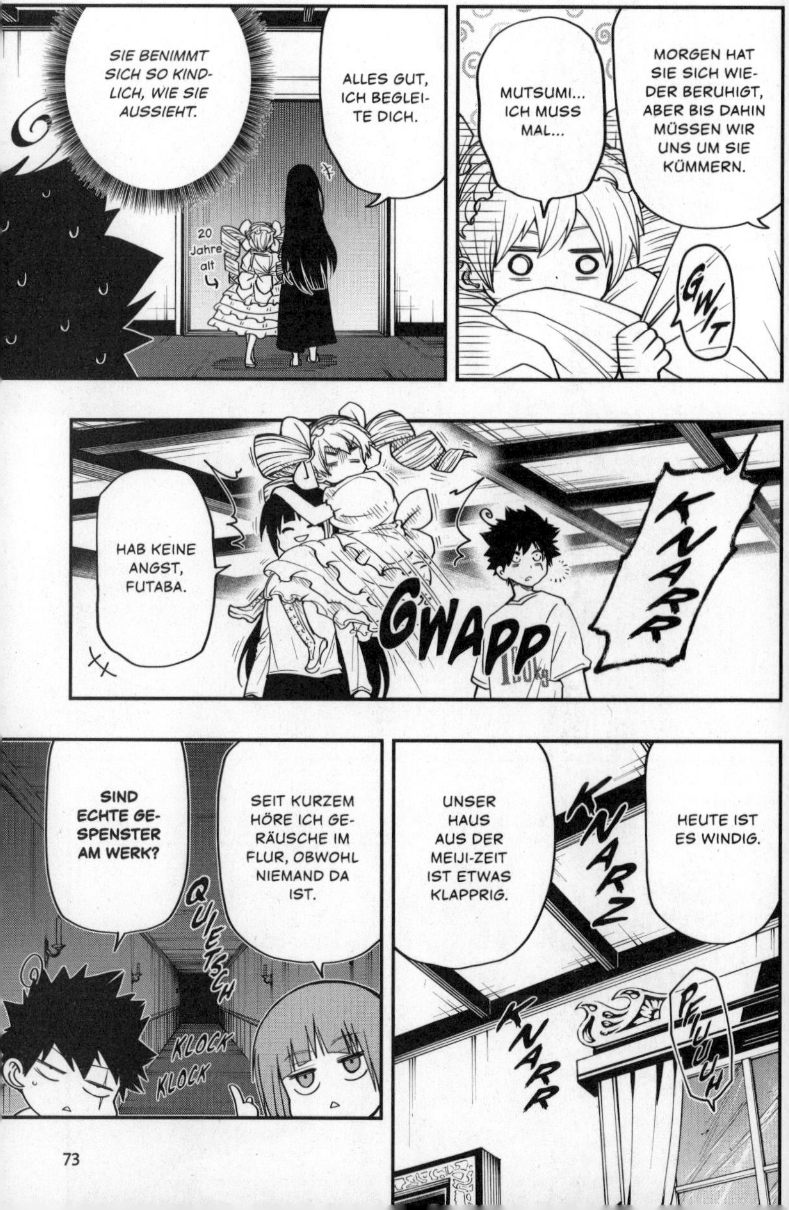
MORGEN HAT SIE SICH WIEDER BERUHIGT, ABER BIS DAHIN MÜSSEN WIR UNS UM SIE KÜMMERN.
MUTSUMI... ICH MUSS MAL...
GWIT
ALLES GUT, ICH BEGLEITE DICH.
SIE BENIMMT SICH SO KINDLICH, WIE SIE AUSSIEHT.
20 Jahre alt
KNARR
GWAPP
HAB KEINE ANGST, FUTABA.
HEUTE IST ES WINDIG.
KNARZ
UNSER HAUS AUS DER MEIJI-ZEIT IST ETWAS KLAPPRIG.
KNARR
PFIUUH
SEIT KURZEM HÖRE ICH GERÄUSCHE IM FLUR, OBWOHL NIEMAND DA IST.
SIND ECHTE GESPENSTER AM WERK?
QUIETSCH
KLOCK
KLOCK

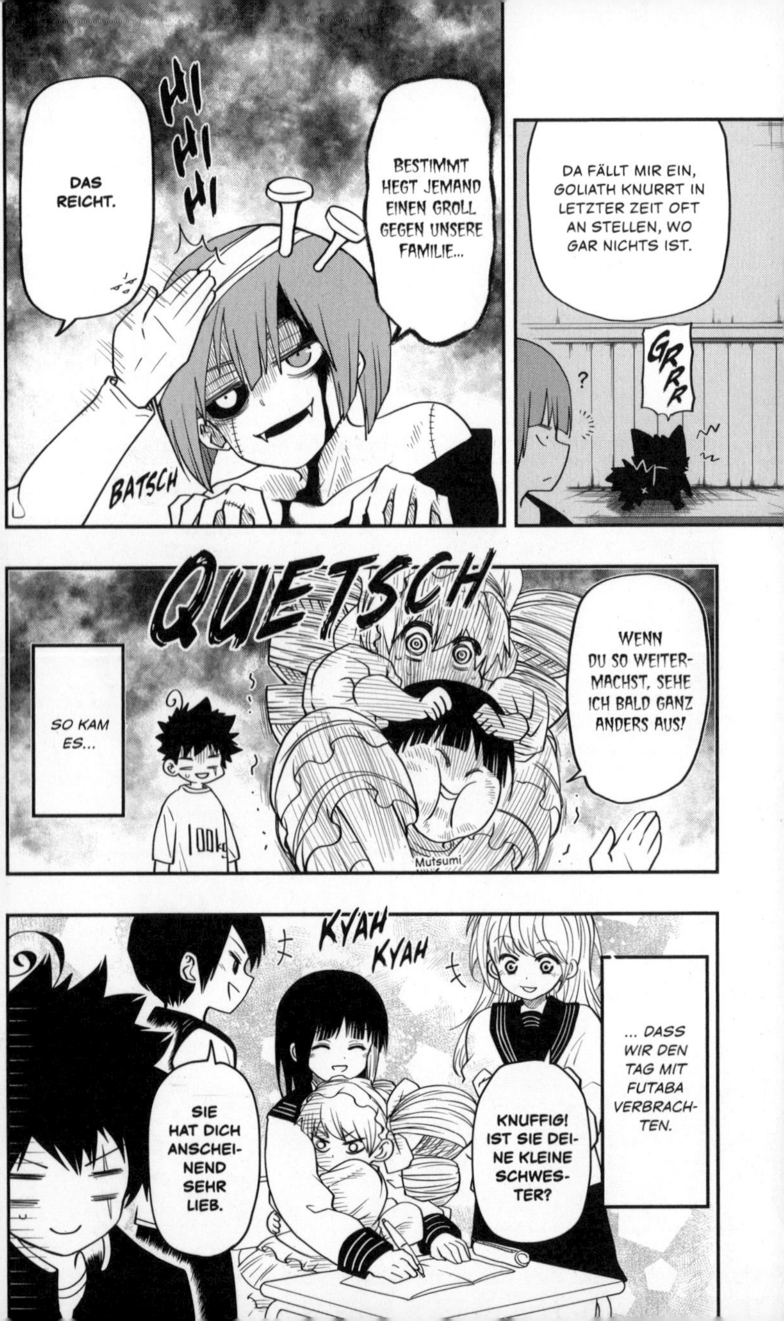
DA FÄLLT MIR EIN, GOLIATH KNURRT IN LETZTER ZEIT OFT AN STELLEN, WO GAR NICHTS IST.
GRRR
?
BESTIMMT HEGT JEMAND EINEN GROLL GEGEN UNSERE FAMILIE...
HIHIHI
DAS REICHT.
BATSCH
WENN DU SO WEITERMACHST, SEHE ICH BALD GANZ ANDERS AUS!
QUETSCH
SO KAM ES...
Mutsumi
100kg
... DASS WIR DEN TAG MIT FUTABA VERBRACHTEN.
KYAH KYAH
KNUFFIG! IST SIE DEINE KLEINE SCHWESTER?
SIE HAT DICH ANSCHEINEND SEHR LIEB.

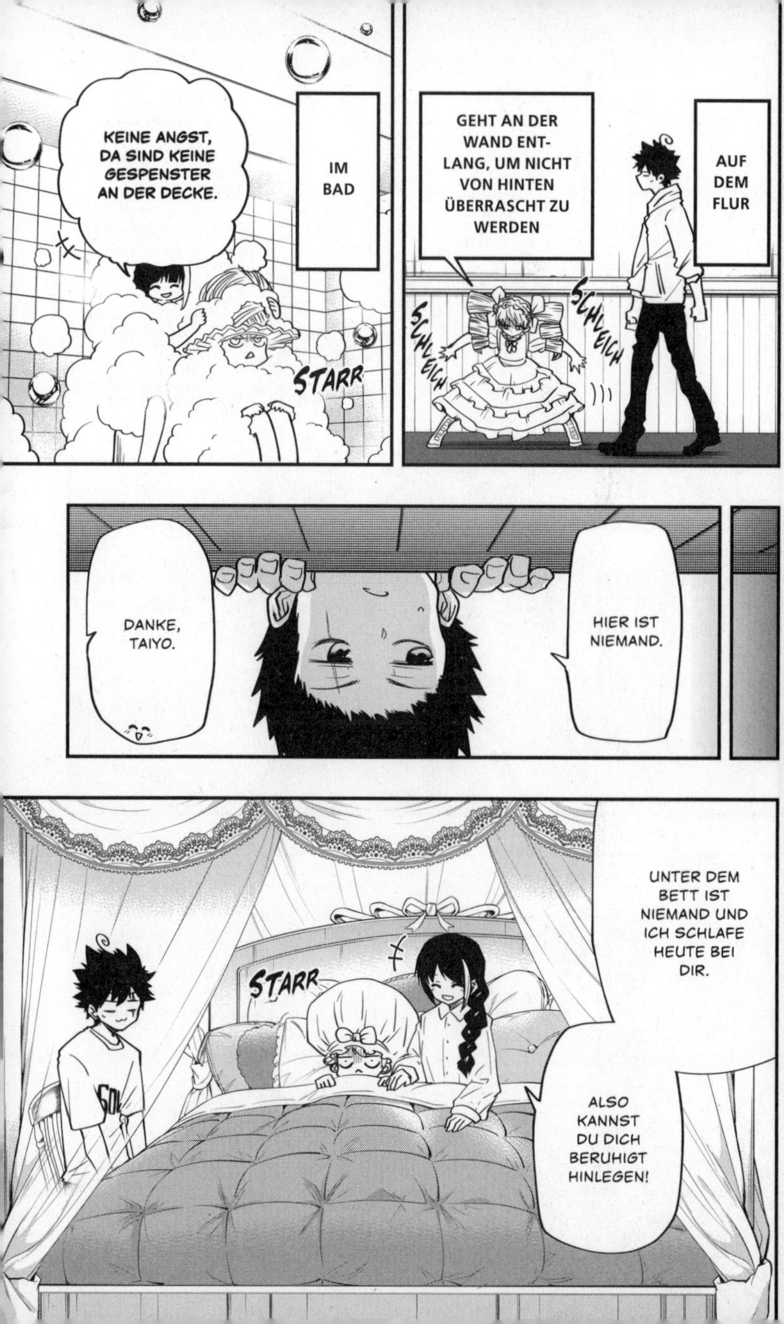
AUF DEM FLUR
GEHT AN DER WAND ENT-LANG, UM NICHT VON HINTEN ÜBERRASCHT ZU WERDEN
SCHLEICH
SCHLEICH
IM BAD
KEINE ANGST, DA SIND KEINE GESPENSTER AN DER DECKE.
STARR
HIER IST NIEMAND.
DANKE, TAIYO.
UNTER DEM BETT IST NIEMAND UND ICH SCHLAFE HEUTE BEI DIR.
ALSO KANNST DU DICH BERUHIGT HINLEGEN!
STARR

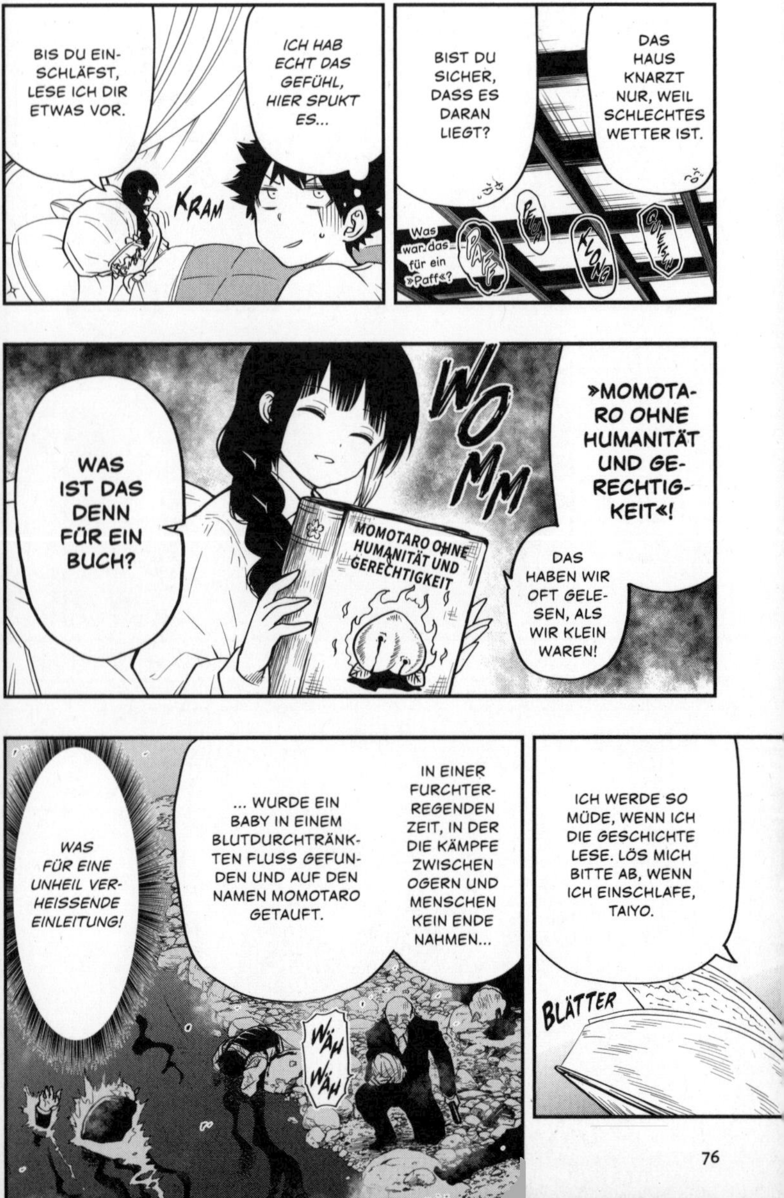
DAS HAUS KNARZT NUR, WEIL SCHLECHTES WETTER IST.
BIST DU SICHER, DASS ES DARAN LIEGT?
KLONG
PAFF
Was war das für ein »Paff«?
ICH HAB ECHT DAS GEFÜHL, HIER SPUKT ES...
BIS DU EIN-SCHLÄFST, LESE ICH DIR ETWAS VOR.
KRAM
»MOMOTARO OHNE HUMANITÄT UND GERECHTIGKEIT«!
DAS HABEN WIR OFT GELESEN, ALS WIR KLEIN WAREN!
WOMM
MOMOTARO OHNE HUMANITÄT UND GERECHTIGKEIT
WAS IST DAS DENN FÜR EIN BUCH?
ICH WERDE SO MÜDE, WENN ICH DIE GESCHICHTE LESE. LÖS MICH BITTE AB, WENN ICH EINSCHLAFE, TAIYO.
BLÄTTER
IN EINER FURCHTERREGENDEN ZEIT, IN DER DIE KÄMPFE ZWISCHEN OGERN UND MENSCHEN KEIN ENDE NAHMEN...
... WURDE EIN BABY IN EINEM BLUTDURCHTRÄNKTEN FLUSS GEFUNDEN UND AUF DEN NAMEN MOMOTARO GETAUFT.
WÄH WÄH
WAS FÜR EINE UNHEIL VERHEISSENDE EINLEITUNG!

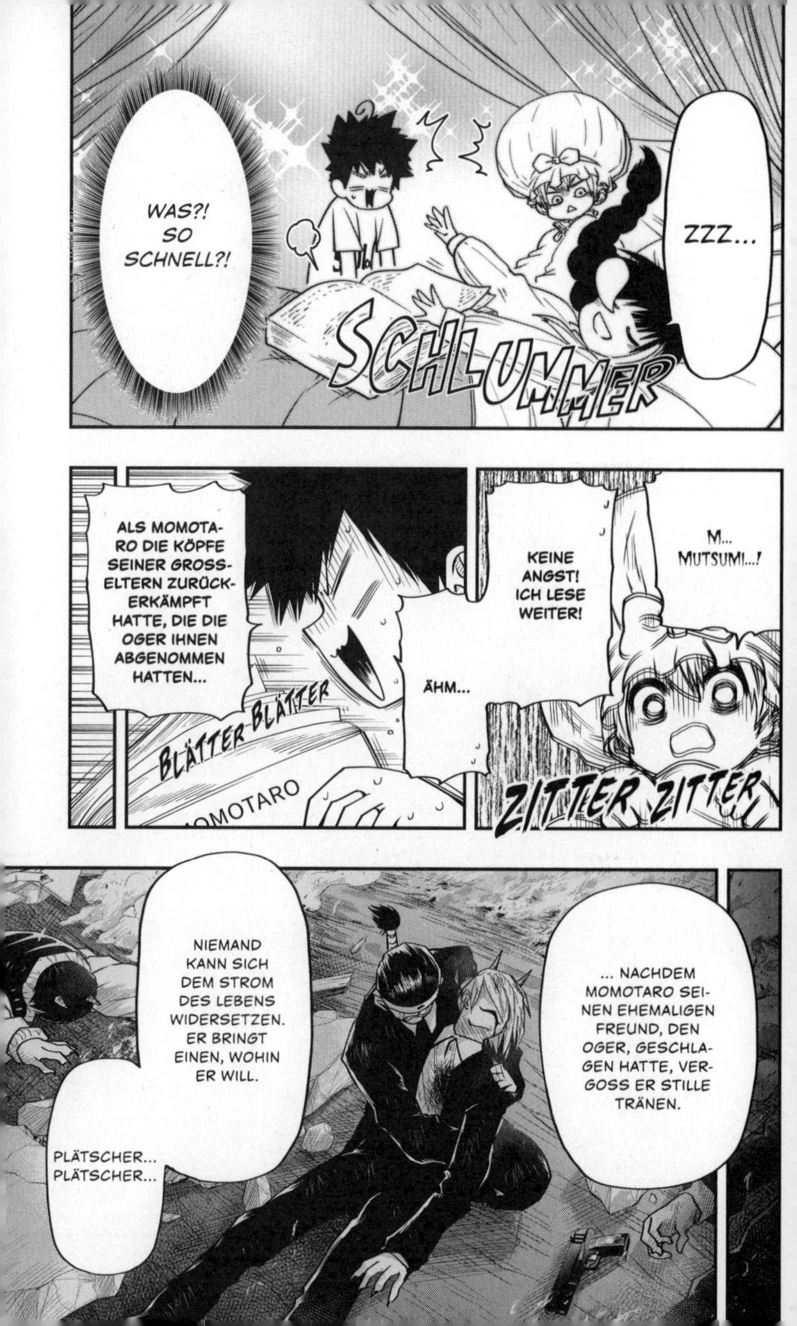
ZZZ...
SCHLUMMER
WAS?! SO SCHNELL?!
M... MUTSUMI...!
KEINE ANGST! ICH LESE WEITER!
ZITTER ZITTER
ÄHM...
ALS MOMOTARO DIE KÖPFE SEINER GROSSELTERN ZURÜCKERKÄMPFT HATTE, DIE DIE OGER IHNEN ABGENOMMEN HATTEN...
BLÄTTER BLÄTTER
MOMOTARO
... NACHDEM MOMOTARO SEINEN EHEMALIGEN FREUND, DEN OGER, GESCHLAGEN HATTE, VERGOSS ER STILLE TRÄNEN.
NIEMAND KANN SICH DEM STROM DES LEBENS WIDERSETZEN. ER BRINGT EINEN, WOHIN ER WILL.
PLÄTSCHER... PLÄTSCHER...

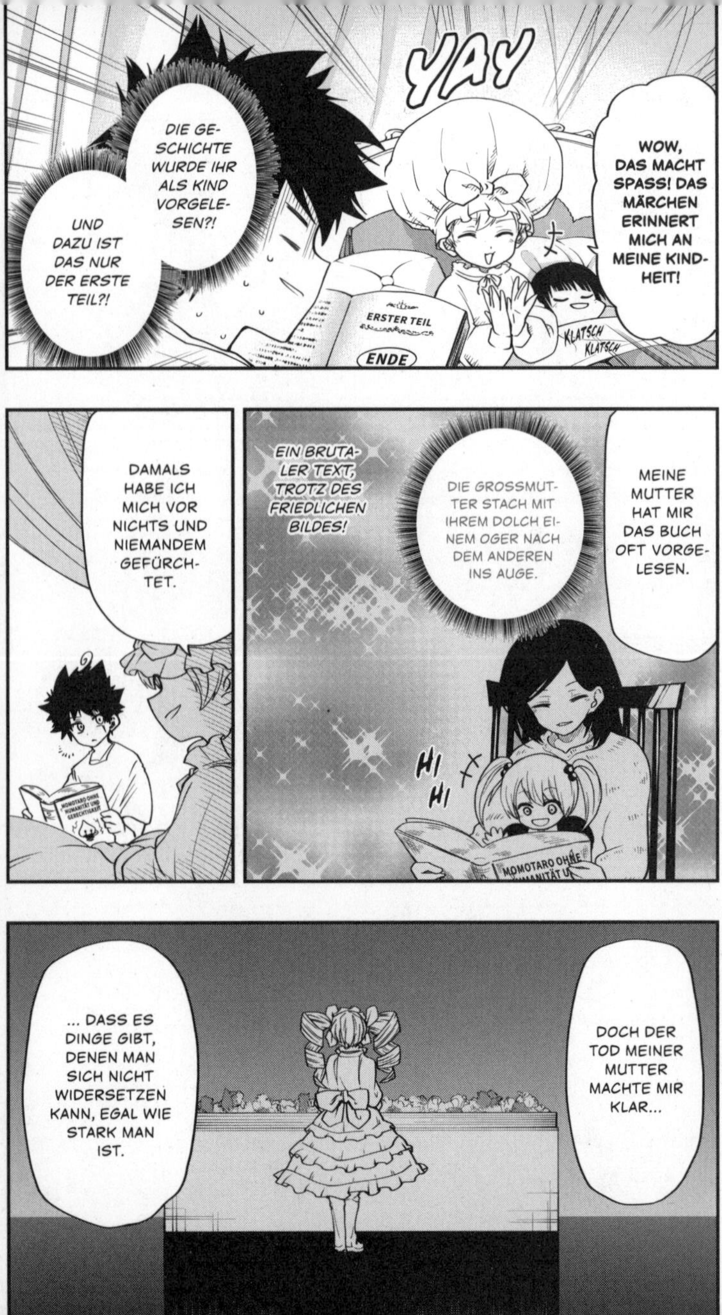
YAY
WOW, DAS MACHT SPASS! DAS MÄRCHEN ERINNERT MICH AN MEINE KINDHEIT!
KLATSCH KLATSCH
ERSTER TEIL
ENDE
DIE GESCHICHTE WURDE IHR ALS KIND VORGELESEN?!
UND DAZU IST DAS NUR DER ERSTE TEIL?!
MEINE MUTTER HAT MIR DAS BUCH OFT VORGELESEN.
DIE GROSSMUTTER STACH MIT IHREM DOLCH EINEM OGER NACH DEM ANDEREN INS AUGE.
EIN BRUTALER TEXT, TROTZ DES FRIEDLICHEN BILDES!
HI HI
DAMALS HABE ICH MICH VOR NICHTS UND NIEMANDEM GEFÜRCHTET.
DOCH DER TOD MEINER MUTTER MACHTE MIR KLAR...
... DASS ES DINGE GIBT, DENEN MAN SICH NICHT WIDERSETZEN KANN, EGAL WIE STARK MAN IST.

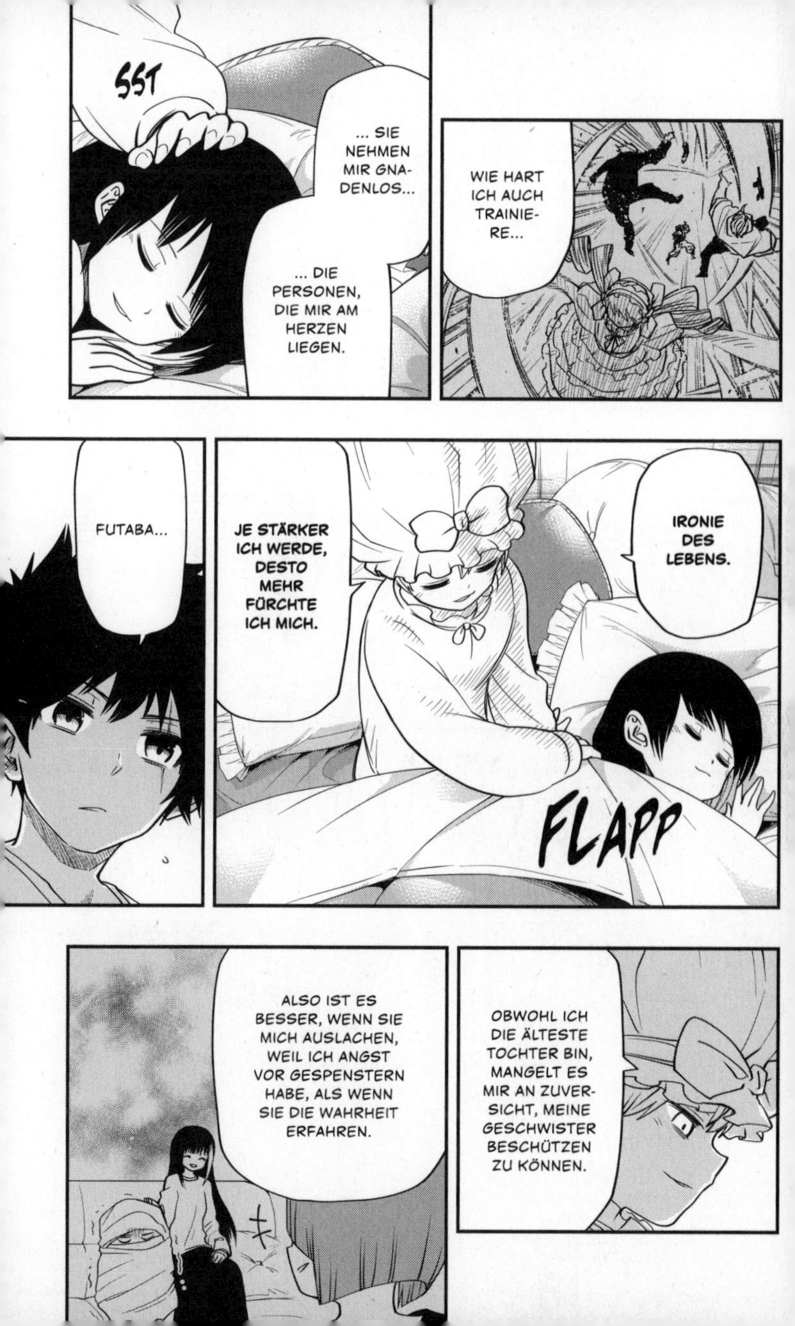
WIE HART ICH AUCH TRAINIE-RE...
SST
... SIE NEHMEN MIR GNA-DENLOS...
... DIE PERSONEN, DIE MIR AM HERZEN LIEGEN.
IRONIE DES LEBENS.
JE STÄRKER ICH WERDE, DESTO MEHR FÜRCHTE ICH MICH.
FLAPP
FUTABA...
OBWOHL ICH DIE ÄLTESTE TOCHTER BIN, MANGELT ES MIR AN ZUVER-SICHT, MEINE GESCHWISTER BESCHÜTZEN ZU KÖNNEN.
ALSO IST ES BESSER, WENN SIE MICH AUSLACHEN, WEIL ICH ANGST VOR GESPENSTERN HABE, ALS WENN SIE DIE WAHRHEIT ERFAHREN.

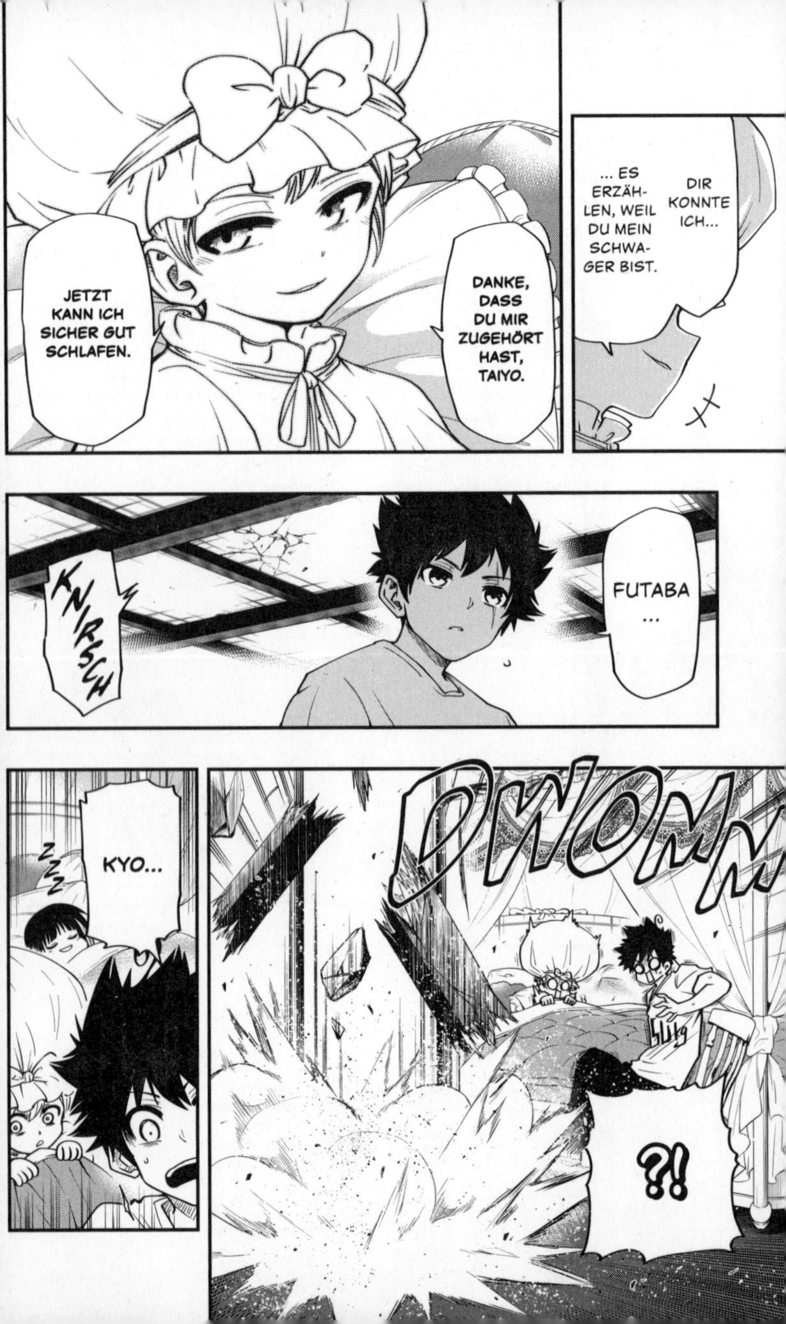
DIR KONNTE ICH...
... ES ERZÄHLEN, WEIL DU MEIN SCHWAGER BIST.
DANKE, DASS DU MIR ZUGEHÖRT HAST, TAIYO.
JETZT KANN ICH SICHER GUT SCHLAFEN.
FUTABA ...
KNIRSCH
DWOMM
?!
KYO...
ZZZ

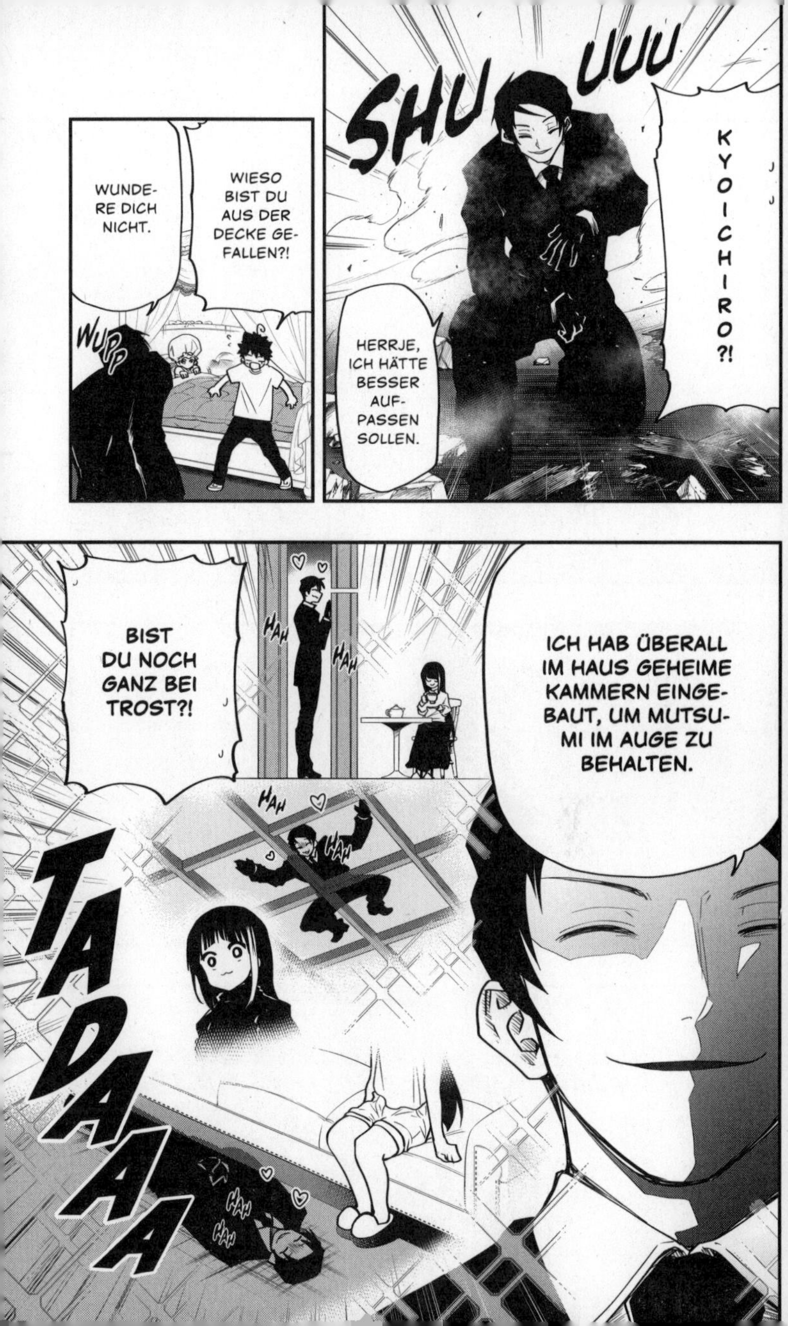
SHUUUU
KYOICHIRO?!
HERRJE, ICH HÄTTE BESSER AUFPASSEN SOLLEN.
WIESO BIST DU AUS DER DECKE GEFALLEN?!
WUNDERE DICH NICHT.
WUPP
ICH HAB ÜBERALL IM HAUS GEHEIME KAMMERN EINGEBAUT, UM MUTSUMI IM AUGE ZU BEHALTEN.
BIST DU NOCH GANZ BEI TROST?!
HAH HAH
HAH HAH
HAH HAH
TADAAAA

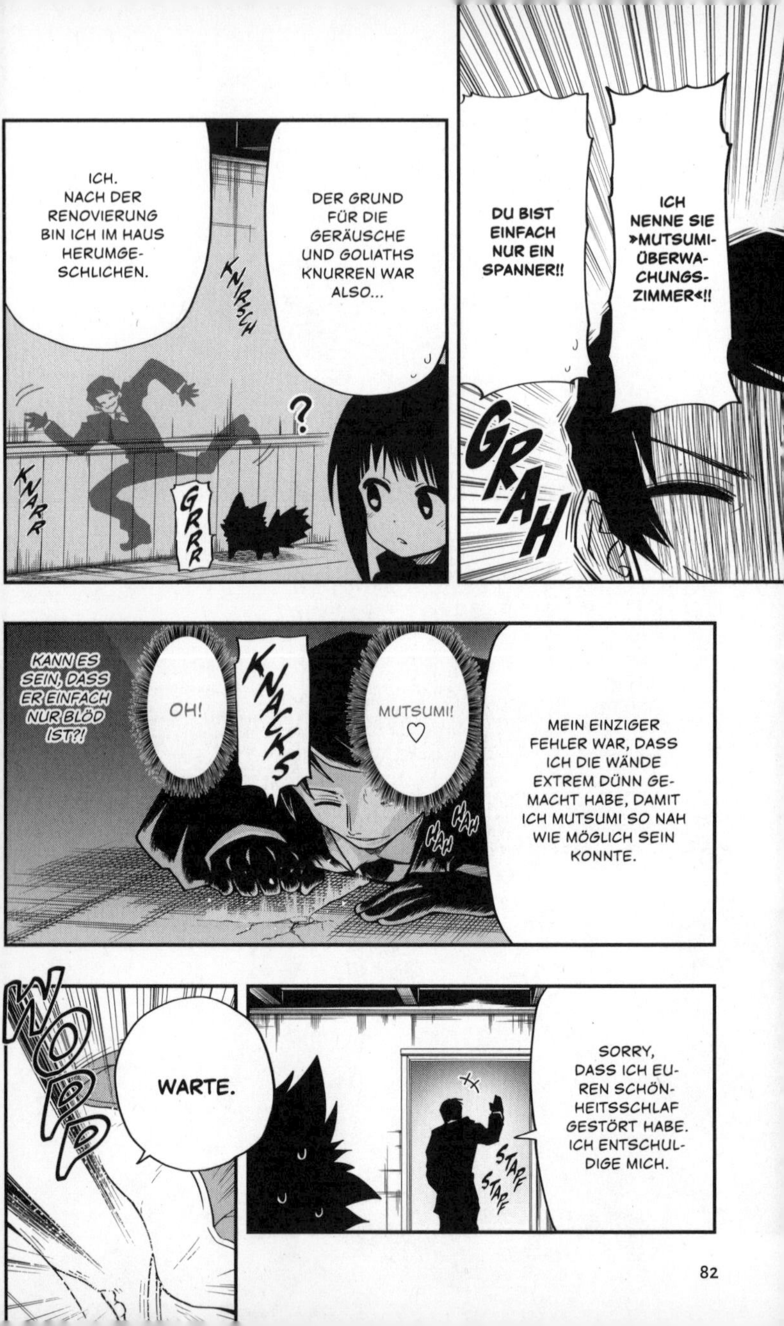
ICH NENNE SIE »MUTSUMI-ÜBERWACHUNGSZIMMER«!!
DU BIST EINFACH NUR EIN SPANNER!!
GRAH
DER GRUND FÜR DIE GERÄUSCHE UND GOLIATHS KNURREN WAR ALSO...
ICH. NACH DER RENOVIERUNG BIN ICH IM HAUS HERUMGESCHLICHEN.
KNIRSCH
GRRR
KNARR
MEIN EINZIGER FEHLER WAR, DASS ICH DIE WÄNDE EXTREM DÜNN GEMACHT HABE, DAMIT ICH MUTSUMI SO NAH WIE MÖGLICH SEIN KONNTE.
MUTSUMI! ♡
KNACKS
OH!
HAH HAH
KANN ES SEIN, DASS ER EINFACH NUR BLÖD IST?!
SORRY, DASS ICH EUREN SCHÖNHEITSSCHLAF GESTÖRT HABE. ICH ENTSCHULDIGE MICH.
STAPF STAPF
WARTE.

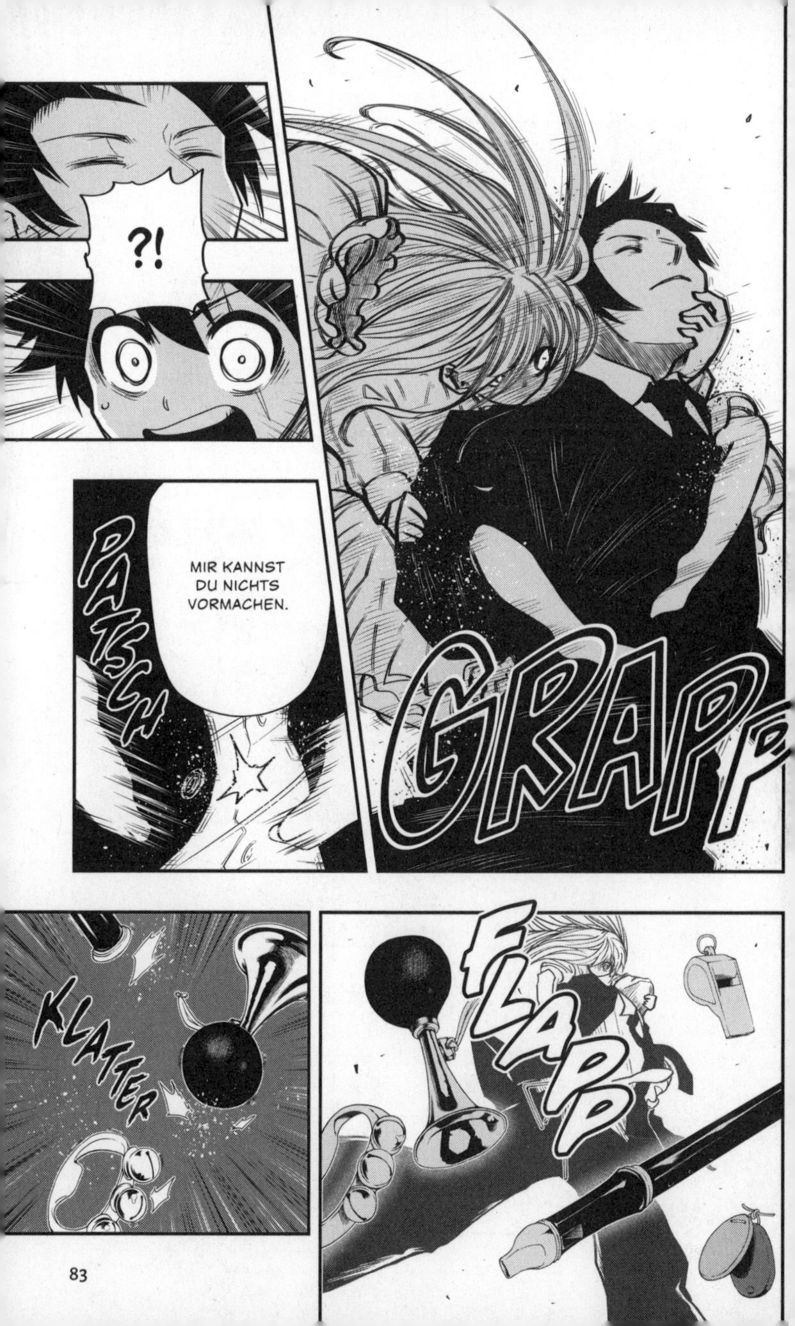
?!
GRAPP
MIR KANNST DU NICHTS VORMACHEN.
PATSCH
FLAPP
KLATTER

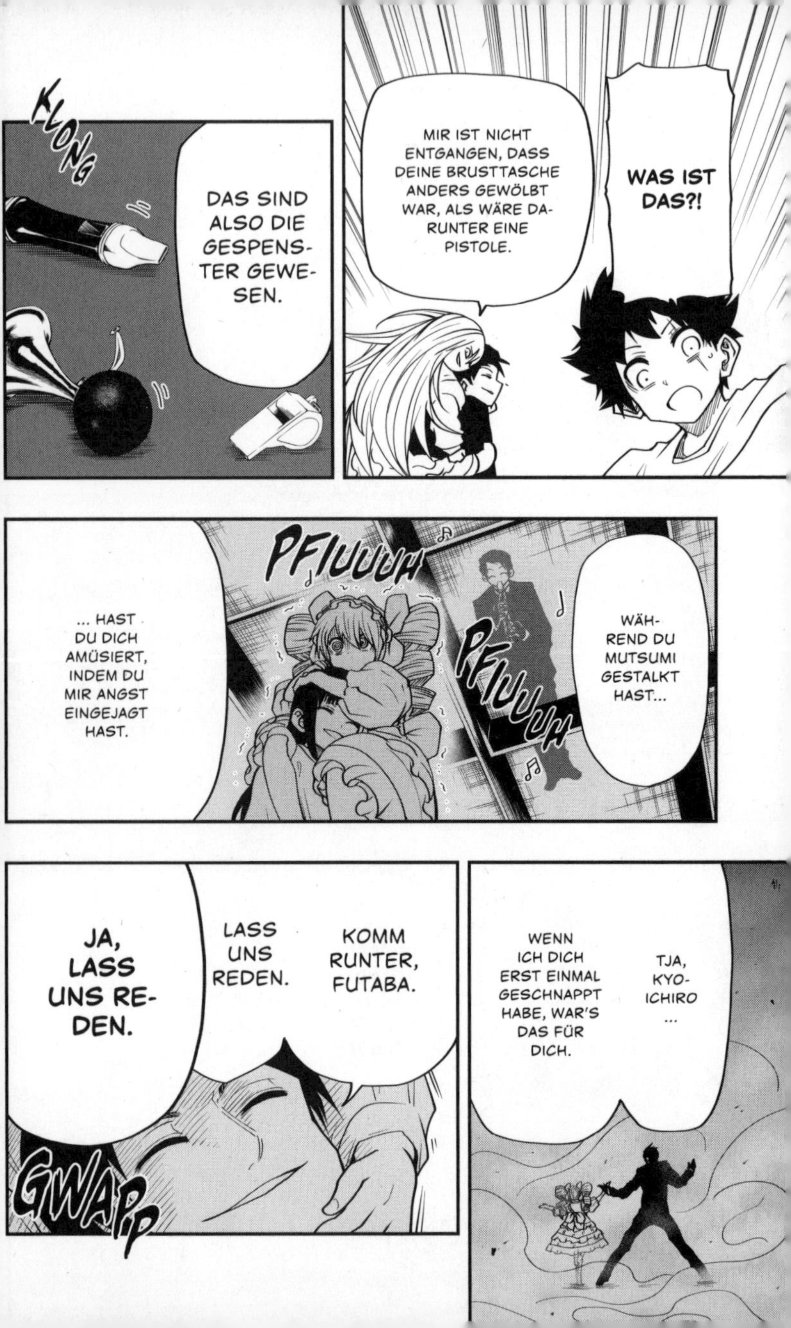
WAS IST DAS?!
MIR IST NICHT ENTGANGEN, DASS DEINE BRUSTTASCHE ANDERS GEWÖLBT WAR, ALS WÄRE DARUNTER EINE PISTOLE.
KLONG
DAS SIND ALSO DIE GESPENSTER GEWESEN.
WÄHREND DU MUTSUMI GESTALKT HAST...
PFIUUUH
PFIUUUH
... HAST DU DICH AMÜSIERT, INDEM DU MIR ANGST EINGEJAGT HAST.
TJA, KYOICHIRO ...
WENN ICH DICH ERST EINMAL GESCHNAPPT HABE, WAR'S DAS FÜR DICH.
KOMM RUNTER, FUTABA.
LASS UNS REDEN.
JA, LASS UNS REDEN.
GWAPP

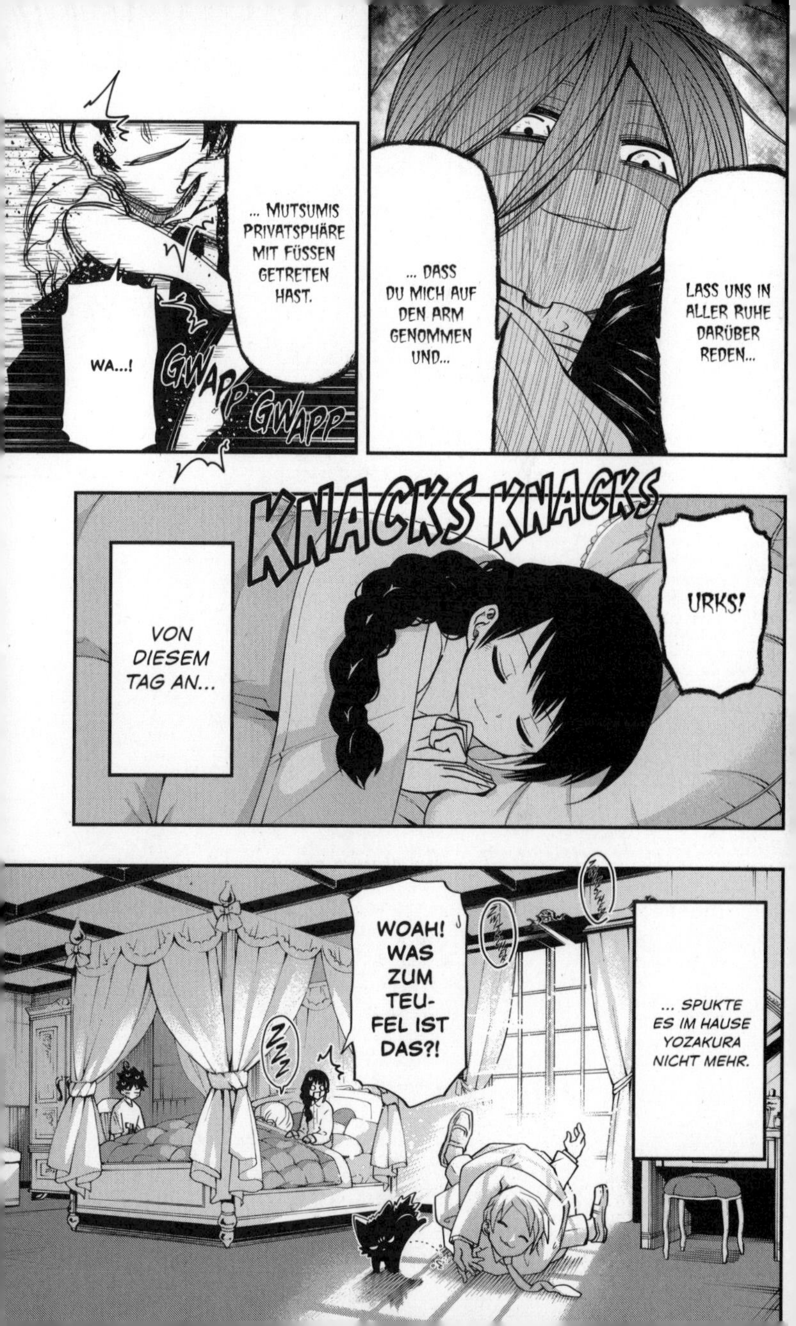
LASS UNS IN ALLER RUHE DARÜBER REDEN...
... DASS DU MICH AUF DEN ARM GENOMMEN UND...
... MUTSUMIS PRIVATSPHÄRE MIT FÜSSEN GETRETEN HAST.
WA...!
GWAPP GWAPP
KNACKS KNACKS
URKS!
VON DIESEM TAG AN...
... SPUKTE ES IM HAUSE YOZAKURA NICHT MEHR.
WOAH! WAS ZUM TEU-FEL IST DAS?!
ZZZ

~ Momotaro ohne Humanität und Gerechtigkeit ~

Inhalt (insgesamt drei Teile)

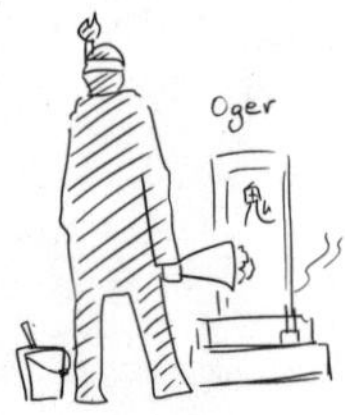

~ Erster Teil ~

Als seine Adoptiveltern und seine Geliebte von Ogern ermordet werden, schwört Momotaro Rache. Überall auf der Welt spitzt sich der Konflikt zwischen Ogern und Menschen zu. Momotaro gelingt es, den Anführer der Oger-Armee herauszufordern, doch dieser entpuppt sich als sein Sandkastenfreund. Um den Ausschreitungen ein Ende zu setzen, lässt sich der Oger freiwillig von Momotaro schlagen. So sterben die Oger aus und Momotaro wird als Held gefeiert.

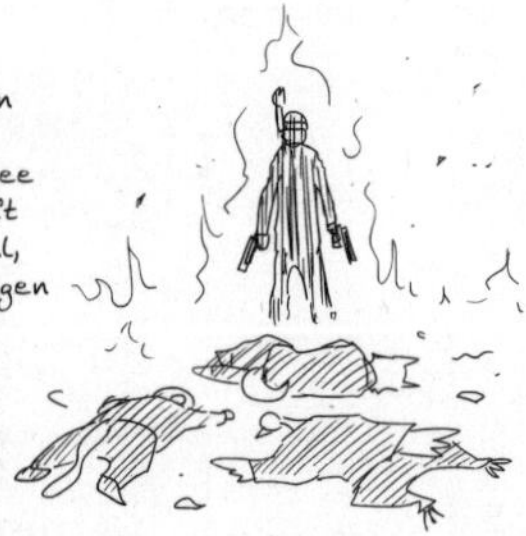

~ Zweiter Teil ~

Trotz des Untergangs der Oger kehrt immer noch kein Frieden ein. Jetzt, wo die Welt keinen gemeinsamen Feind mehr hat, entstehen Konflikte zwischen den Völkern. Eine alliierte Armee aus Hunden, Affen und Vögeln rebelliert gegen die Herrschaft der Menschen. Als Stellvertreter bleibt Momotaro keine Wahl, als sie zu vernichten. Durch seine überwältigenden Kräfte siegen die Menschen, aber der Held leidet an Schuldgefühlen, weil er seine ehemaligen pelzigen Kameraden getötet hat. Allmählich verliert Momotaro die Fassung. Er wird von seinen Artgenossen gefürchtet und schließlich mit dem Spitznamen »Oger« beschimpft.

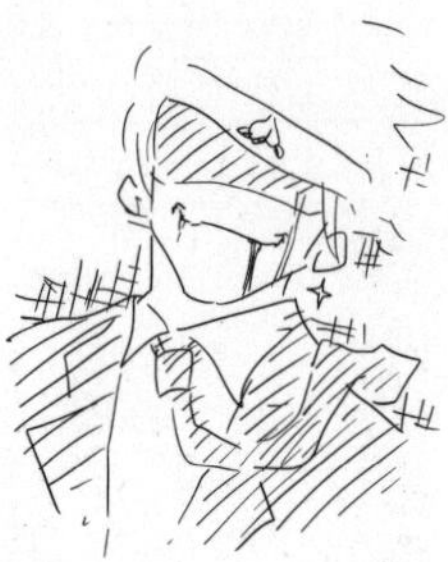

~ Dritter Teil ~

Die Menschen erheben sich, um sich von dem Tyrann zu befreien. Momotaro tötet einen Herausforderer nach dem anderen, als wolle er Wut, Reue und gemischte Gefühle an ihnen auslassen. Aber dann begegnet er einem Jungen, der seiner Geliebten, die einst von Ogern getötet worden war, wie aus dem Gesicht geschnitten ist. Der Junge ahnt nicht, was in Momotaro vorgeht. Obgleich der ehemalige Held es selbst nicht fassen kann, hat ihn zweifellos das Schicksal zu ihm geführt. Schweigend lässt Momotaro es zu, dass die Klinge des Jungen ihn tötet. Das Gesicht des Mannes, der endlich ruhen kann, ist genauso friedlich wie jenes, das er vor langer Zeit Familie und Kameraden gezeigt hatte.

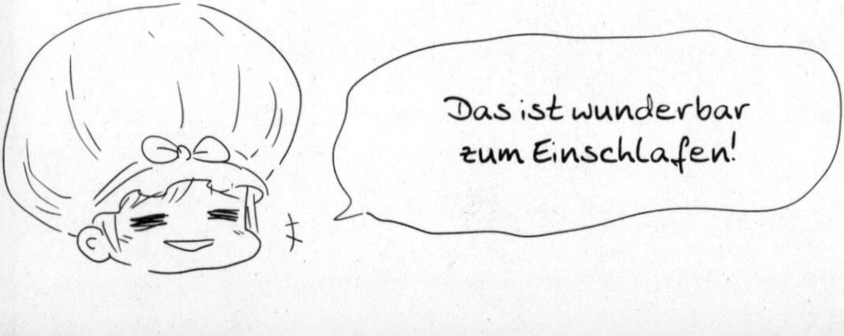

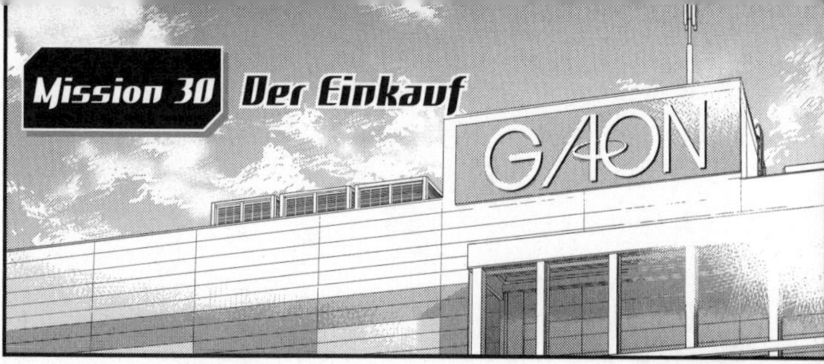
Mission 30 Der Einkauf
GAON

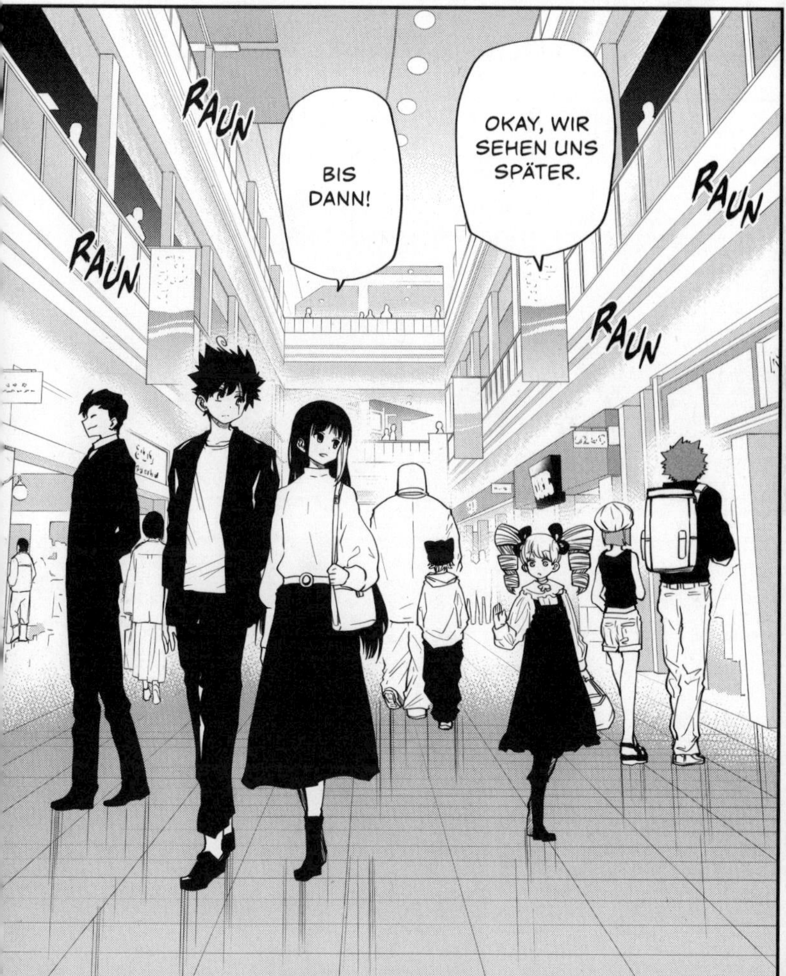
OKAY, WIR SEHEN UNS SPÄTER.
BIS DANN!
RAUN
RAUN
RAUN
RAUN

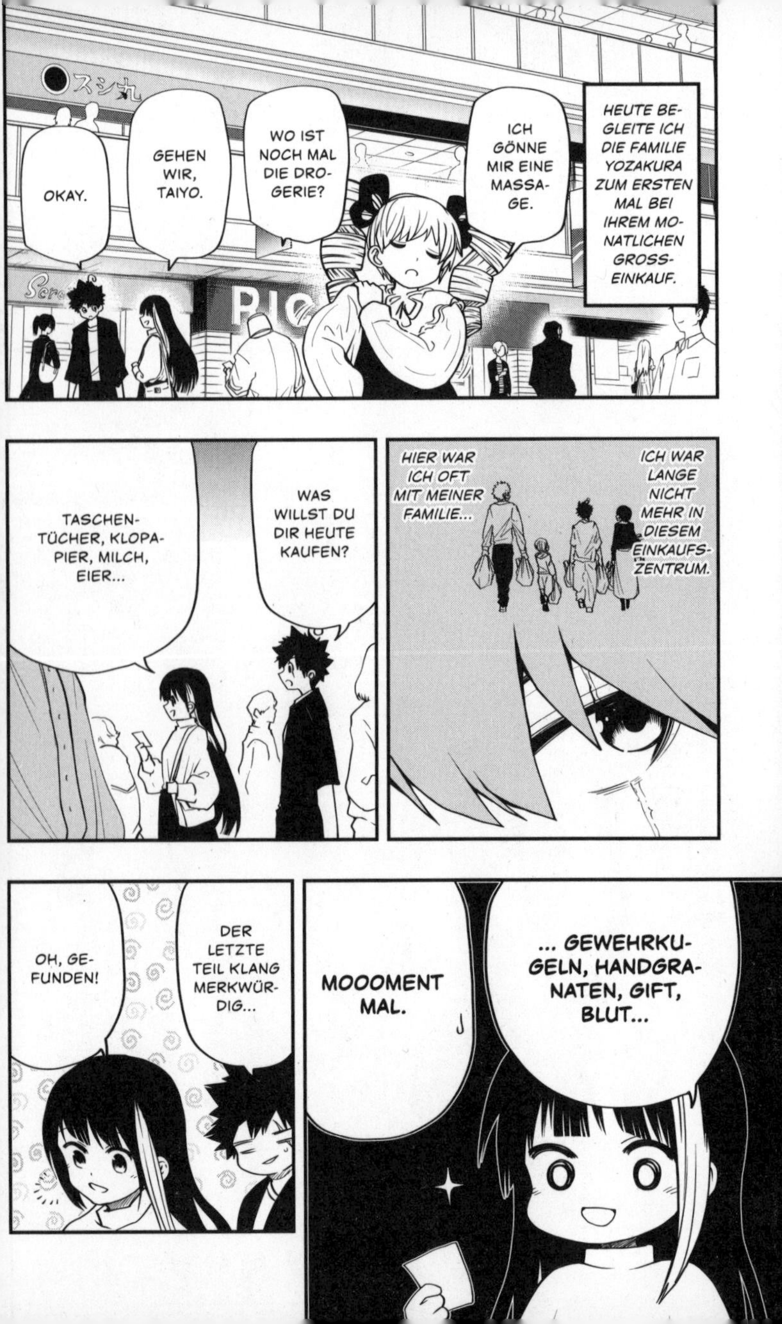
HEUTE BEGLEITE ICH DIE FAMILIE YOZAKURA ZUM ERSTEN MAL BEI IHREM MONATLICHEN GROSSEINKAUF.
ICH GÖNNE MIR EINE MASSAGE.
WO IST NOCH MAL DIE DROGERIE?
GEHEN WIR, TAIYO.
OKAY.
ICH WAR LANGE NICHT MEHR IN DIESEM EINKAUFSZENTRUM.
HIER WAR ICH OFT MIT MEINER FAMILIE...
WAS WILLST DU DIR HEUTE KAUFEN?
TASCHENTÜCHER, KLOPAPIER, MILCH, EIER...
... GEWEHRKUGELN, HANDGRANATEN, GIFT, BLUT...
MOOOMENT MAL.
DER LETZTE TEIL KLANG MERKWÜRDIG...
OH, GEFUNDEN!

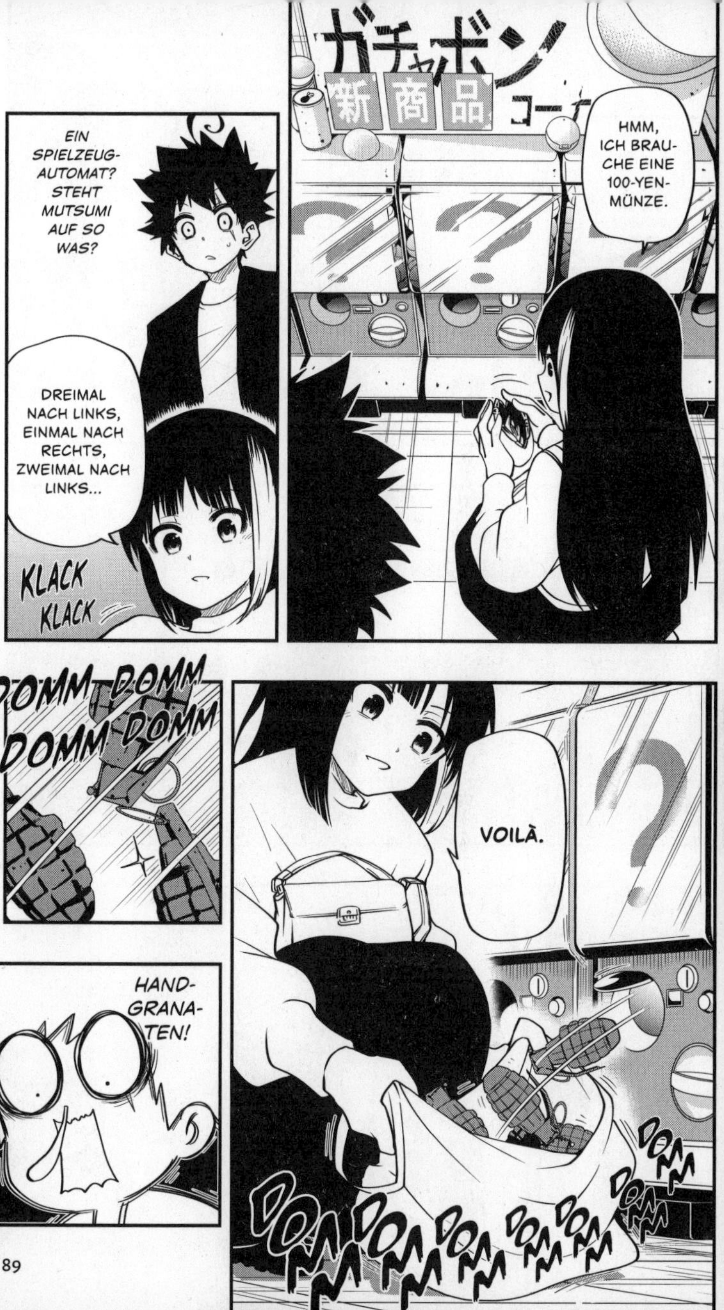
ガチャボン
新商品
HMM, ICH BRAU-CHE EINE 100-YEN-MÜNZE.
EIN SPIELZEUG-AUTOMAT? STEHT MUTSUMI AUF SO WAS?
DREIMAL NACH LINKS, EINMAL NACH RECHTS, ZWEIMAL NACH LINKS...
KLACK KLACK
VOILÀ.
DOMM DOMM DOMM DOMM DOMM DOMM DOMM DOMM
DOMM DOMM DOMM DOMM
HAND-GRANA-TEN!

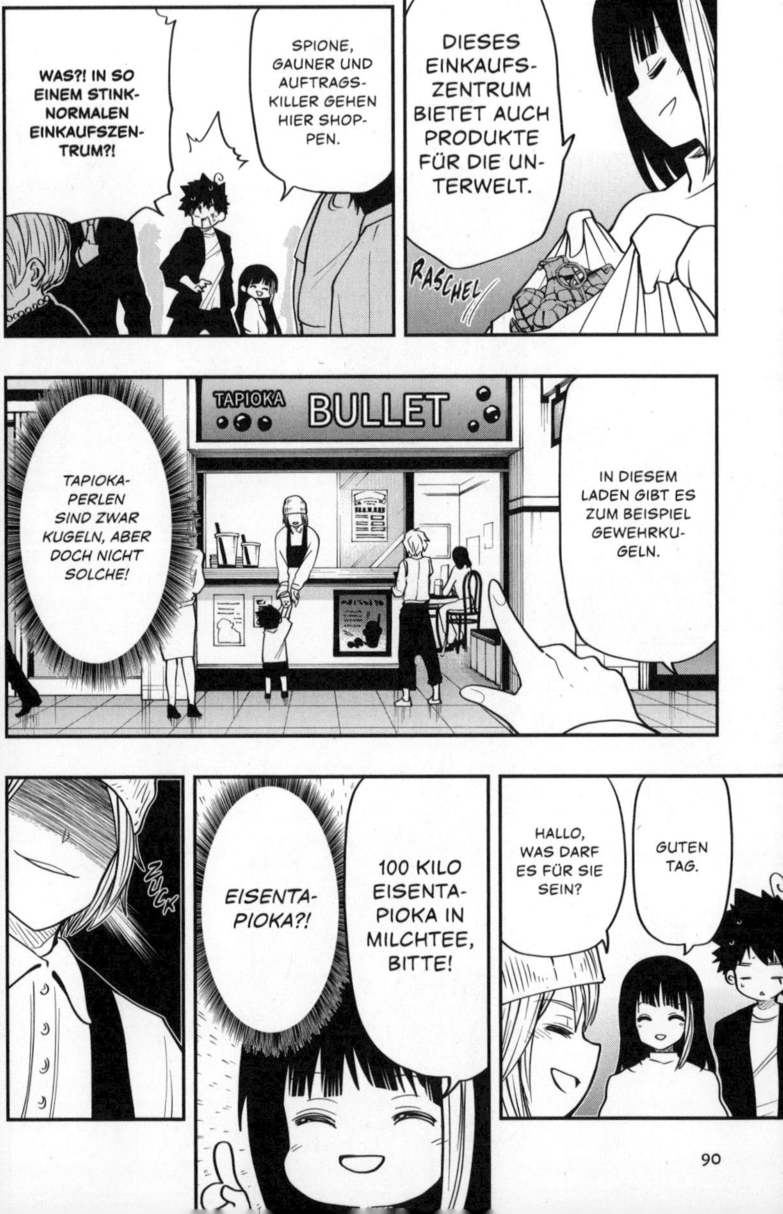
DIESES EINKAUFS-ZENTRUM BIETET AUCH PRODUKTE FÜR DIE UNTERWELT.
RASCHEL
SPIONE, GAUNER UND AUFTRAGS-KILLER GEHEN HIER SHOP-PEN.
WAS?! IN SO EINEM STINK-NORMALEN EINKAUFSZEN-TRUM?!
TAPIOKA BULLET
IN DIESEM LADEN GIBT ES ZUM BEISPIEL GEWEHRKU-GELN.
TAPIOKA-PERLEN SIND ZWAR KUGELN, ABER DOCH NICHT SOLCHE!
GUTEN TAG.
HALLO, WAS DARF ES FÜR SIE SEIN?
100 KILO EISENTA-PIOKA IN MILCHTEE, BITTE!
EISENTA-PIOKA?!
ZUCK

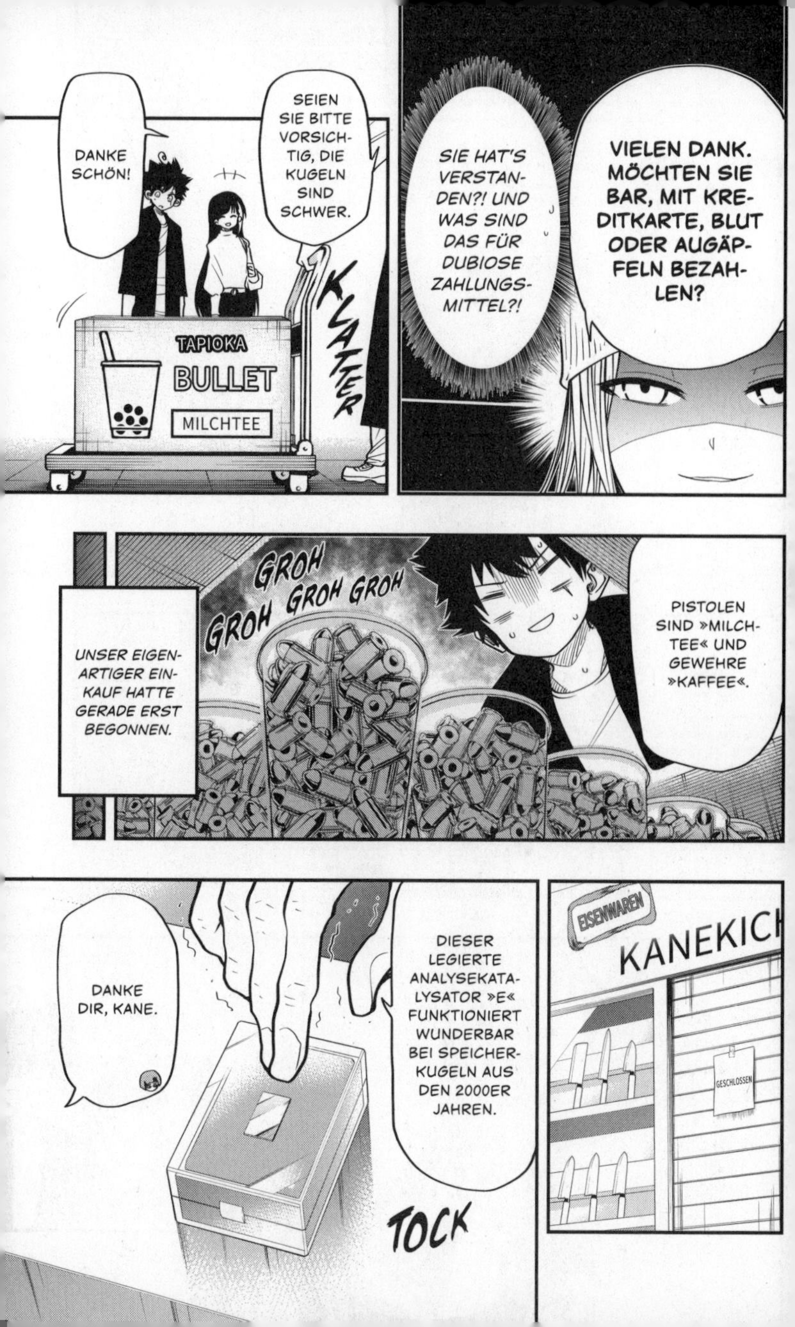
VIELEN DANK. MÖCHTEN SIE BAR, MIT KREDITKARTE, BLUT ODER AUGÄPFELN BEZAHLEN?
SIE HAT'S VERSTANDEN?! UND WAS SIND DAS FÜR DUBIOSE ZAHLUNGSMITTEL?!
SEIEN SIE BITTE VORSICHTIG, DIE KUGELN SIND SCHWER.
KLATTER
DANKE SCHÖN!
TAPIOKA
BULLET
MILCHTEE
PISTOLEN SIND »MILCHTEE« UND GEWEHRE »KAFFEE«.
GROH GROH GROH GROH
UNSER EIGENARTIGER EINKAUF HATTE GERADE ERST BEGONNEN.
EISENWAREN
KANEKICH
GESCHLOSSEN
DIESER LEGIERTE ANALYSEKATALYSATOR »E« FUNKTIONIERT WUNDERBAR BEI SPEICHERKUGELN AUS DEN 2000ER JAHREN.
TOCK
DANKE DIR, KANE.

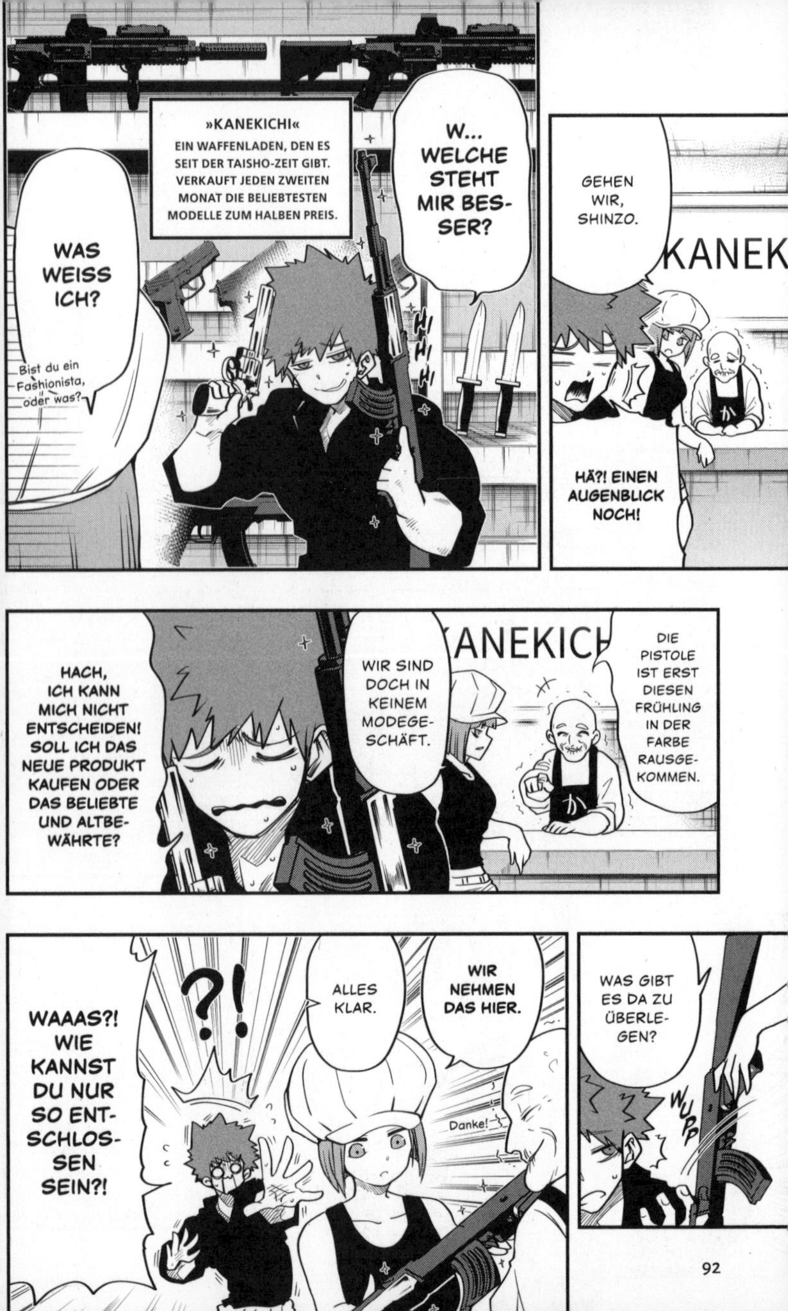
»KANEKICHI«
EIN WAFFENLADEN, DEN ES SEIT DER TAISHO-ZEIT GIBT. VERKAUFT JEDEN ZWEITEN MONAT DIE BELIEBTESTEN MODELLE ZUM HALBEN PREIS.
W... WELCHE STEHT MIR BESSER?
HI HI HI
WAS WEISS ICH?
Bist du ein Fashionista, oder was?
GEHEN WIR, SHINZO.
KANEK
HÄ?! EINEN AUGENBLICK NOCH!
KANEKICH
DIE PISTOLE IST ERST DIESEN FRÜHLING IN DER FARBE RAUSGEKOMMEN.
WIR SIND DOCH IN KEINEM MODEGESCHÄFT.
HACH, ICH KANN MICH NICHT ENTSCHEIDEN! SOLL ICH DAS NEUE PRODUKT KAUFEN ODER DAS BELIEBTE UND ALTBEWÄHRTE?
WAS GIBT ES DA ZU ÜBERLEGEN?
WUPP
WIR NEHMEN DAS HIER.
ALLES KLAR.
Danke!
?!
WAAAS?! WIE KANNST DU NUR SO ENTSCHLOSSEN SEIN?!

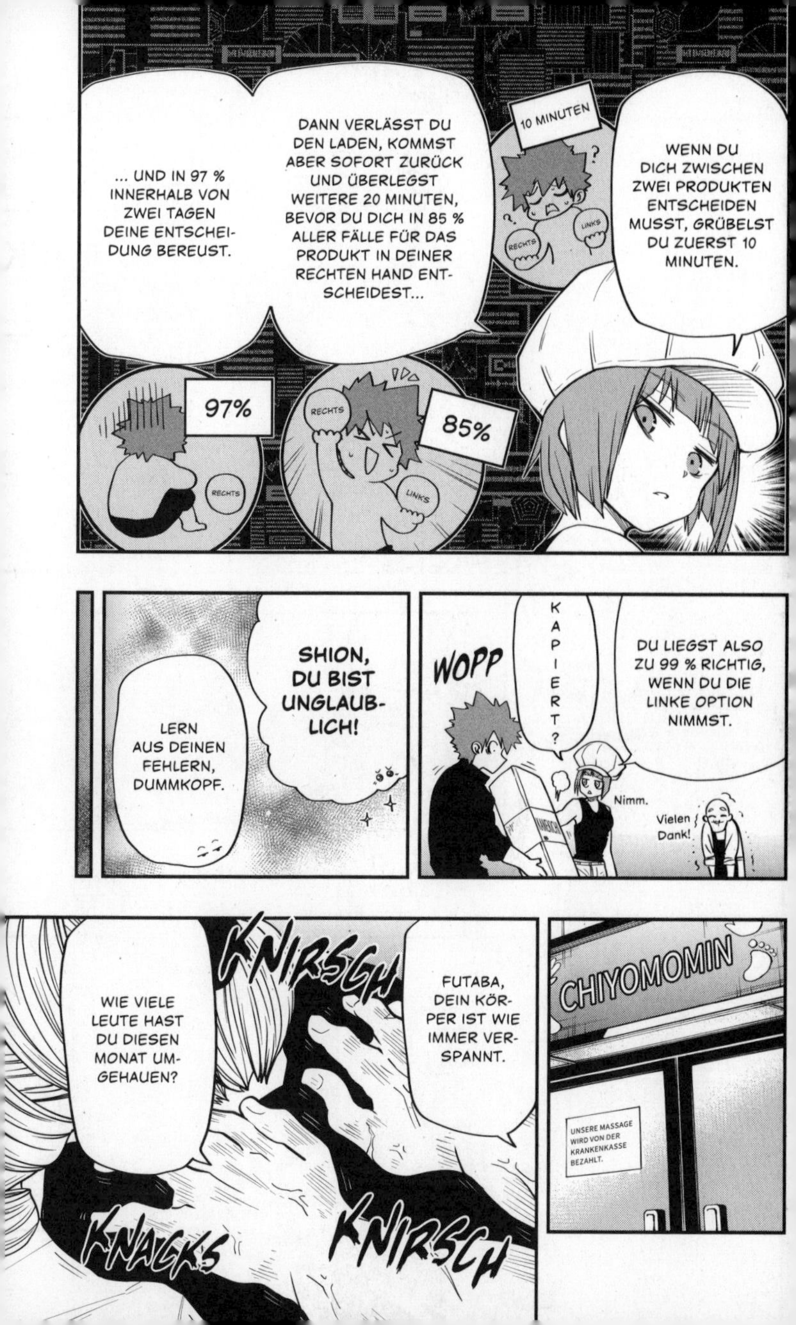
WENN DU DICH ZWISCHEN ZWEI PRODUKTEN ENTSCHEIDEN MUSST, GRÜBELST DU ZUERST 10 MINUTEN.
10 MINUTEN
LINKS
RECHTS
DANN VERLÄSST DU DEN LADEN, KOMMST ABER SOFORT ZURÜCK UND ÜBERLEGST WEITERE 20 MINUTEN, BEVOR DU DICH IN 85 % ALLER FÄLLE FÜR DAS PRODUKT IN DEINER RECHTEN HAND ENTSCHEIDEST...
... UND IN 97 % INNERHALB VON ZWEI TAGEN DEINE ENTSCHEIDUNG BEREUST.
85%
RECHTS
LINKS
97%
RECHTS
DU LIEGST ALSO ZU 99 % RICHTIG, WENN DU DIE LINKE OPTION NIMMST.
KAPIERT?
WOPP
Nimm.
Vielen Dank!
SHION, DU BIST UNGLAUBLICH!
LERN AUS DEINEN FEHLERN, DUMMKOPF.
CHIYOMOMIN
UNSERE MASSAGE WIRD VON DER KRANKENKASSE BEZAHLT.
FUTABA, DEIN KÖRPER IST WIE IMMER VERSPANNT.
KNIRSCH
WIE VIELE LEUTE HAST DU DIESEN MONAT UMGEHAUEN?
KNIRSCH
KNACKS

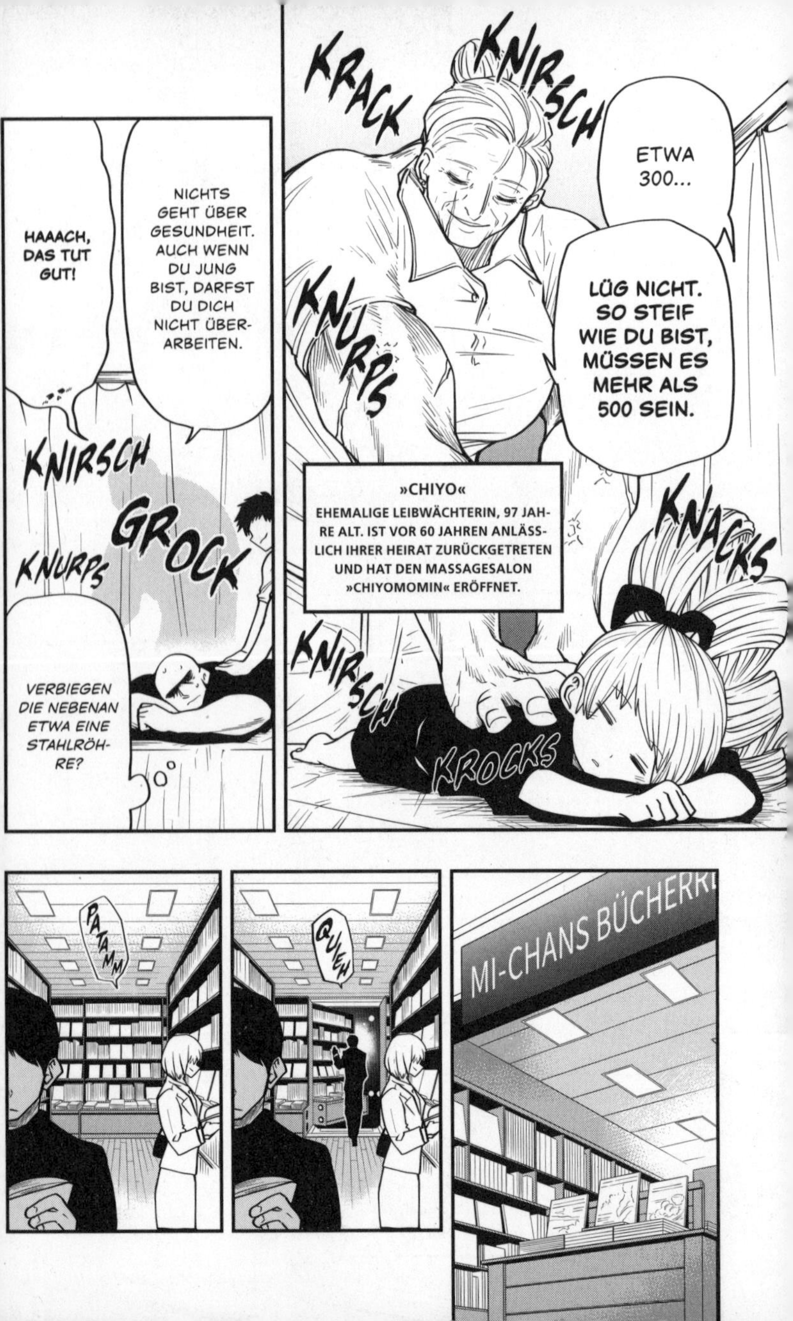
KNIRSCH
KRACK
ETWA 300...
LÜG NICHT. SO STEIF WIE DU BIST, MÜSSEN ES MEHR ALS 500 SEIN.
KNURPS
»CHIYO«
EHEMALIGE LEIBWÄCHTERIN, 97 JAHRE ALT. IST VOR 60 JAHREN ANLÄSSLICH IHRER HEIRAT ZURÜCKGETRETEN UND HAT DEN MASSAGESALON »CHIYOMOMIN« ERÖFFNET.
KNACKS
KNIRSCH
KROCKS
NICHTS GEHT ÜBER GESUNDHEIT. AUCH WENN DU JUNG BIST, DARFST DU DICH NICHT ÜBERARBEITEN.
HAAACH, DAS TUT GUT!
KNIRSCH
GROCK
KNURPS
VERBIEGEN DIE NEBENAN ETWA EINE STAHLRÖHRE?
MI-CHANS BÜCHERR
QUIEH
PATAMM

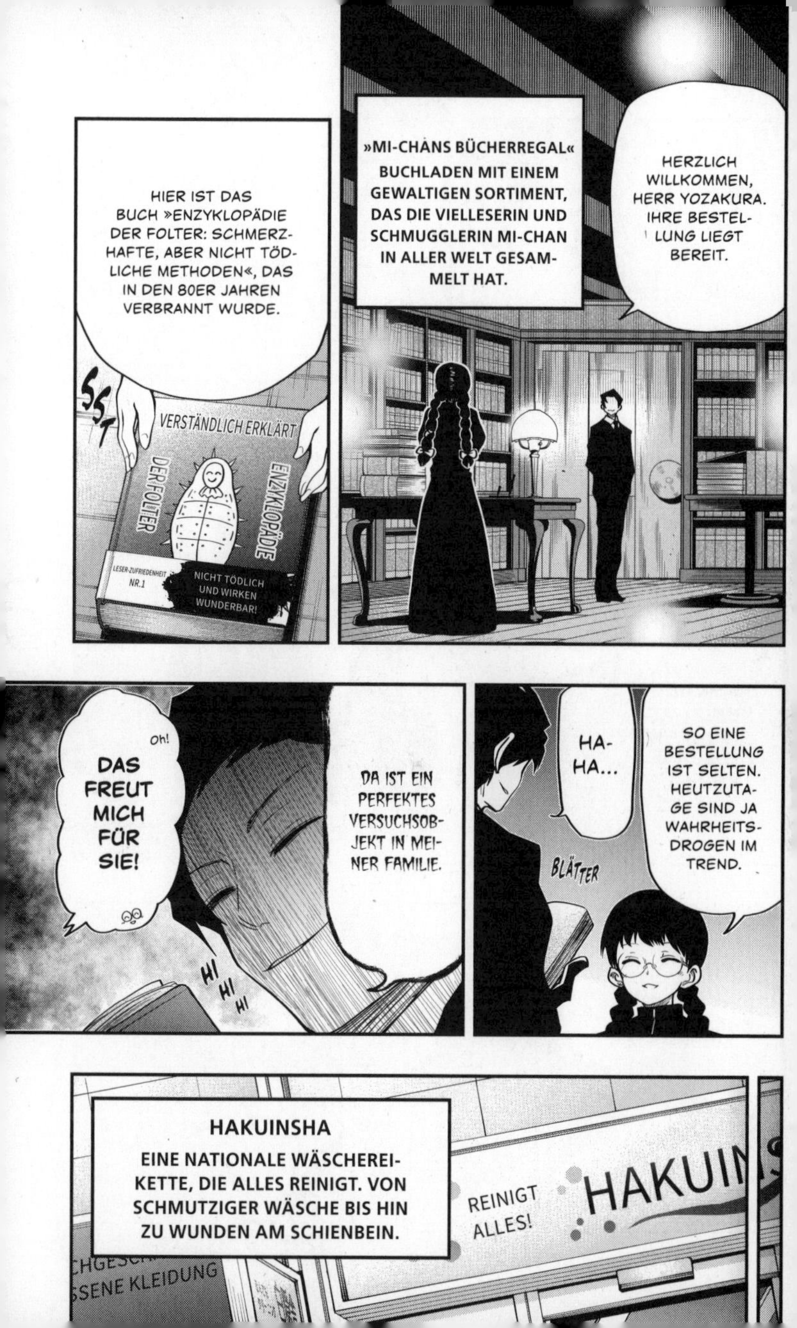

»MI-CHANS BÜCHERREGAL« BUCHLADEN MIT EINEM GEWALTIGEN SORTIMENT, DAS DIE VIELLESERIN UND SCHMUGGLERIN MI-CHAN IN ALLER WELT GESAMMELT HAT.
HERZLICH WILLKOMMEN, HERR YOZAKURA. IHRE BESTELLUNG LIEGT BEREIT.
HIER IST DAS BUCH »ENZYKLOPÄDIE DER FOLTER: SCHMERZHAFTE, ABER NICHT TÖDLICHE METHODEN«, DAS IN DEN 80ER JAHREN VERBRANNT WURDE.
SST
VERSTÄNDLICH ERKLÄRT
ENZYKLOPÄDIE DER FOLTER
LESER-ZUFRIEDENHEIT NR.1
NICHT TÖDLICH UND WIRKEN WUNDERBAR!
SO EINE BESTELLUNG IST SELTEN. HEUTZUTAGE SIND JA WAHRHEITSDROGEN IM TREND.
HA-HA...
BLÄTTER
DA IST EIN PERFEKTES VERSUCHSOBJEKT IN MEINER FAMILIE.
Oh!
DAS FREUT MICH FÜR SIE!
HI HI HI
HAKUINSHA
EINE NATIONALE WÄSCHEREIKETTE, DIE ALLES REINIGT. VON SCHMUTZIGER WÄSCHE BIS HIN ZU WUNDEN AM SCHIENBEIN.
REINIGT ALLES!
HAKUIN
SSENE KLEIDUNG

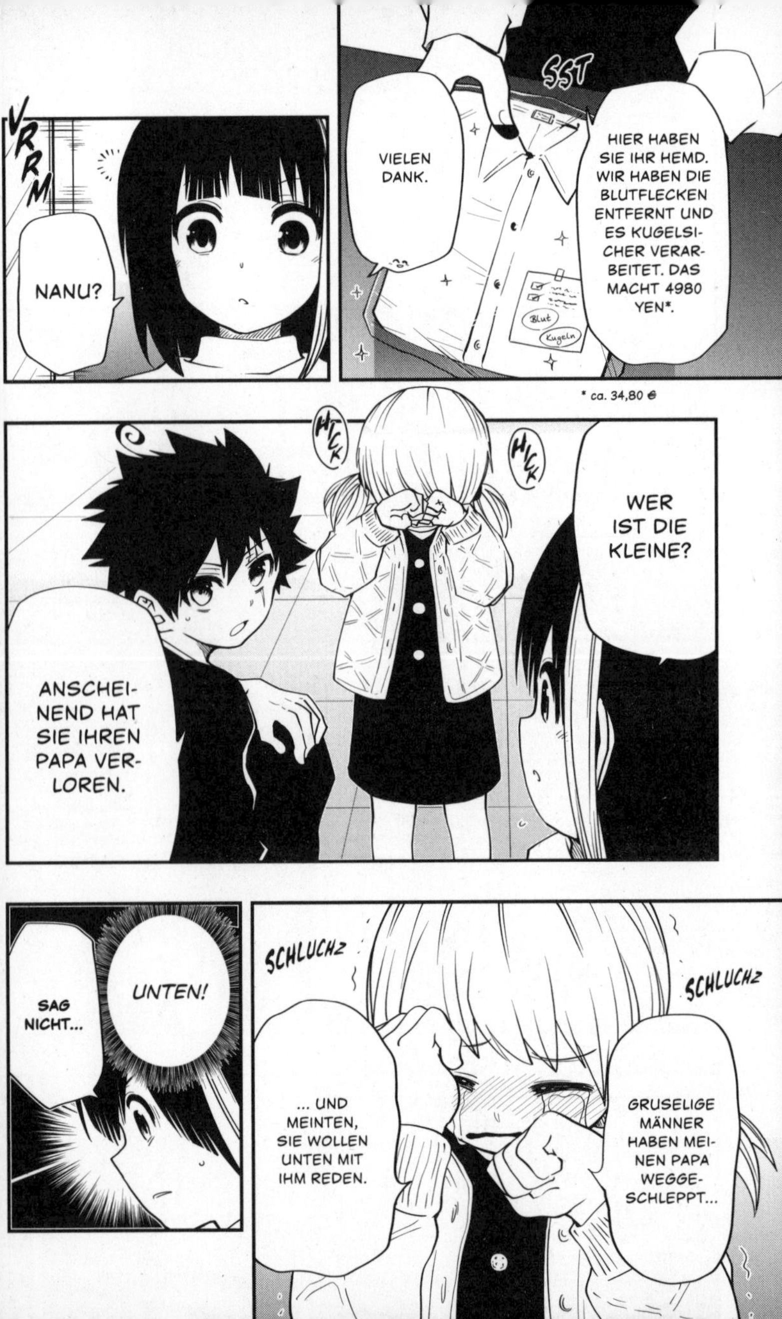

SST
HIER HABEN SIE IHR HEMD. WIR HABEN DIE BLUTFLECKEN ENTFERNT UND ES KUGELSICHER VERARBEITET. DAS MACHT 4980 YEN*.
Blut
Kugeln
VIELEN DANK.
VRRM
NANU?
WER IST DIE KLEINE?
HICK
HICK
ANSCHEINEND HAT SIE IHREN PAPA VERLOREN.
SCHLUCHZ
GRUSELIGE MÄNNER HABEN MEINEN PAPA WEGGESCHLEPPT…
… UND MEINTEN, SIE WOLLEN UNTEN MIT IHM REDEN.
SCHLUCHZ
UNTEN!
SAG NICHT…

* ca. 34,80 €

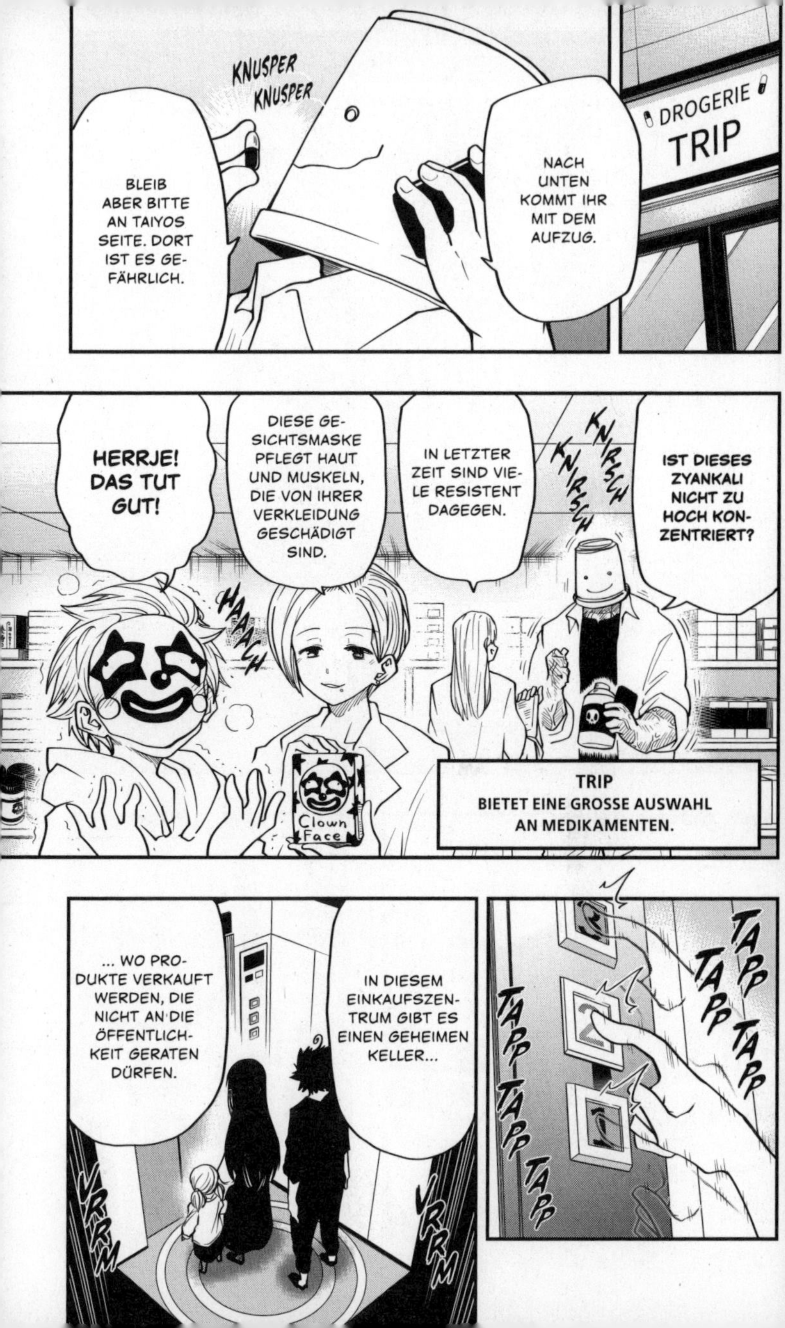
DROGERIE TRIP
NACH UNTEN KOMMT IHR MIT DEM AUFZUG.
KNUSPER KNUSPER
BLEIB ABER BITTE AN TAIYOS SEITE. DORT IST ES GEFÄHRLICH.
IST DIESES ZYANKALI NICHT ZU HOCH KONZENTRIERT?
KNIRSCH KNIRSCH
IN LETZTER ZEIT SIND VIELE RESISTENT DAGEGEN.
DIESE GESICHTSMASKE PFLEGT HAUT UND MUSKELN, DIE VON IHRER VERKLEIDUNG GESCHÄDIGT SIND.
HAAACH
HERRJE! DAS TUT GUT!
Clown Face
TRIP BIETET EINE GROSSE AUSWAHL AN MEDIKAMENTEN.
TAPP TAPP TAPP TAPP TAPP TAPP TAPP TAPP
IN DIESEM EINKAUFSZENTRUM GIBT ES EINEN GEHEIMEN KELLER...
... WO PRODUKTE VERKAUFT WERDEN, DIE NICHT AN DIE ÖFFENTLICHKEIT GERATEN DÜRFEN.
VRRRM VRRRM

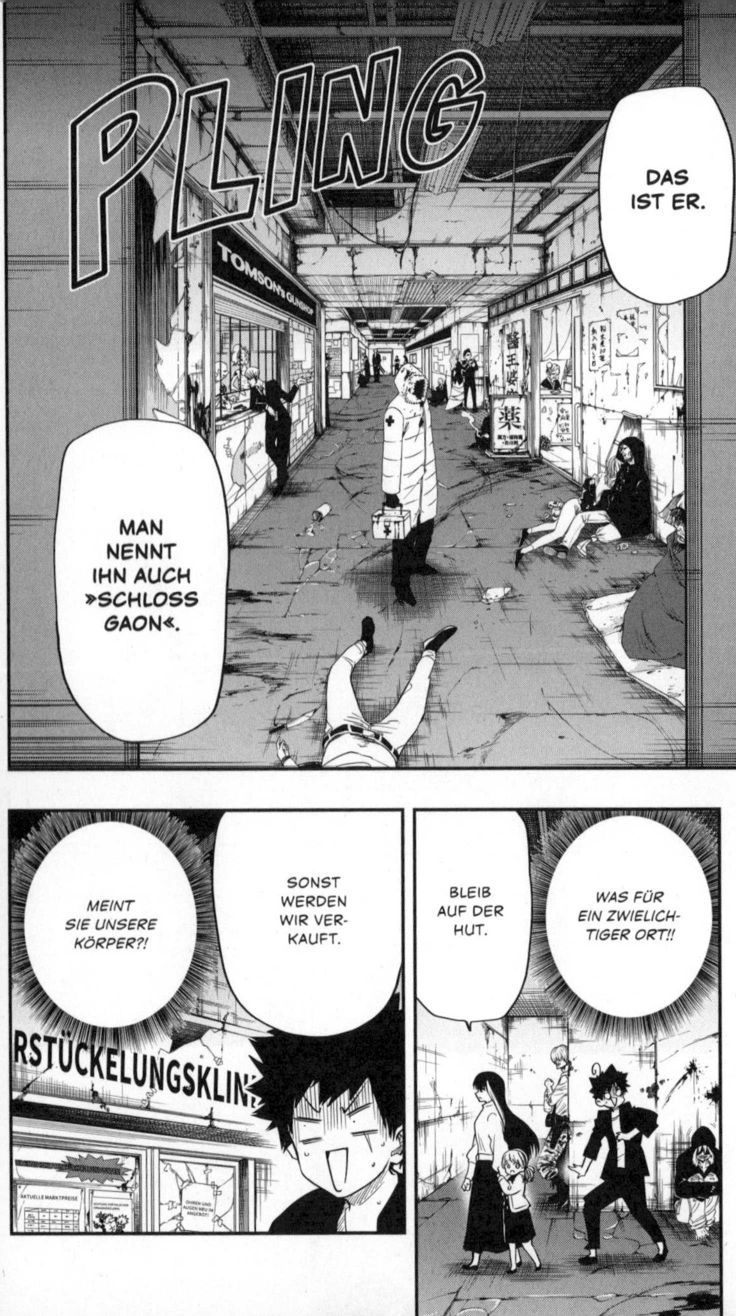
PLING
TOMSON's GUNSHOP
DAS IST ER.
MAN NENNT IHN AUCH »SCHLOSS GAON«.
WAS FÜR EIN ZWIELICHTIGER ORT!!
BLEIB AUF DER HUT.
SONST WERDEN WIR VERKAUFT.
MEINT SIE UNSERE KÖRPER?!
RSTÜCKELUNGSKLIN
AKTUELLE MARKTPREISE
OHREN UND AUGEN NEU IM ANGEBOT!

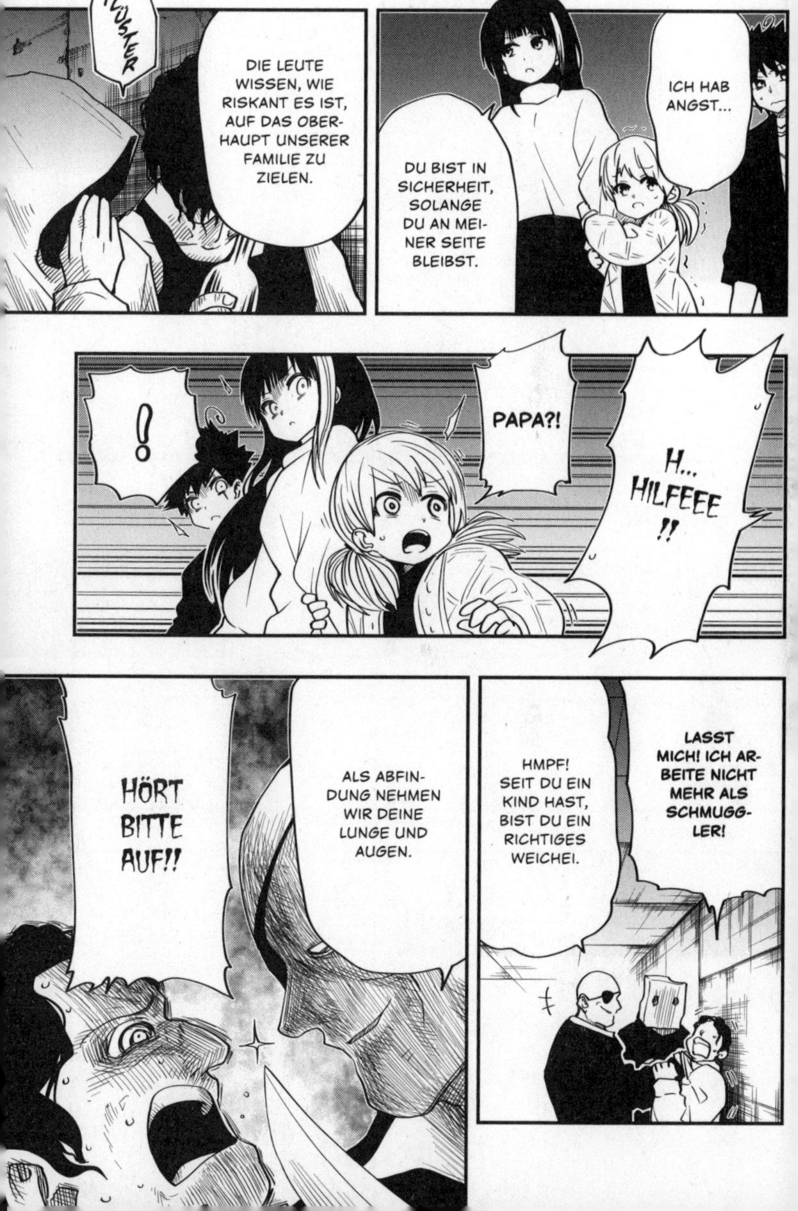

ICH HAB ANGST...
DU BIST IN SICHERHEIT, SOLANGE DU AN MEINER SEITE BLEIBST.
FLÜSTER
DIE LEUTE WISSEN, WIE RISKANT ES IST, AUF DAS OBERHAUPT UNSERER FAMILIE ZU ZIELEN.
H... HILFEEE!!
PAPA?!
!
LASST MICH! ICH ARBEITE NICHT MEHR ALS SCHMUGGLER!
HMPF! SEIT DU EIN KIND HAST, BIST DU EIN RICHTIGES WEICHEI.
ALS ABFINDUNG NEHMEN WIR DEINE LUNGE UND AUGEN.
HÖRT BITTE AUF!!

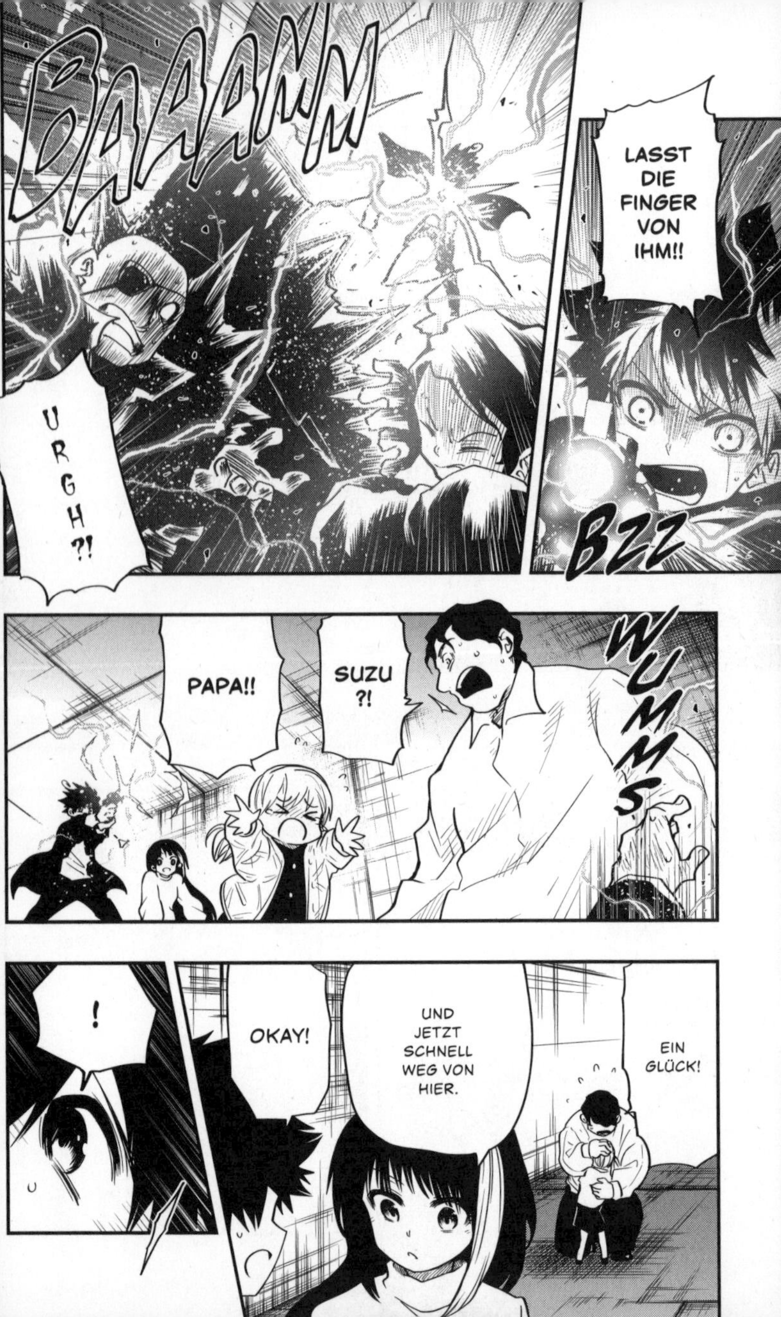
LASST DIE FINGER VON IHM!!
BZZ
BAAAMM
URGH?!
WUMMS
SUZU?!
PAPA!!
EIN GLÜCK!
UND JETZT SCHNELL WEG VON HIER.
OKAY!
!

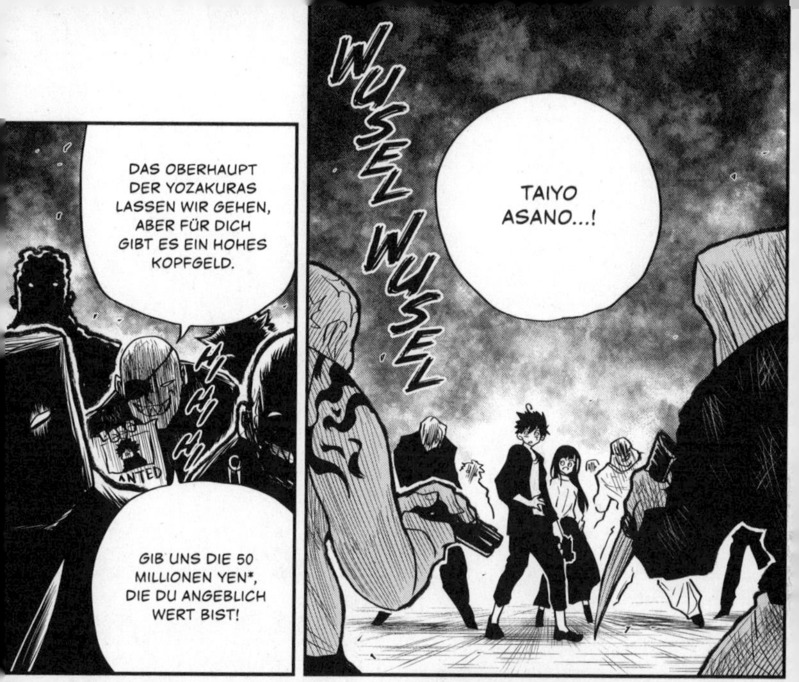
WUSEL WUSEL
TAIYO ASANO...!
DAS OBERHAUPT DER YOZAKURAS LASSEN WIR GEHEN, ABER FÜR DICH GIBT ES EIN HOHES KOPFGELD.
HI HI HI HI
GIB UNS DIE 50 MILLIONEN YEN*, DIE DU ANGEBLICH WERT BIST!

* ca. 349.500,00 €

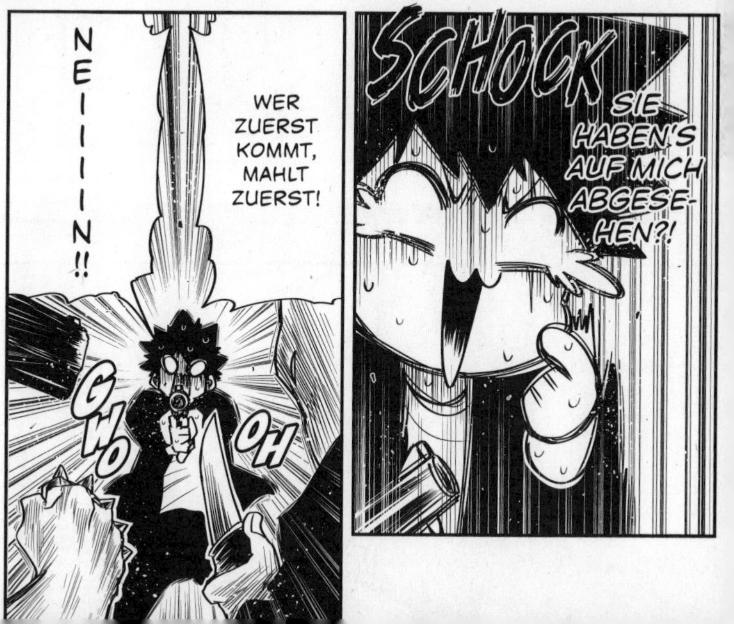
SCHOCK
SIE HABEN'S AUF MICH ABGESE-HEN?!
WER ZUERST KOMMT, MAHLT ZUERST!
NEIIIIN!!
GWOOH

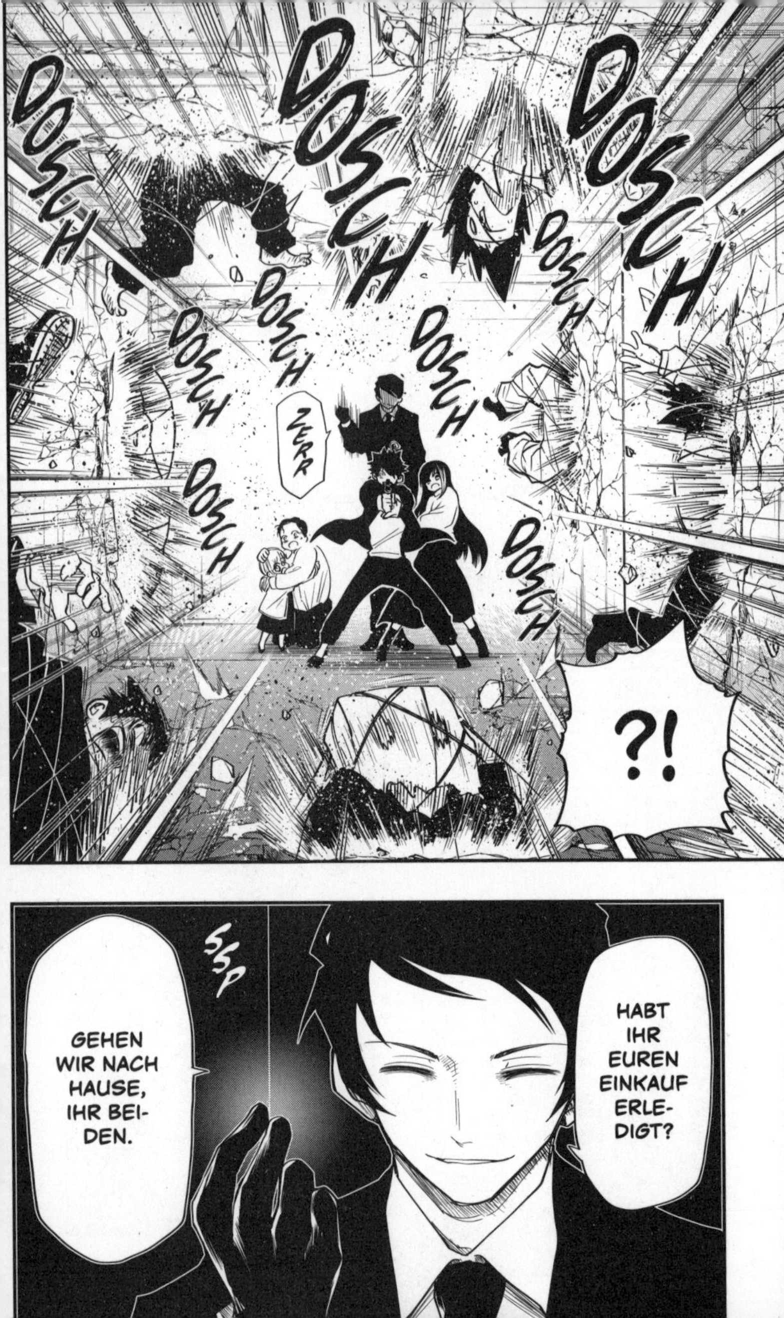
DOSCH
DOSCH
DOSCH
DOSCH
DOSCH
DOSCH
DOSCH
DOSCH
DOSCH
ZERR
?!
HABT IHR EUREN EINKAUF ERLE-DIGT?
SSP
GEHEN WIR NACH HAUSE, IHR BEI-DEN.

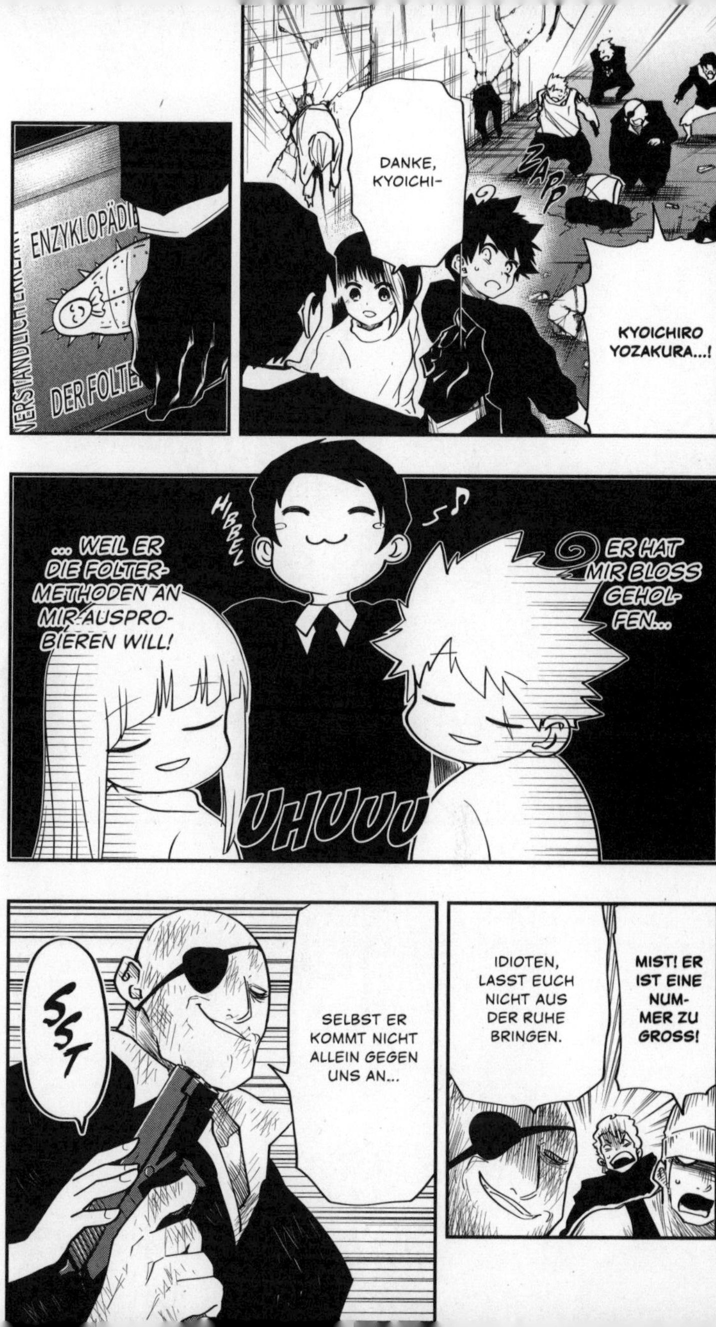
KYOICHIRO YOZAKURA...!
ZAPP
DANKE, KYOICHI-
VERSTÄNDLICH ERKLÄRT
ENZYKLOPÄDIE
DER FOLTE
ER HAT MIR BLOSS GEHOL-FEN...
HIBBEL
... WEIL ER DIE FOLTER-METHODEN AN MIR AUSPRO-BIEREN WILL!
UHUUU
MIST! ER IST EINE NUM-MER ZU GROSS!
IDIOTEN, LASST EUCH NICHT AUS DER RUHE BRINGEN.
SELBST ER KOMMT NICHT ALLEIN GEGEN UNS AN...
SST

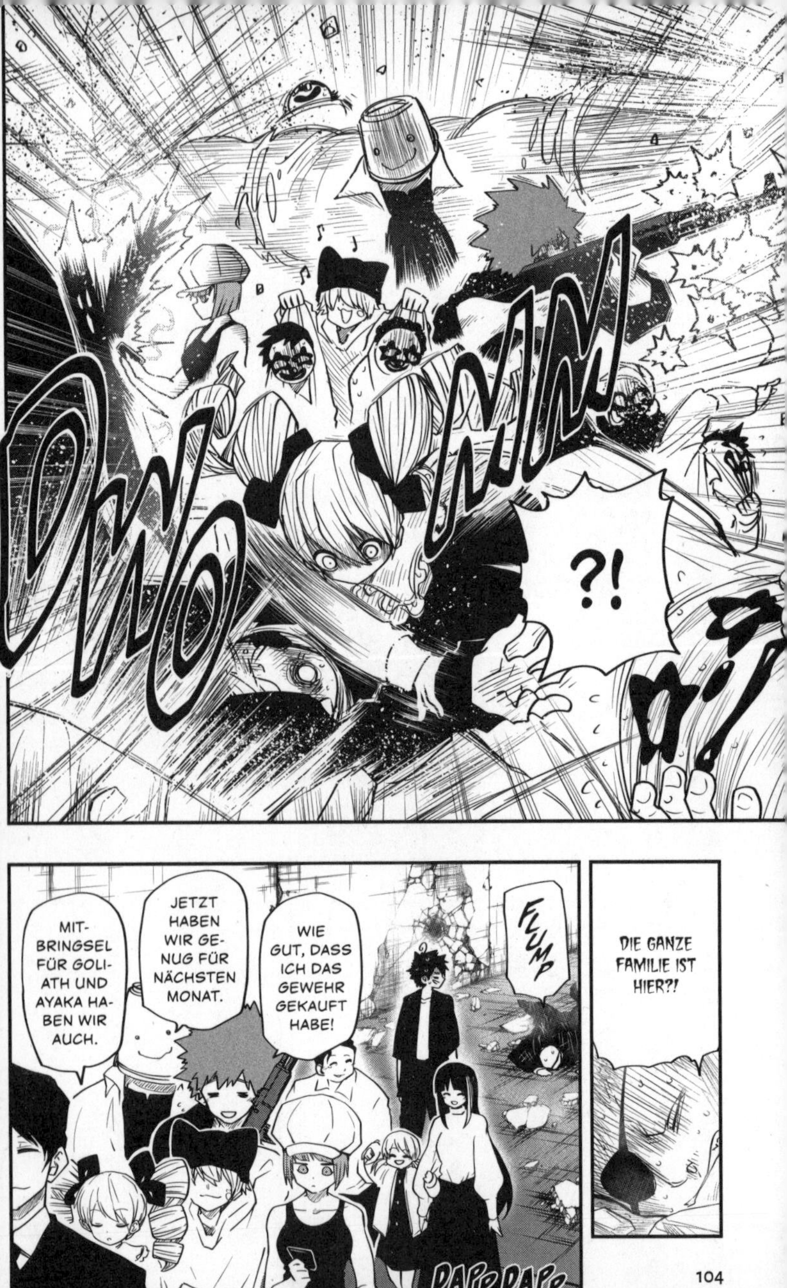
?!
DIE GANZE FAMILIE IST HIER?!
FLUMP
WIE GUT, DASS ICH DAS GEWEHR GEKAUFT HABE!
JETZT HABEN WIR GENUG FÜR NÄCHSTEN MONAT.
MITBRINGSEL FÜR GOLIATH UND AYAKA HABEN WIR AUCH.
DAPP DAPP

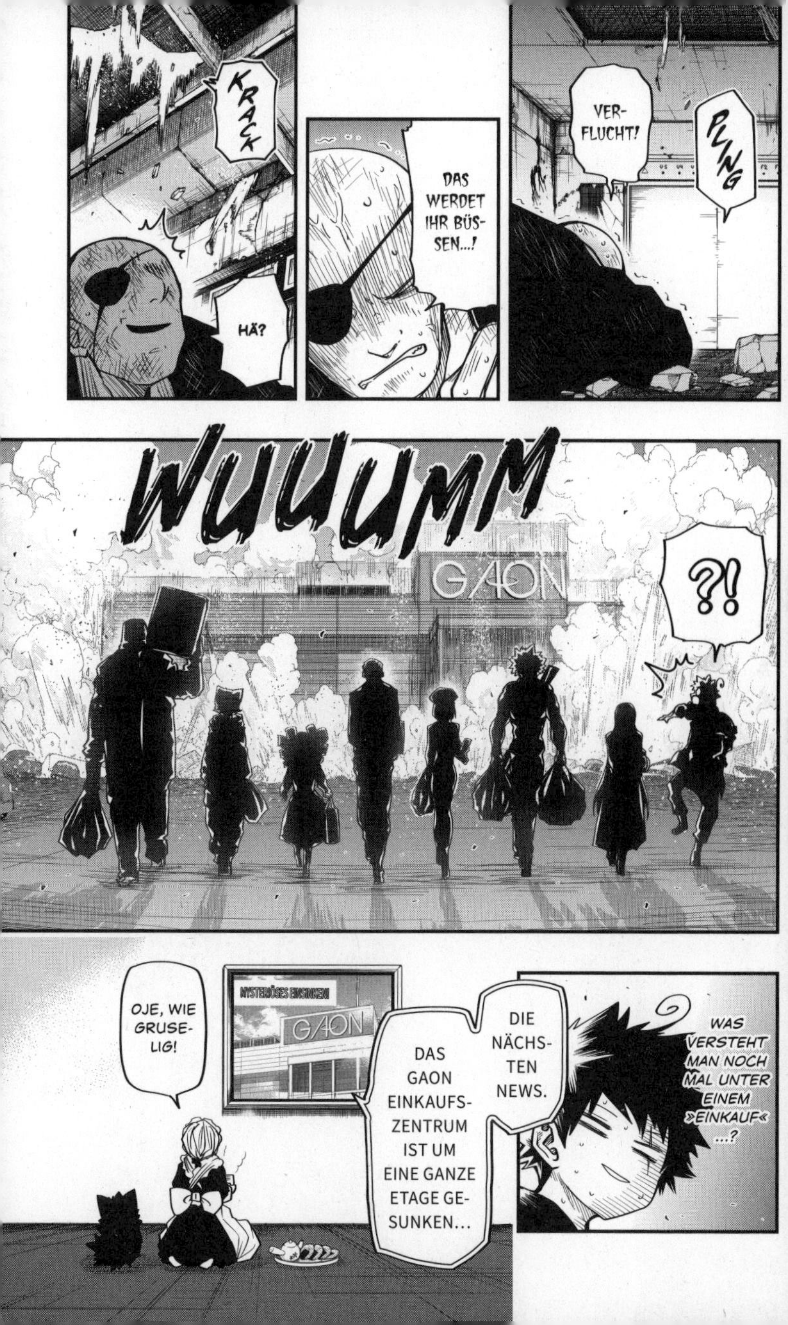
VER-FLUCHT!
PLING
DAS WERDET IHR BÜS-SEN...!
KRACK
HÄ?
WUUUMM
?!
GAON
DIE NÄCHS-TEN NEWS.
DAS GAON EINKAUFS-ZENTRUM IST UM EINE GANZE ETAGE GE-SUNKEN...
MYSTERIÖSES EINSINKEN!
OJE, WIE GRUSE-LIG!
WAS VERSTEHT MAN NOCH MAL UNTER EINEM »EINKAUF« ...?

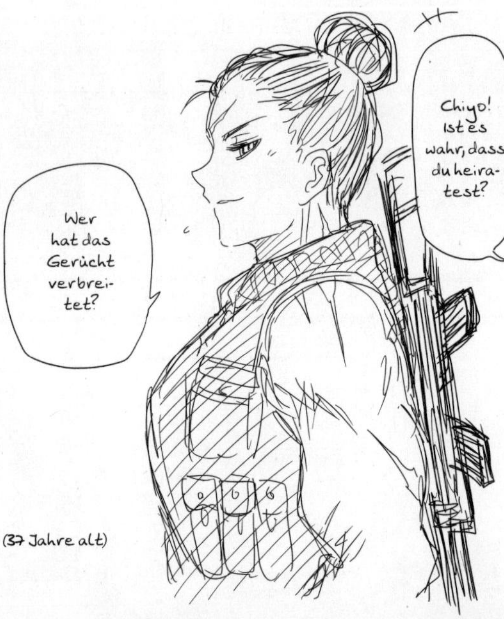

Chiyo (37 Jahre alt)

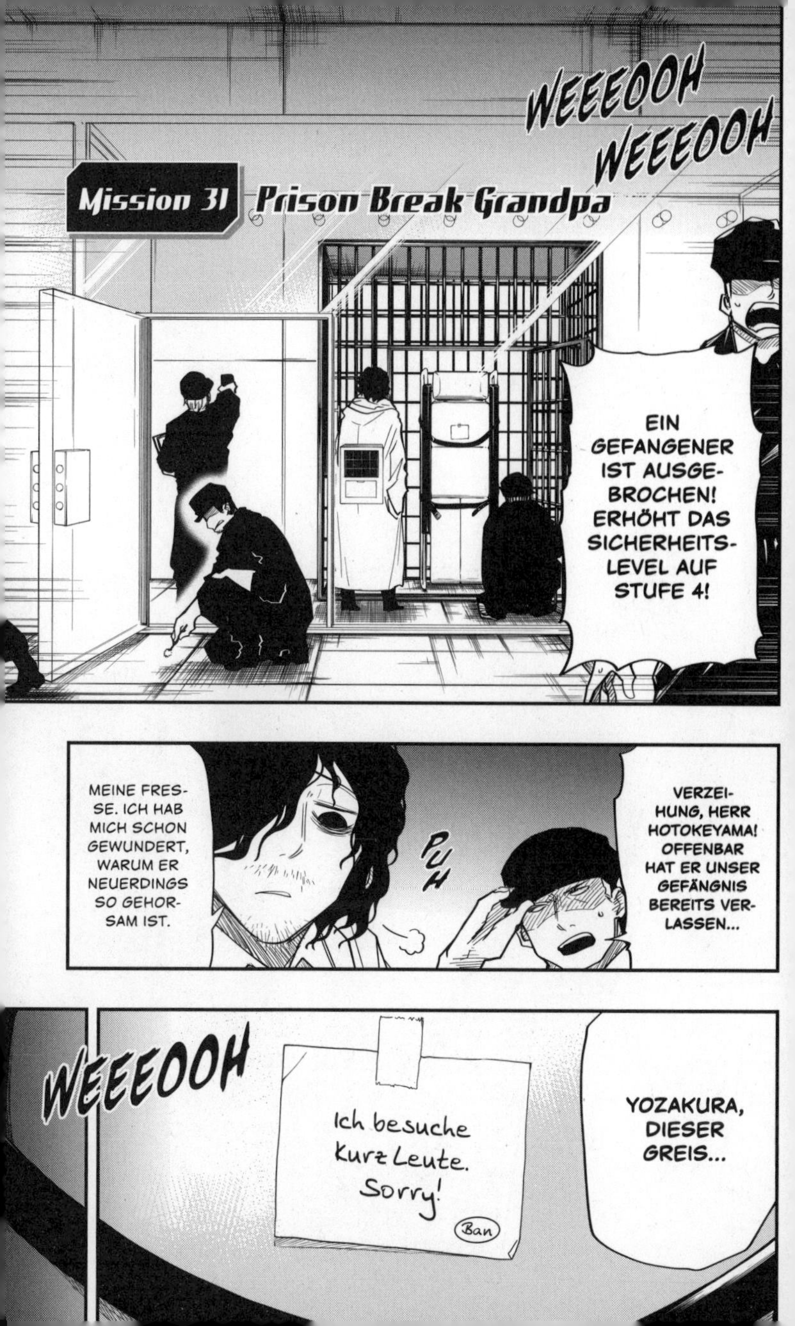
WEEEOOH
WEEEOOH
Mission 31
Prison Break Grandpa
EIN GEFANGENER IST AUSGEBROCHEN! ERHÖHT DAS SICHERHEITSLEVEL AUF STUFE 4!
VERZEIHUNG, HERR HOTOKEYAMA! OFFENBAR HAT ER UNSER GEFÄNGNIS BEREITS VERLASSEN...
PUH
MEINE FRESSE. ICH HAB MICH SCHON GEWUNDERT, WARUM ER NEUERDINGS SO GEHORSAM IST.
YOZAKURA, DIESER GREIS...
Ich besuche kurz Leute. Sorry!
Ban
WEEEOOH

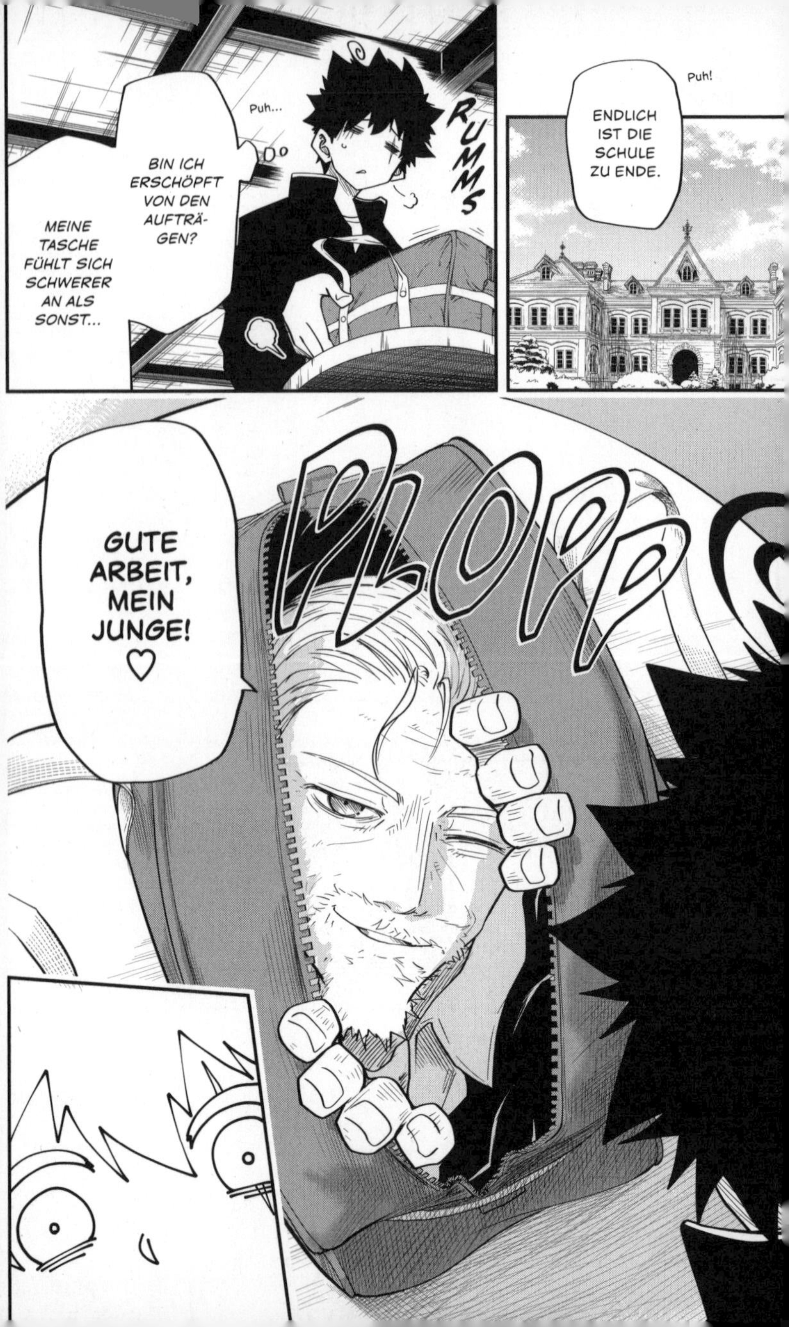
Puh!
ENDLICH IST DIE SCHULE ZU ENDE.
Puh...
RUMMS
BIN ICH ERSCHÖPFT VON DEN AUFTRÄGEN?
MEINE TASCHE FÜHLT SICH SCHWERER AN ALS SONST...
PLOPP
GUTE ARBEIT, MEIN JUNGE! ♡

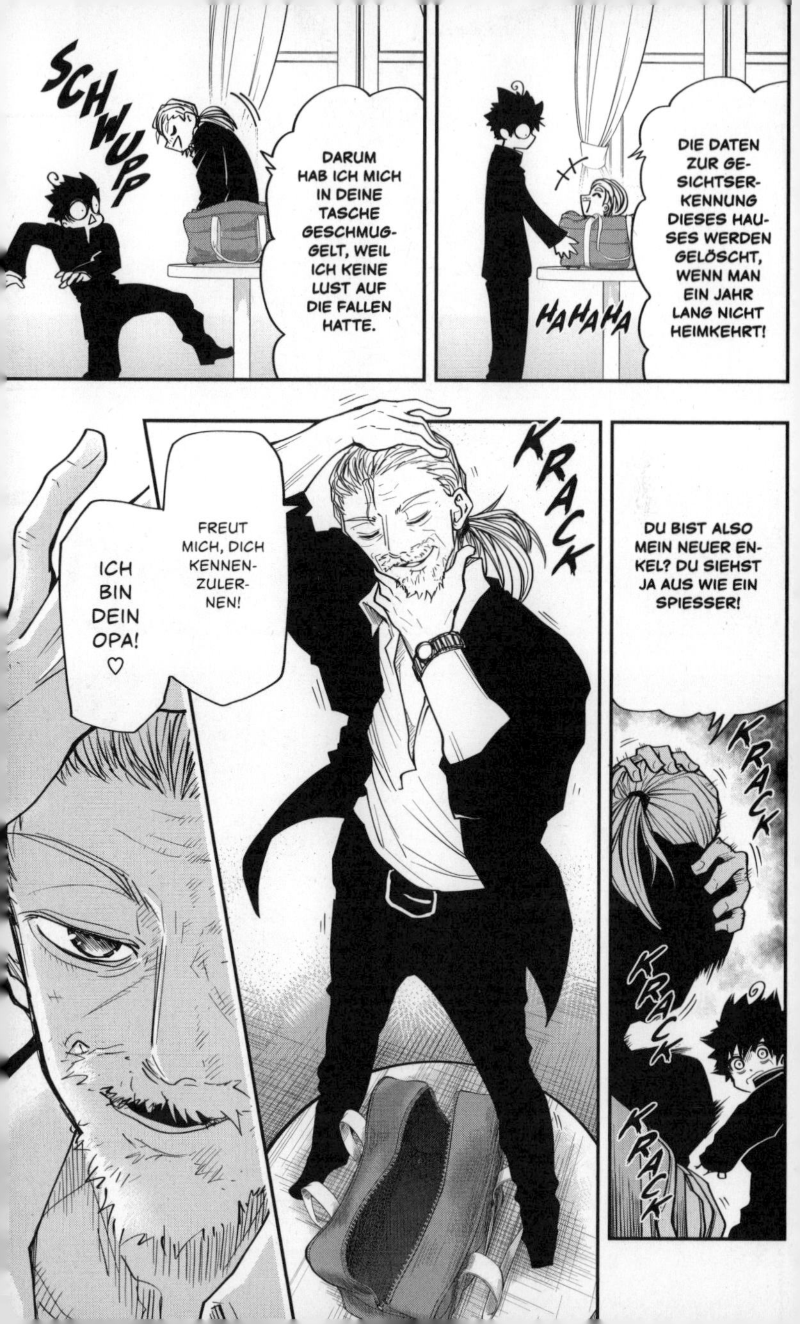
DIE DATEN ZUR GESICHTSERKENNUNG DIESES HAUSES WERDEN GELÖSCHT, WENN MAN EIN JAHR LANG NICHT HEIMKEHRT!
HAHAHA
DARUM HAB ICH MICH IN DEINE TASCHE GESCHMUGGELT, WEIL ICH KEINE LUST AUF DIE FALLEN HATTE.
SCHWUPP
DU BIST ALSO MEIN NEUER ENKEL? DU SIEHST JA AUS WIE EIN SPIESSER!
KRACK
KRACK
KRACK
KRACK
KRACK
FREUT MICH, DICH KENNENZULERNEN!
ICH BIN DEIN OPA! ♡

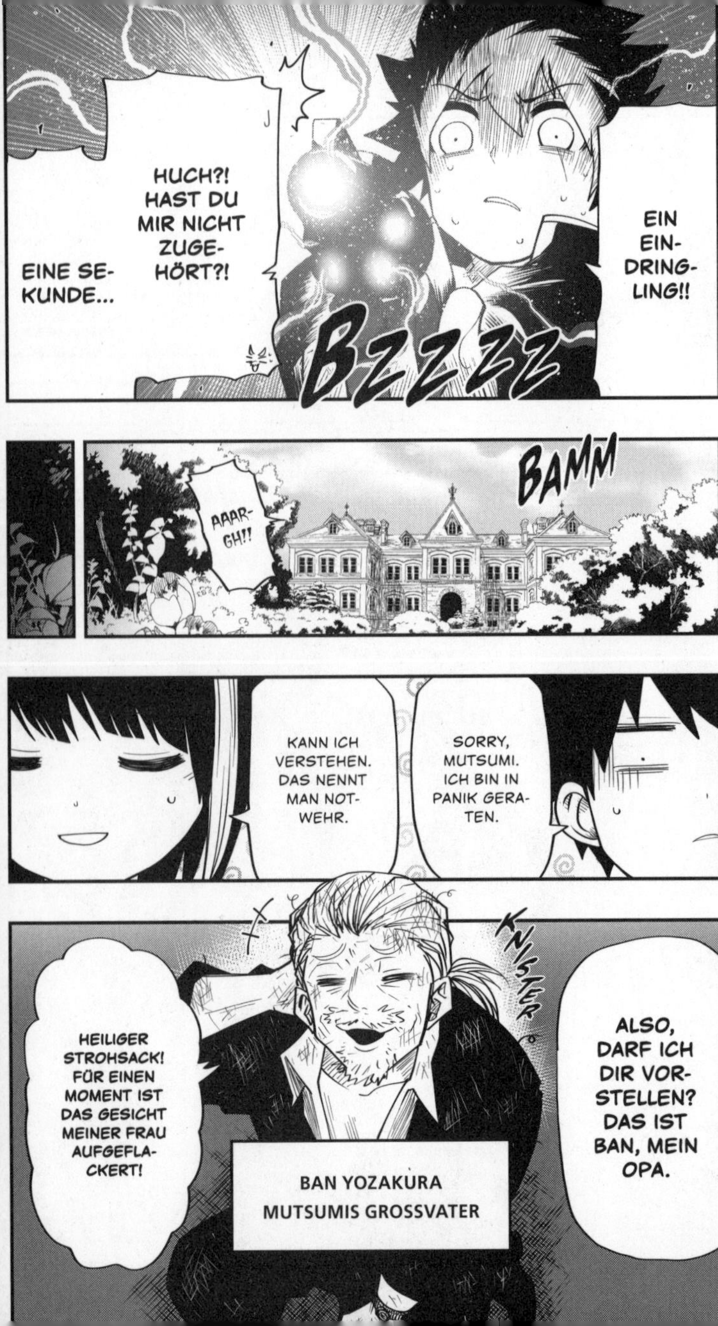
EIN EIN-DRING-LING!!
HUCH?! HAST DU MIR NICHT ZUGE-HÖRT?!
EINE SE-KUNDE...
BZZZZZ
BAMM
AAAR-GH!!
SORRY, MUTSUMI. ICH BIN IN PANIK GERA-TEN.
KANN ICH VERSTEHEN. DAS NENNT MAN NOT-WEHR.
KNISTER
ALSO, DARF ICH DIR VOR-STELLEN? DAS IST BAN, MEIN OPA.
HEILIGER STROHSACK! FÜR EINEN MOMENT IST DAS GESICHT MEINER FRAU AUFGEFLA-CKERT!
BAN YOZAKURA
MUTSUMIS GROSSVATER

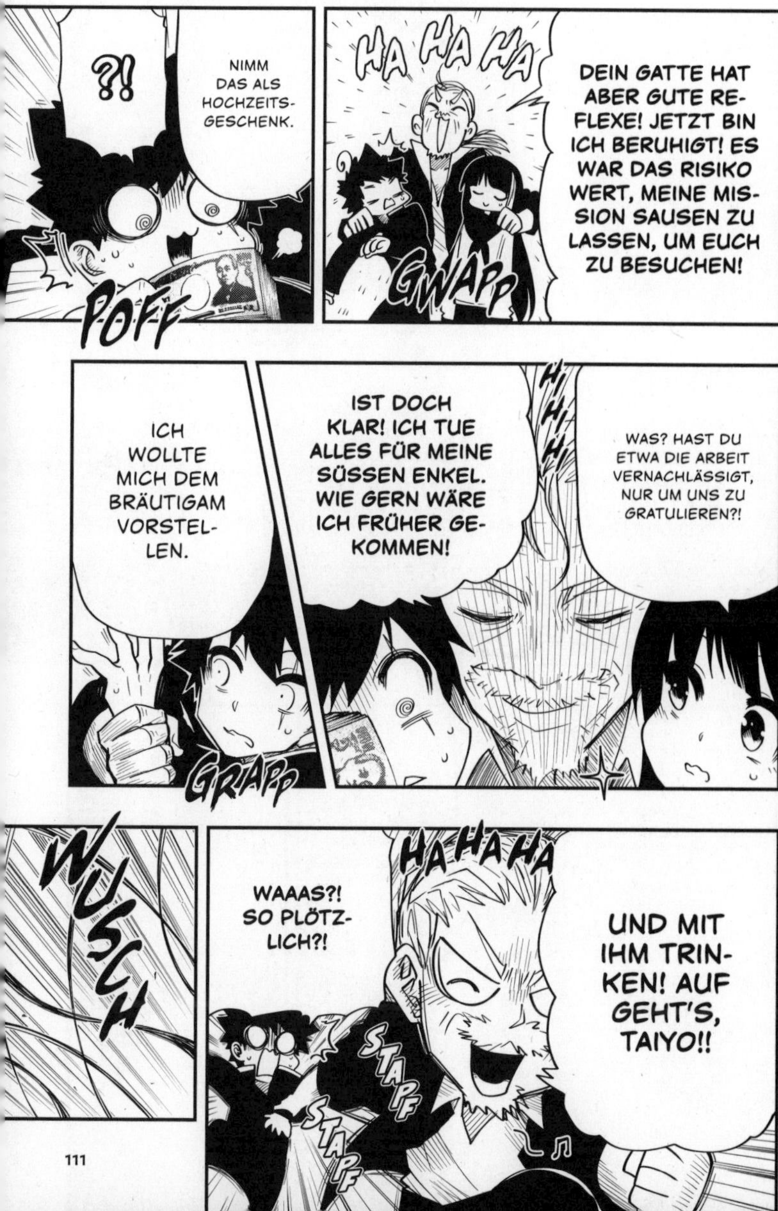

HA HA HA
DEIN GATTE HAT ABER GUTE REFLEXE! JETZT BIN ICH BERUHIGT! ES WAR DAS RISIKO WERT, MEINE MISSION SAUSEN ZU LASSEN, UM EUCH ZU BESUCHEN!
GWAPP
NIMM DAS ALS HOCHZEITSGESCHENK.
?!
POFF
HI HI HI
WAS? HAST DU ETWA DIE ARBEIT VERNACHLÄSSIGT, NUR UM UNS ZU GRATULIEREN?!
IST DOCH KLAR! ICH TUE ALLES FÜR MEINE SÜSSEN ENKEL. WIE GERN WÄRE ICH FRÜHER GEKOMMEN!
ICH WOLLTE MICH DEM BRÄUTIGAM VORSTELLEN.
GRIAPP
UND MIT IHM TRINKEN! AUF GEHT'S, TAIYO!!
HA HA HA
WAAAS?! SO PLÖTZLICH?!
STAPF
STAPF
WUSCH

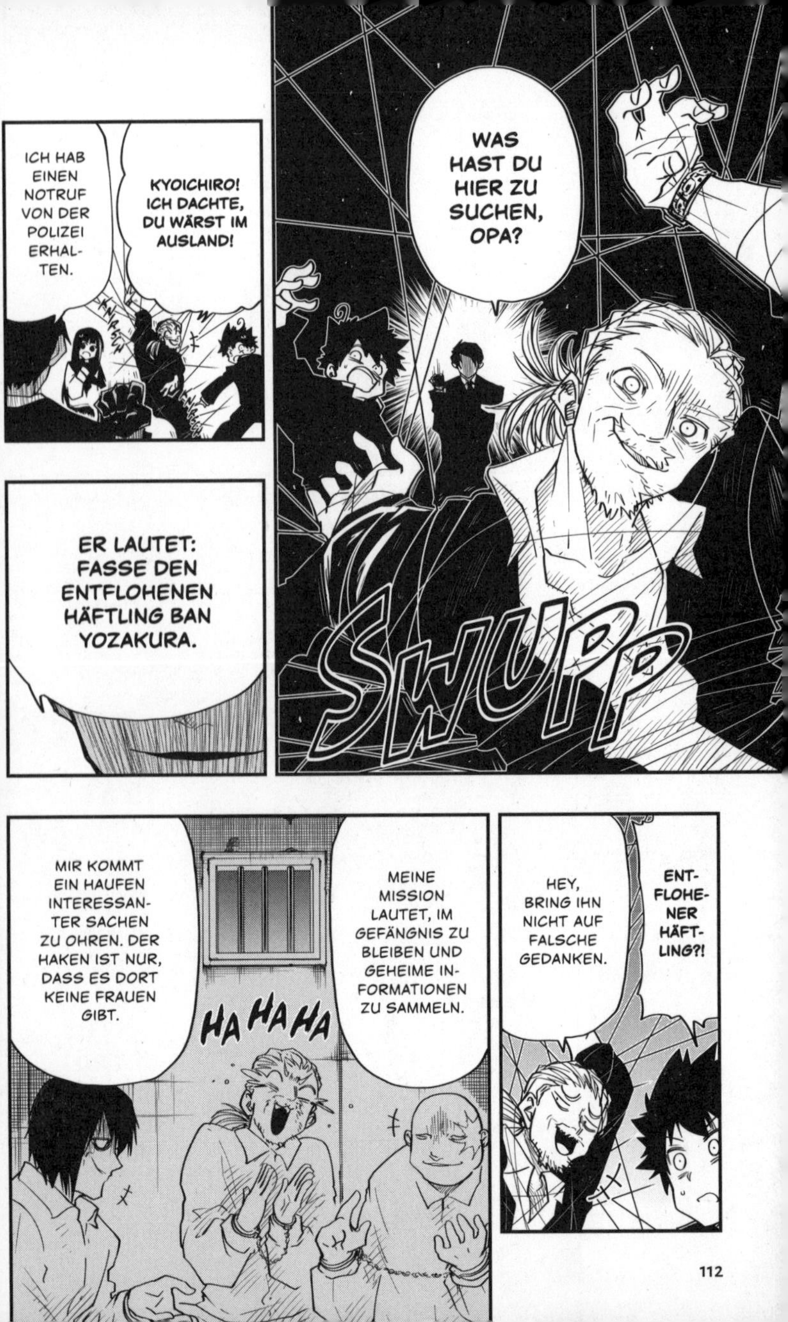
WAS HAST DU HIER ZU SUCHEN, OPA?
SWUPP
KYOICHIRO! ICH DACHTE, DU WÄRST IM AUSLAND!
ICH HAB EINEN NOTRUF VON DER POLIZEI ERHALTEN.
ER LAUTET: FASSE DEN ENTFLOHENEN HÄFTLING BAN YOZAKURA.
ENTFLOHENER HÄFTLING?!
HEY, BRING IHN NICHT AUF FALSCHE GEDANKEN.
MEINE MISSION LAUTET, IM GEFÄNGNIS ZU BLEIBEN UND GEHEIME INFORMATIONEN ZU SAMMELN.
HA HA HA
MIR KOMMT EIN HAUFEN INTERESSANTER SACHEN ZU OHREN. DER HAKEN IST NUR, DASS ES DORT KEINE FRAUEN GIBT.

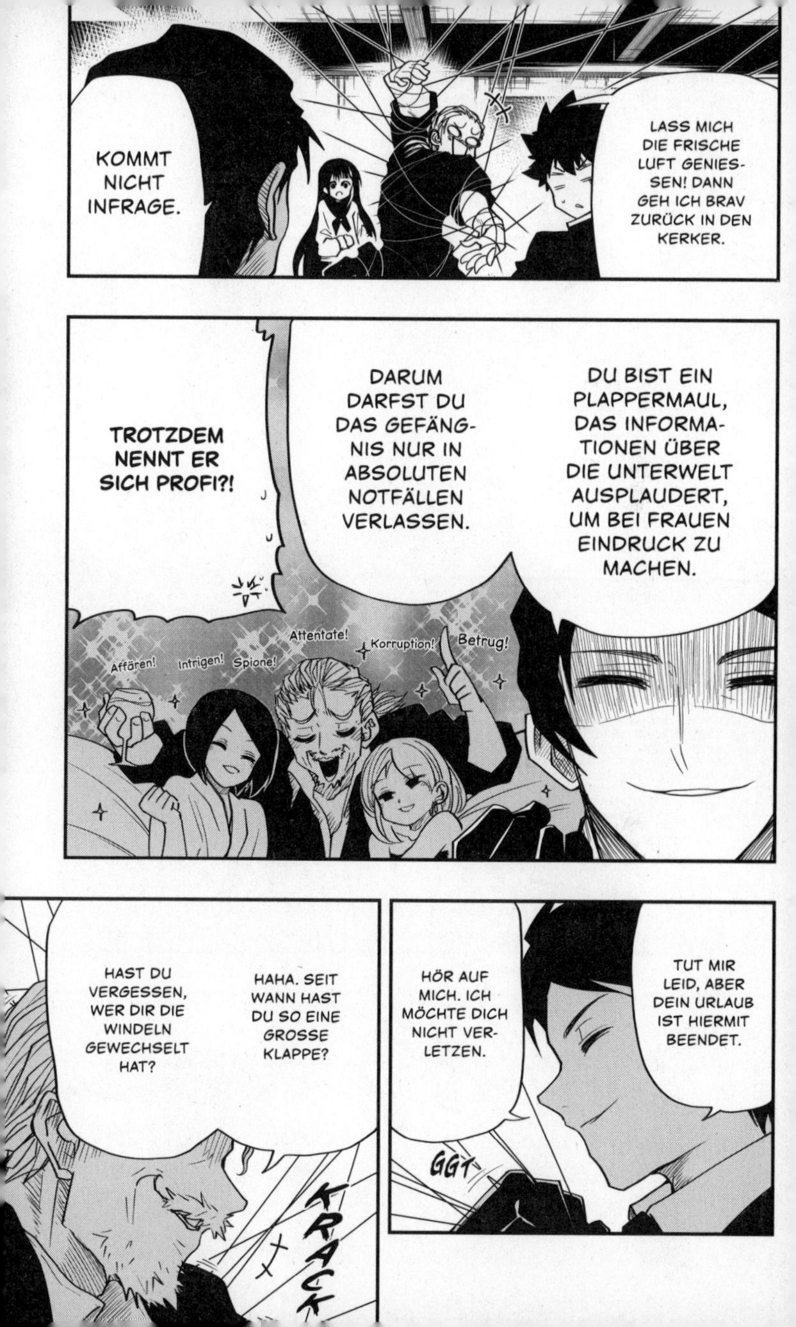
LASS MICH DIE FRISCHE LUFT GENIESSEN! DANN GEH ICH BRAV ZURÜCK IN DEN KERKER.
KOMMT NICHT INFRAGE.
DU BIST EIN PLAPPERMAUL, DAS INFORMATIONEN ÜBER DIE UNTERWELT AUSPLAUDERT, UM BEI FRAUEN EINDRUCK ZU MACHEN.
DARUM DARFST DU DAS GEFÄNGNIS NUR IN ABSOLUTEN NOTFÄLLEN VERLASSEN.
TROTZDEM NENNT ER SICH PROFI?!
Betrug!
Korruption!
Attentate!
Spione!
Intrigen!
Affären!
TUT MIR LEID, ABER DEIN URLAUB IST HIERMIT BEENDET.
HÖR AUF MICH. ICH MÖCHTE DICH NICHT VERLETZEN.
GGT
HAHA. SEIT WANN HAST DU SO EINE GROSSE KLAPPE?
HAST DU VERGESSEN, WER DIR DIE WINDELN GEWECHSELT HAT?
KRACK

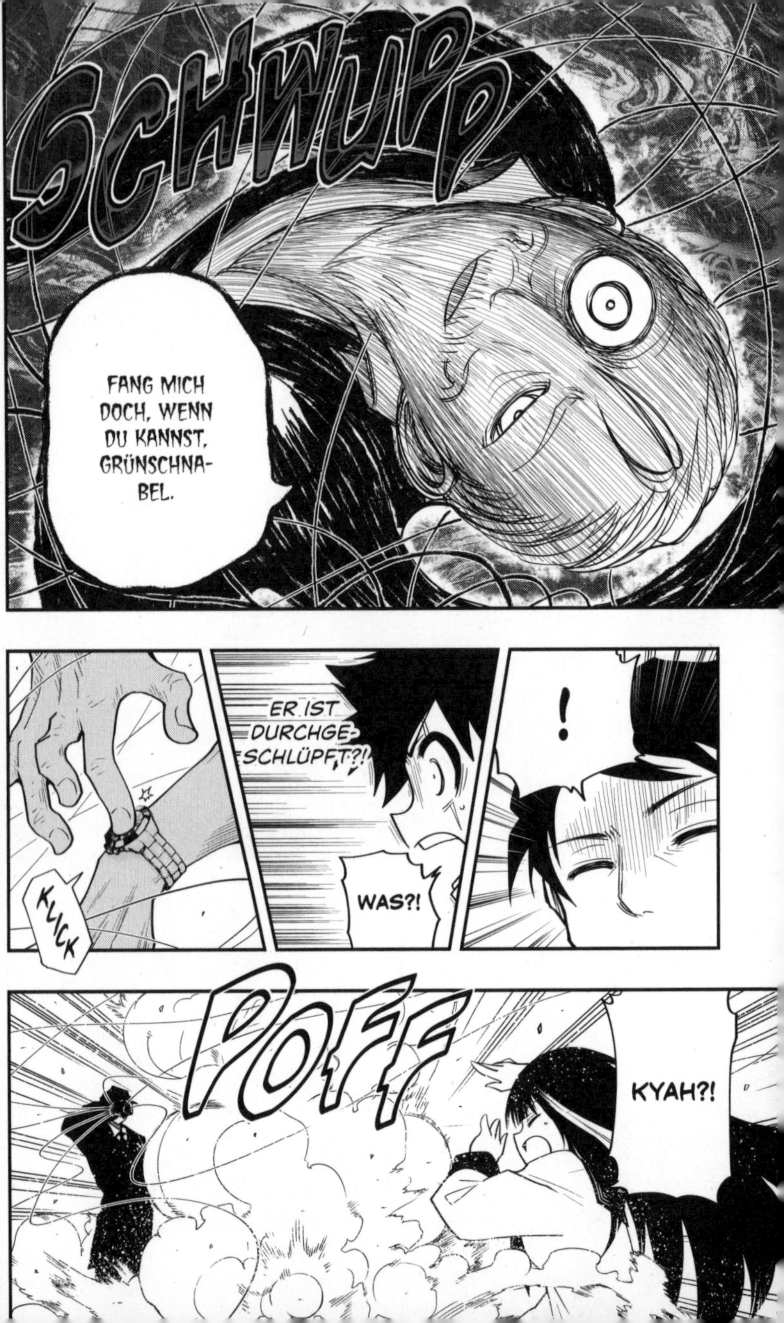
SCHWUPP
FANG MICH DOCH, WENN DU KANNST, GRÜNSCHNABEL.
!
ER IST DURCHGESCHLÜPFT?!
WAS?!
KLICK
POFF
KYAH?!

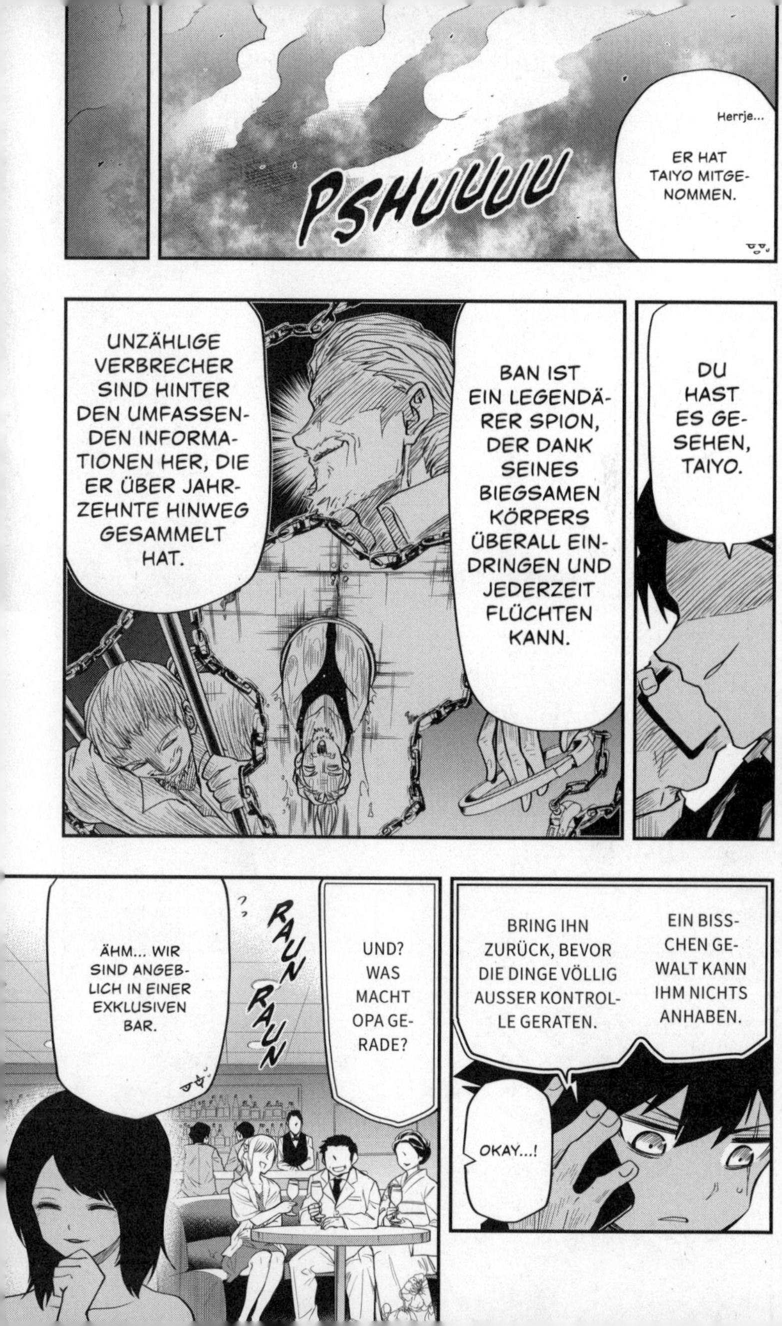

Herrje...
ER HAT TAIYO MITGENOMMEN.
PSHUUUU
DU HAST ES GESEHEN, TAIYO.
BAN IST EIN LEGENDÄRER SPION, DER DANK SEINES BIEGSAMEN KÖRPERS ÜBERALL EINDRINGEN UND JEDERZEIT FLÜCHTEN KANN.
UNZÄHLIGE VERBRECHER SIND HINTER DEN UMFASSENDEN INFORMATIONEN HER, DIE ER ÜBER JAHRZEHNTE HINWEG GESAMMELT HAT.
EIN BISSCHEN GEWALT KANN IHM NICHTS ANHABEN.
BRING IHN ZURÜCK, BEVOR DIE DINGE VÖLLIG AUSSER KONTROLLE GERATEN.
OKAY...!
UND? WAS MACHT OPA GERADE?
RAUN RAUN
ÄHM... WIR SIND ANGEBLICH IN EINER EXKLUSIVEN BAR.

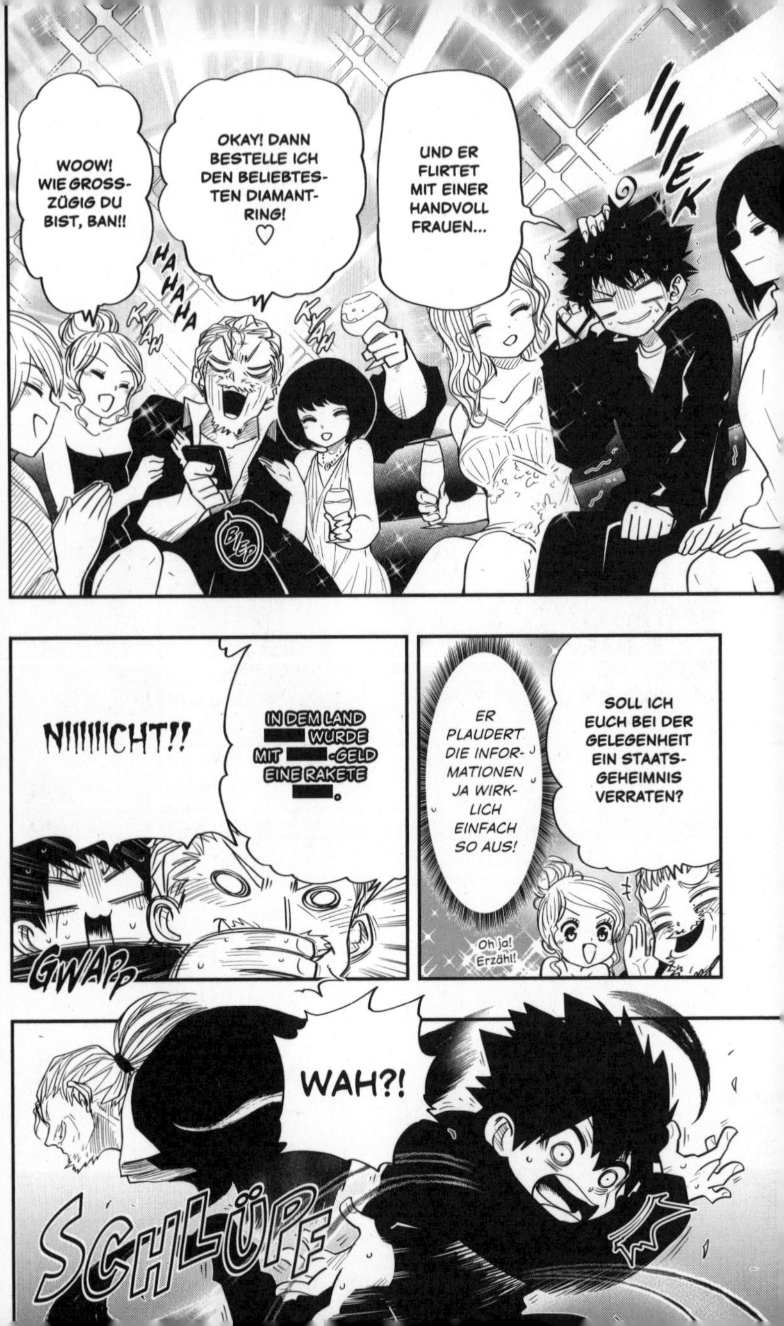

UND ER FLIRTET MIT EINER HANDVOLL FRAUEN...
IIIIEK
OKAY! DANN BESTELLE ICH DEN BELIEBTESTEN DIAMANTRING! ♡
WOOW! WIE GROSSZÜGIG DU BIST, BAN!!
HAHAHA
KYAH
KYAH
BIEP
SOLL ICH EUCH BEI DER GELEGENHEIT EIN STAATSGEHEIMNIS VERRATEN?
ER PLAUDERT DIE INFORMATIONEN JA WIRKLICH EINFACH SO AUS!
Oh ja! Erzähl!
IN DEM LAND ■■■ WURDE MIT ■■■-GELD EINE RAKETE ■■■.
NIIIIIICHT!!
GWAPP
WAH?!
SCHLÜPF

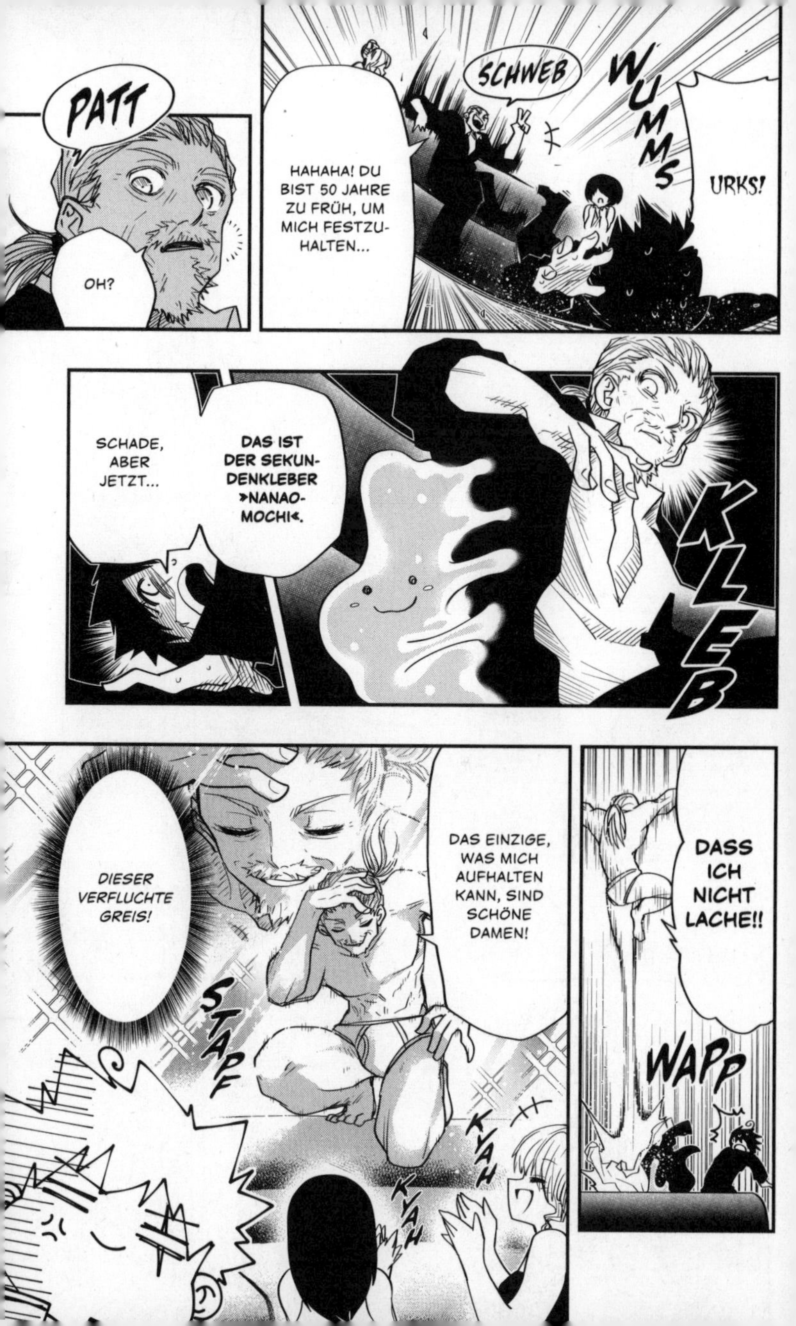
WUMMS
URKS!
SCHWEB
HAHAHA! DU BIST 50 JAHRE ZU FRÜH, UM MICH FESTZU-HALTEN...
PATT
OH?
KLEB
DAS IST DER SEKUN-DENKLEBER »NANAO-MOCHI«.
SCHADE, ABER JETZT...
DASS ICH NICHT LACHE!!
WAPP
DAS EINZIGE, WAS MICH AUFHALTEN KANN, SIND SCHÖNE DAMEN!
STAPF
KYAH
KYAH
DIESER VERFLUCHTE GREIS!

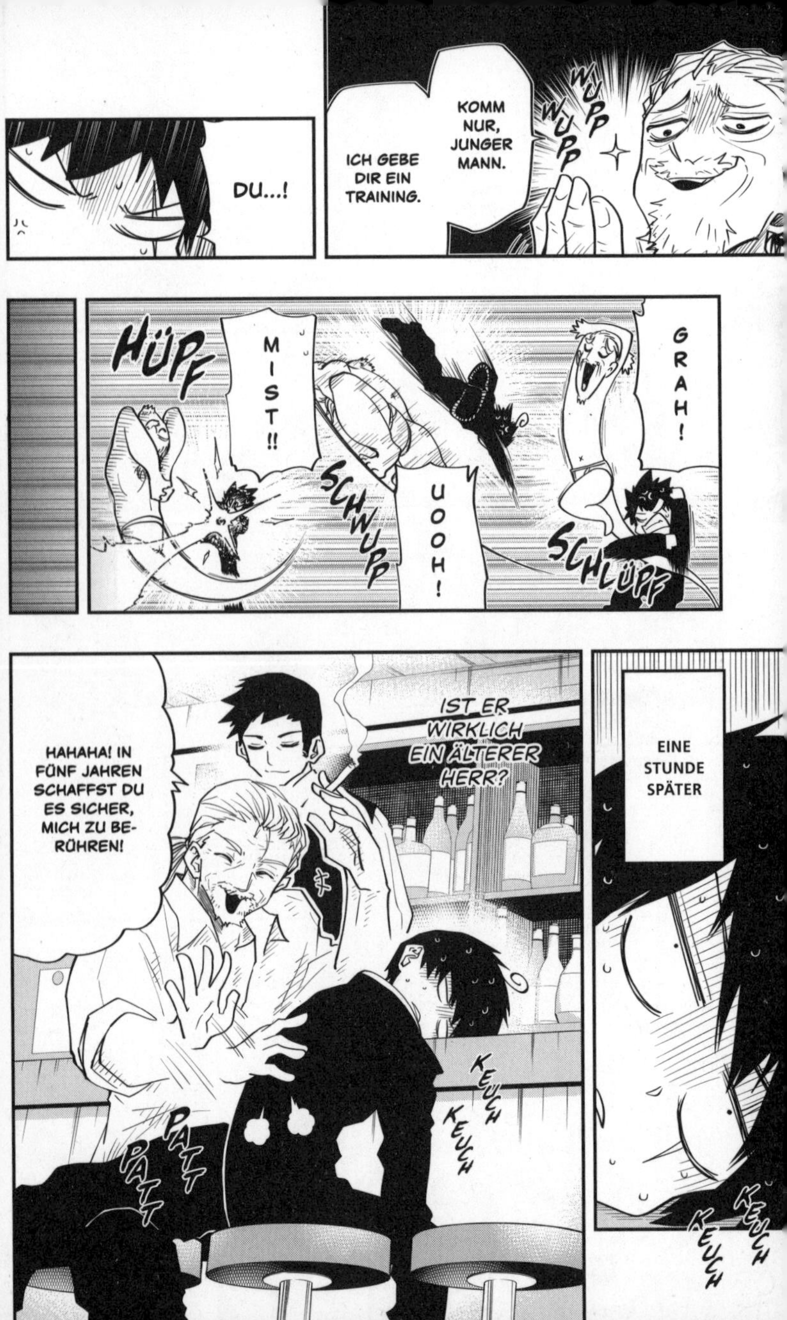
WUPP
WUPP
KOMM NUR, JUNGER MANN.
ICH GEBE DIR EIN TRAINING.
DU...!
GRAH!
SCHLÜPF
UOOH!
SCHWUPP
MIST!!
HÜPF
EINE STUNDE SPÄTER
KEUCH
KEUCH
IST ER WIRKLICH EIN ÄLTERER HERR?
HAHAHA! IN FÜNF JAHREN SCHAFFST DU ES SICHER, MICH ZU BERÜHREN!
KEUCH
KEUCH
PATT
PATT

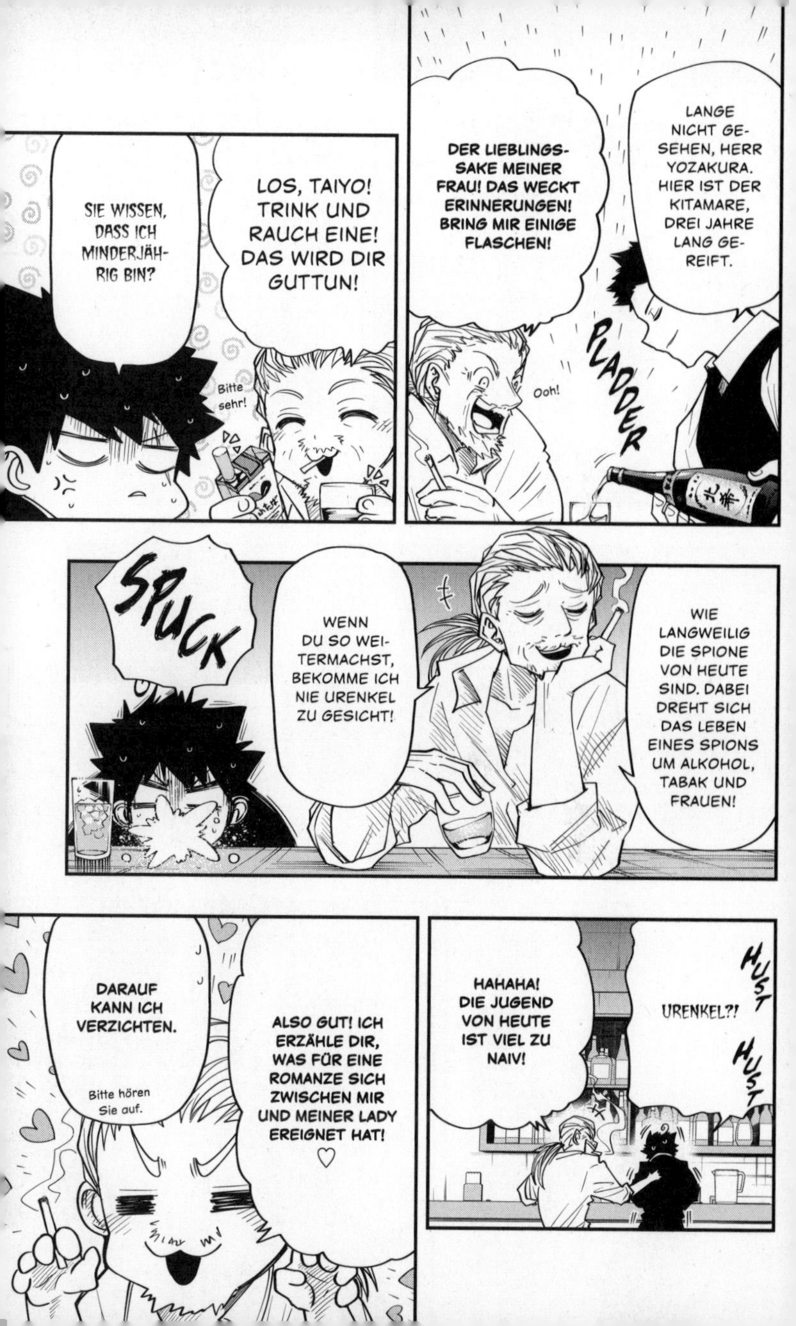

LANGE NICHT GE-SEHEN, HERR YOZAKURA. HIER IST DER KITAMARE, DREI JAHRE LANG GE-REIFT.
DER LIEBLINGS-SAKE MEINER FRAU! DAS WECKT ERINNERUNGEN! BRING MIR EINIGE FLASCHEN!
PLADDER
Ooh!
LOS, TAIYO! TRINK UND RAUCH EINE! DAS WIRD DIR GUTTUN!
Bitte sehr!
SIE WISSEN, DASS ICH MINDERJÄH-RIG BIN?
WIE LANGWEILIG DIE SPIONE VON HEUTE SIND. DABEI DREHT SICH DAS LEBEN EINES SPIONS UM ALKOHOL, TABAK UND FRAUEN!
WENN DU SO WEI-TERMACHST, BEKOMME ICH NIE URENKEL ZU GESICHT!
SPUCK
HUST
URENKEL?!
HUST
HAHAHA! DIE JUGEND VON HEUTE IST VIEL ZU NAIV!
ALSO GUT! ICH ERZÄHLE DIR, WAS FÜR EINE ROMANZE SICH ZWISCHEN MIR UND MEINER LADY EREIGNET HAT! ♡
DARAUF KANN ICH VERZICHTEN.
Bitte hören Sie auf.

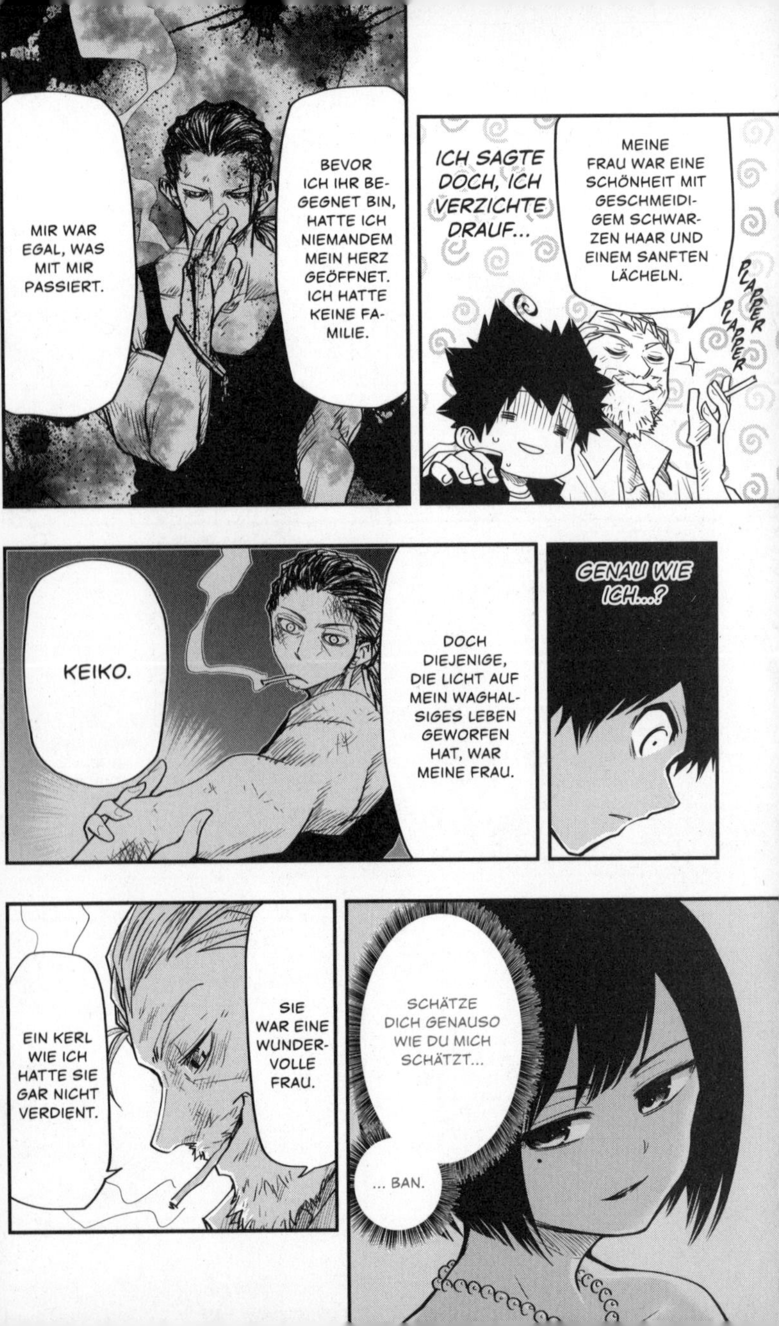
MEINE FRAU WAR EINE SCHÖNHEIT MIT GESCHMEIDIGEM SCHWARZEN HAAR UND EINEM SANFTEN LÄCHELN.
PLAPPER PLAPPER
ICH SAGTE DOCH, ICH VERZICHTE DRAUF...
BEVOR ICH IHR BEGEGNET BIN, HATTE ICH NIEMANDEM MEIN HERZ GEÖFFNET. ICH HATTE KEINE FAMILIE.
MIR WAR EGAL, WAS MIT MIR PASSIERT.
GENAU WIE ICH...?
DOCH DIEJENIGE, DIE LICHT AUF MEIN WAGHALSIGES LEBEN GEWORFEN HAT, WAR MEINE FRAU.
KEIKO.
SCHÄTZE DICH GENAUSO WIE DU MICH SCHÄTZT...
... BAN.
SIE WAR EINE WUNDERVOLLE FRAU.
EIN KERL WIE ICH HATTE SIE GAR NICHT VERDIENT.

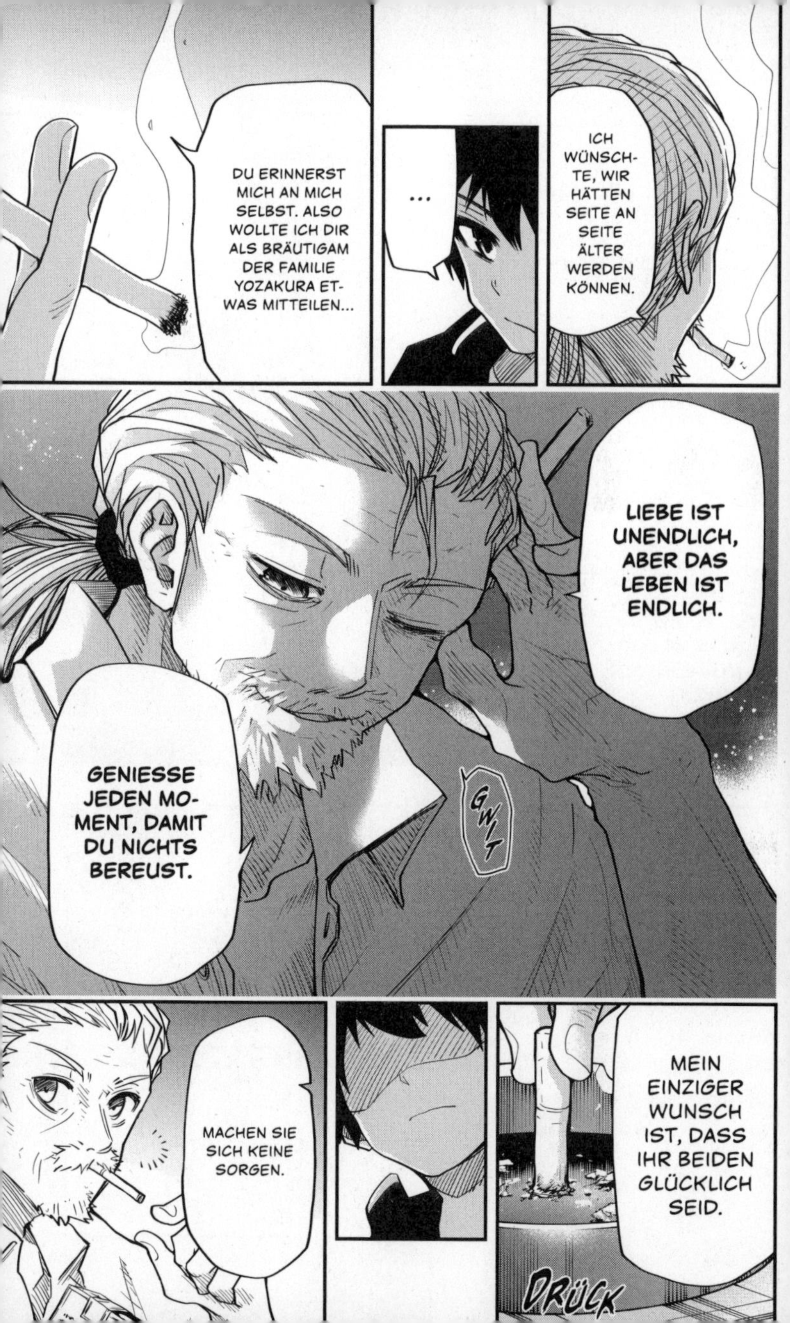
ICH WÜNSCHTE, WIR HÄTTEN SEITE AN SEITE ÄLTER WERDEN KÖNNEN.
...
DU ERINNERST MICH AN MICH SELBST. ALSO WOLLTE ICH DIR ALS BRÄUTIGAM DER FAMILIE YOZAKURA ETWAS MITTEILEN...
LIEBE IST UNENDLICH, ABER DAS LEBEN IST ENDLICH.
GWIT
GENIESSE JEDEN MOMENT, DAMIT DU NICHTS BEREUST.
MEIN EINZIGER WUNSCH IST, DASS IHR BEIDEN GLÜCKLICH SEID.
DRÜCK
MACHEN SIE SICH KEINE SORGEN.

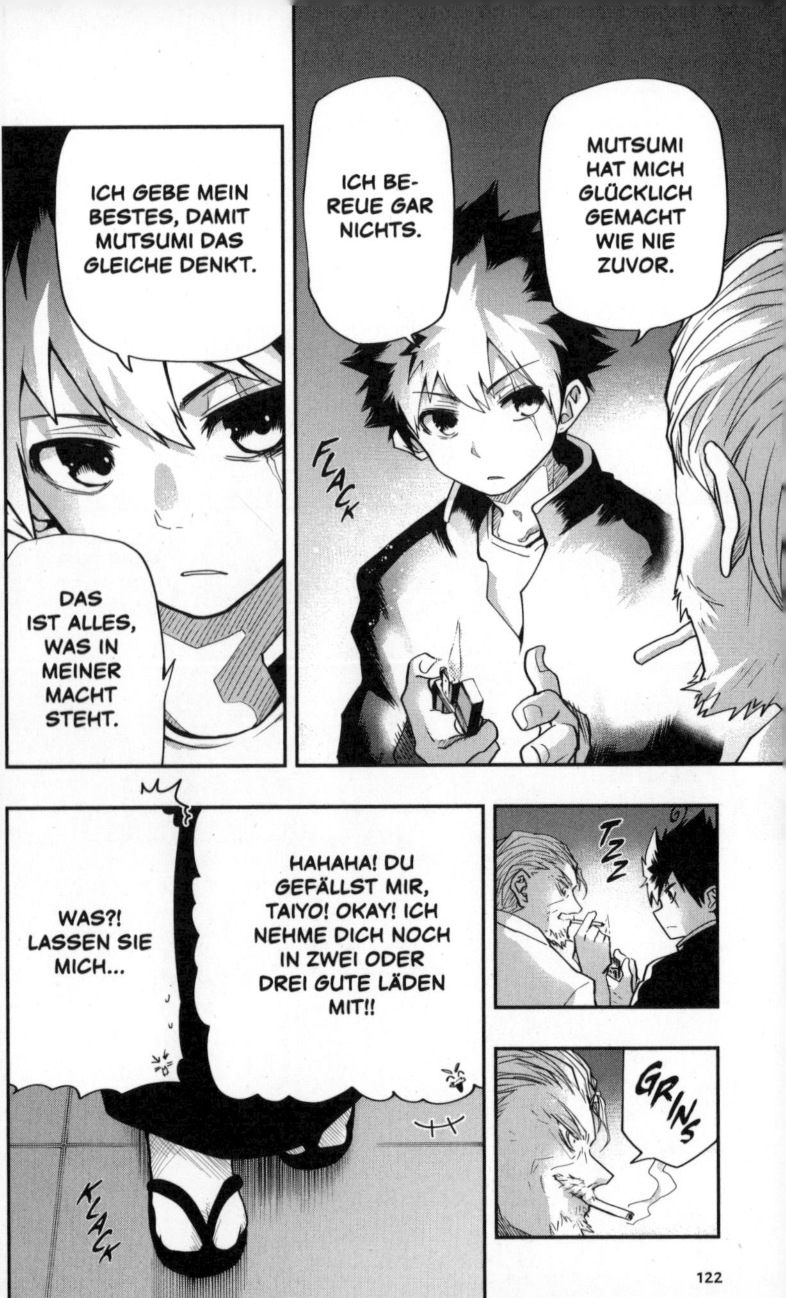
MUTSUMI HAT MICH GLÜCKLICH GEMACHT WIE NIE ZUVOR.
ICH BE-REUE GAR NICHTS.
FLACK
ICH GEBE MEIN BESTES, DAMIT MUTSUMI DAS GLEICHE DENKT.
DAS IST ALLES, WAS IN MEINER MACHT STEHT.
TZZ
GRINS
HAHAHA! DU GEFÄLLST MIR, TAIYO! OKAY! ICH NEHME DICH NOCH IN ZWEI ODER DREI GUTE LÄDEN MIT!!
WAS?! LASSEN SIE MICH...
KLACK

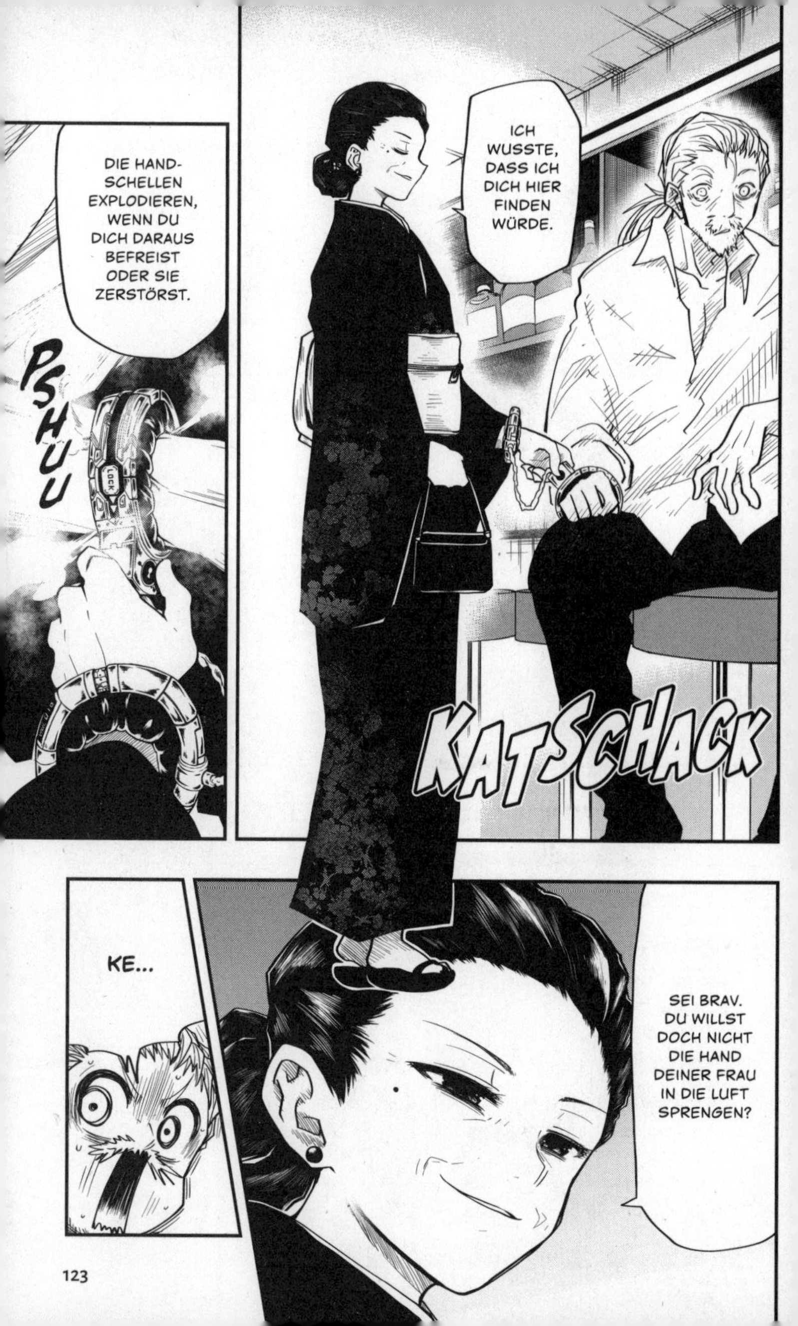
ICH WUSSTE, DASS ICH DICH HIER FINDEN WÜRDE.
KATSCHACK
DIE HAND-SCHELLEN EXPLODIEREN, WENN DU DICH DARAUS BEFREIST ODER SIE ZERSTÖRST.
PSHUU
LOCK
SEI BRAV. DU WILLST DOCH NICHT DIE HAND DEINER FRAU IN DIE LUFT SPRENGEN?
KE...

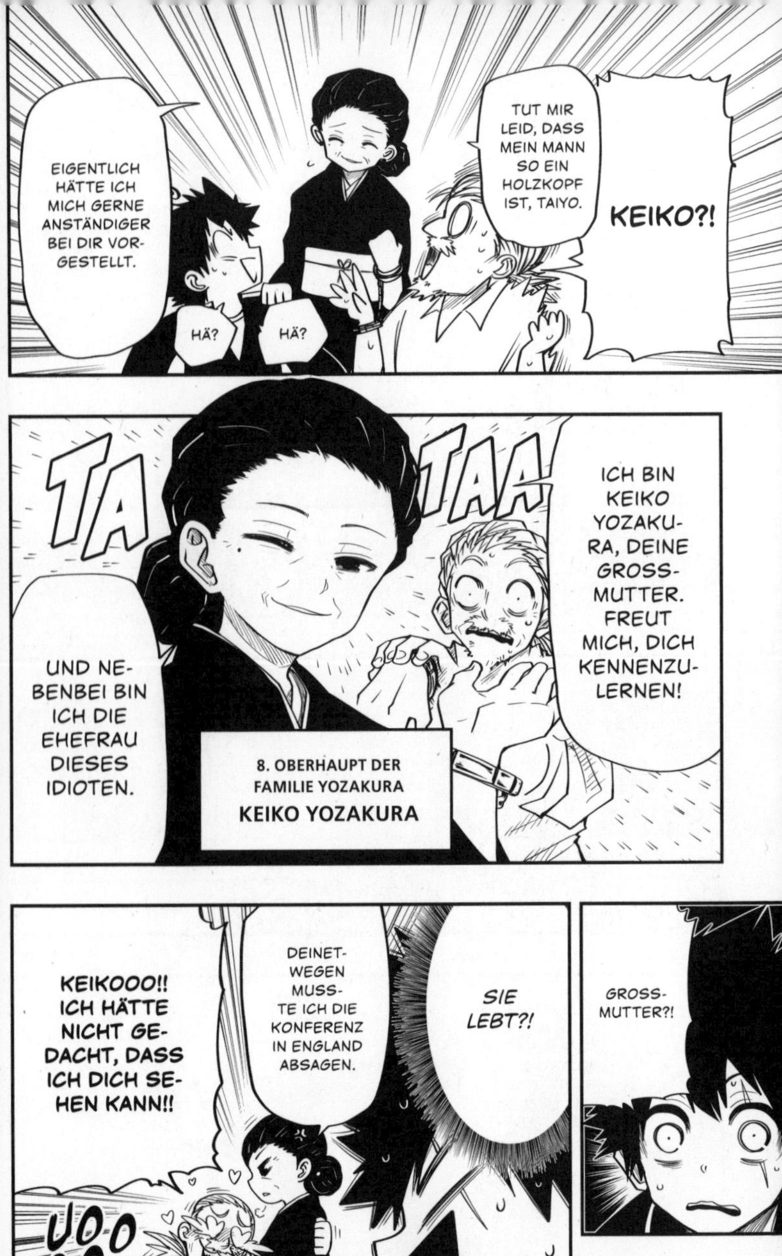

KEIKO?!
TUT MIR LEID, DASS MEIN MANN SO EIN HOLZKOPF IST, TAIYO.
EIGENTLICH HÄTTE ICH MICH GERNE ANSTÄNDIGER BEI DIR VOR-GESTELLT.
HÄ?
HÄ?
TA TAA
ICH BIN KEIKO YOZAKU-RA, DEINE GROSS-MUTTER. FREUT MICH, DICH KENNENZU-LERNEN!
UND NE-BENBEI BIN ICH DIE EHEFRAU DIESES IDIOTEN.
8. OBERHAUPT DER FAMILIE YOZAKURA
KEIKO YOZAKURA
GROSS-MUTTER?!
SIE LEBT?!
DEINET-WEGEN MUSS-TE ICH DIE KONFERENZ IN ENGLAND ABSAGEN.
KEIKOOO!! ICH HÄTTE NICHT GE-DACHT, DASS ICH DICH SE-HEN KANN!!
UOOOOOH

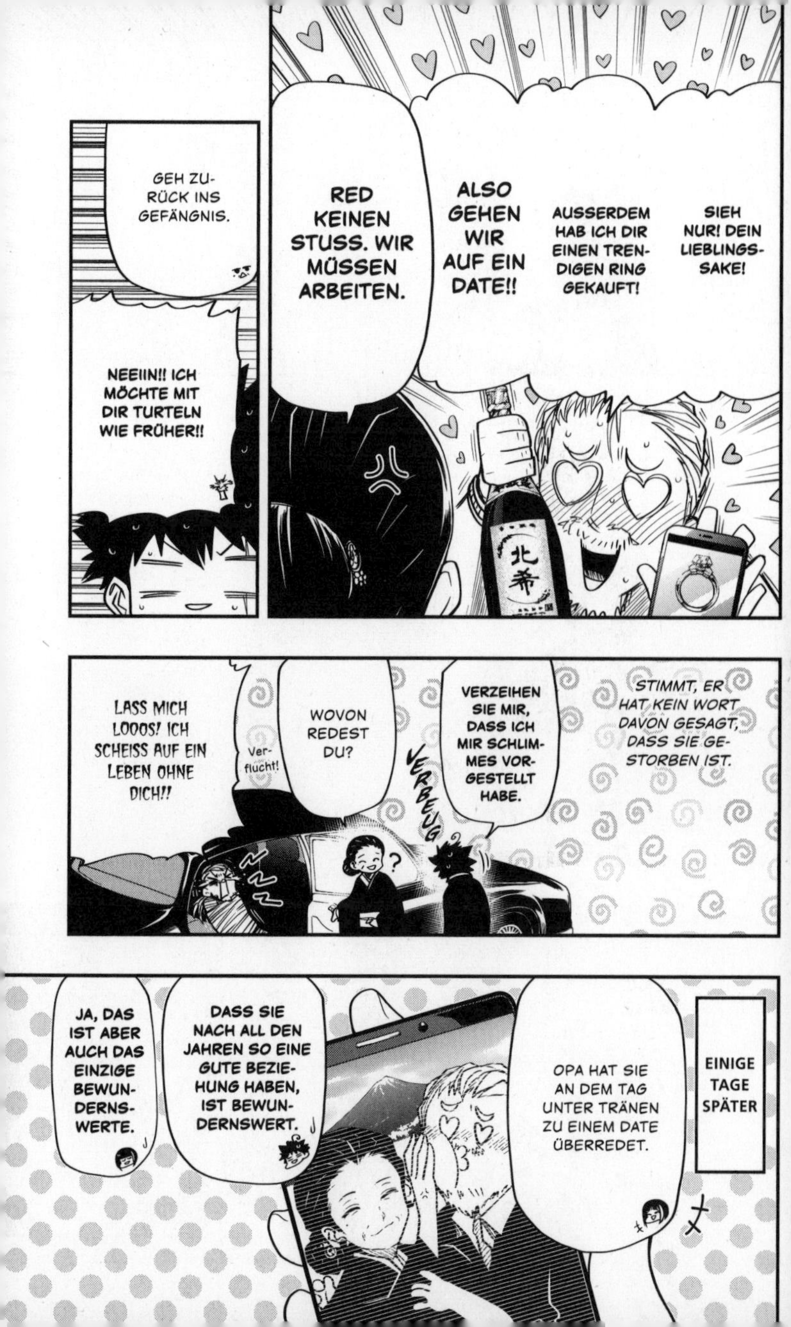
SIEH NUR! DEIN LIEBLINGS-SAKE!
AUSSERDEM HAB ICH DIR EINEN TRENDIGEN RING GEKAUFT!
ALSO GEHEN WIR AUF EIN DATE!!
RED KEINEN STUSS. WIR MÜSSEN ARBEITEN.
GEH ZURÜCK INS GEFÄNGNIS.
NEEIIN!! ICH MÖCHTE MIT DIR TURTELN WIE FRÜHER!!
STIMMT, ER HAT KEIN WORT DAVON GESAGT, DASS SIE GESTORBEN IST.
VERZEIHEN SIE MIR, DASS ICH MIR SCHLIMMES VORGESTELLT HABE.
VERBEUG
WOVON REDEST DU?
Verflucht!
LASS MICH LOOOS! ICH SCHEISS AUF EIN LEBEN OHNE DICH!!
EINIGE TAGE SPÄTER
OPA HAT SIE AN DEM TAG UNTER TRÄNEN ZU EINEM DATE ÜBERREDET.
DASS SIE NACH ALL DEN JAHREN SO EINE GUTE BEZIEHUNG HABEN, IST BEWUNDERNSWERT.
JA, DAS IST ABER AUCH DAS EINZIGE BEWUNDERNSWERTE.

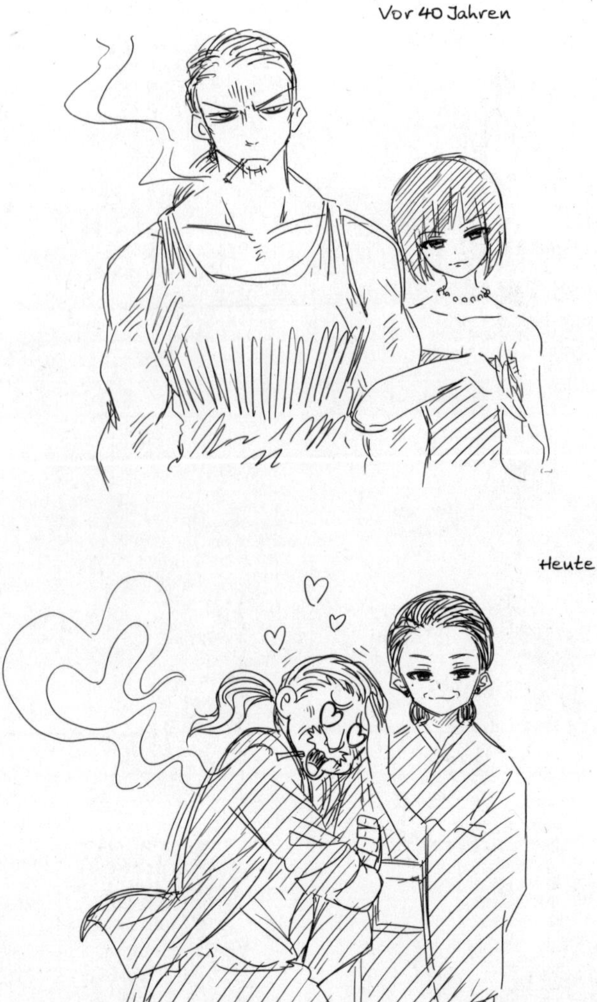
Vor 40 Jahren
Heute

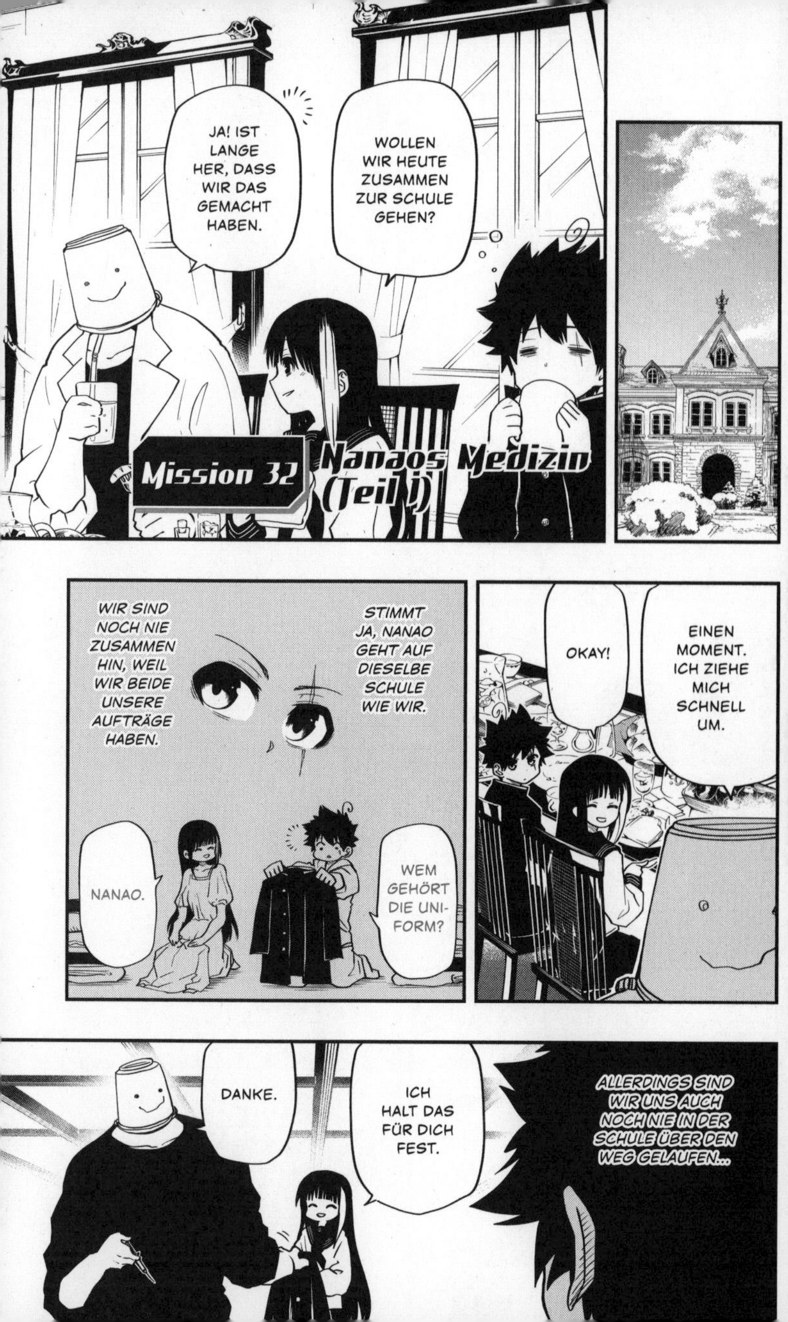
WOLLEN WIR HEUTE ZUSAMMEN ZUR SCHULE GEHEN?
JA! IST LANGE HER, DASS WIR DAS GEMACHT HABEN.
Mission 32
Nanaos Medizin (Teil 1)
EINEN MOMENT. ICH ZIEHE MICH SCHNELL UM.
OKAY!
STIMMT JA, NANAO GEHT AUF DIESELBE SCHULE WIE WIR.
WIR SIND NOCH NIE ZUSAMMEN HIN, WEIL WIR BEIDE UNSERE AUFTRÄGE HABEN.
WEM GEHÖRT DIE UNI-FORM?
NANAO.
ALLERDINGS SIND WIR UNS AUCH NOCH NIE IN DER SCHULE ÜBER DEN WEG GELAUFEN...
ICH HALT DAS FÜR DICH FEST.
DANKE.

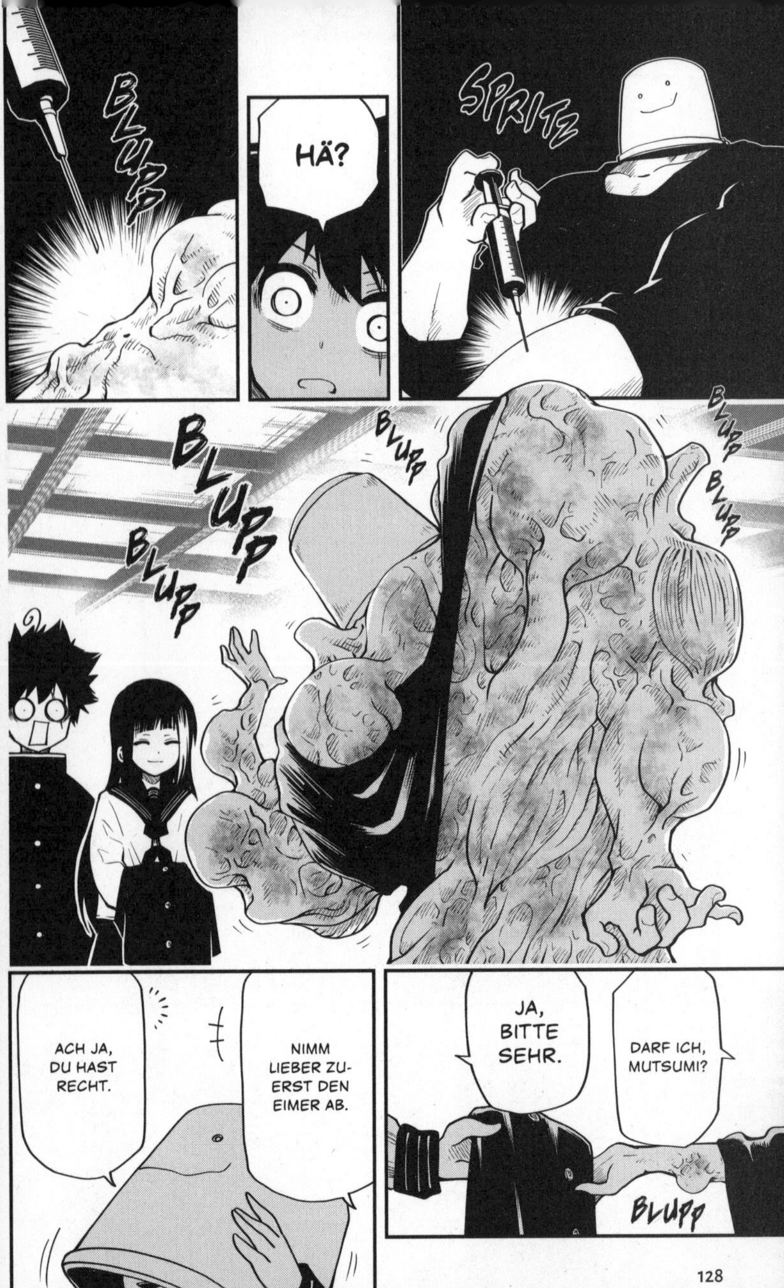
SPRITZ
HÄ?
BLUPP
BLUPP
BLUPP
BLUPP
BLUPP
BLUPP
DARF ICH, MUTSUMI?
JA, BITTE SEHR.
BLUPP
NIMM LIEBER ZU-ERST DEN EIMER AB.
ACH JA, DU HAST RECHT.

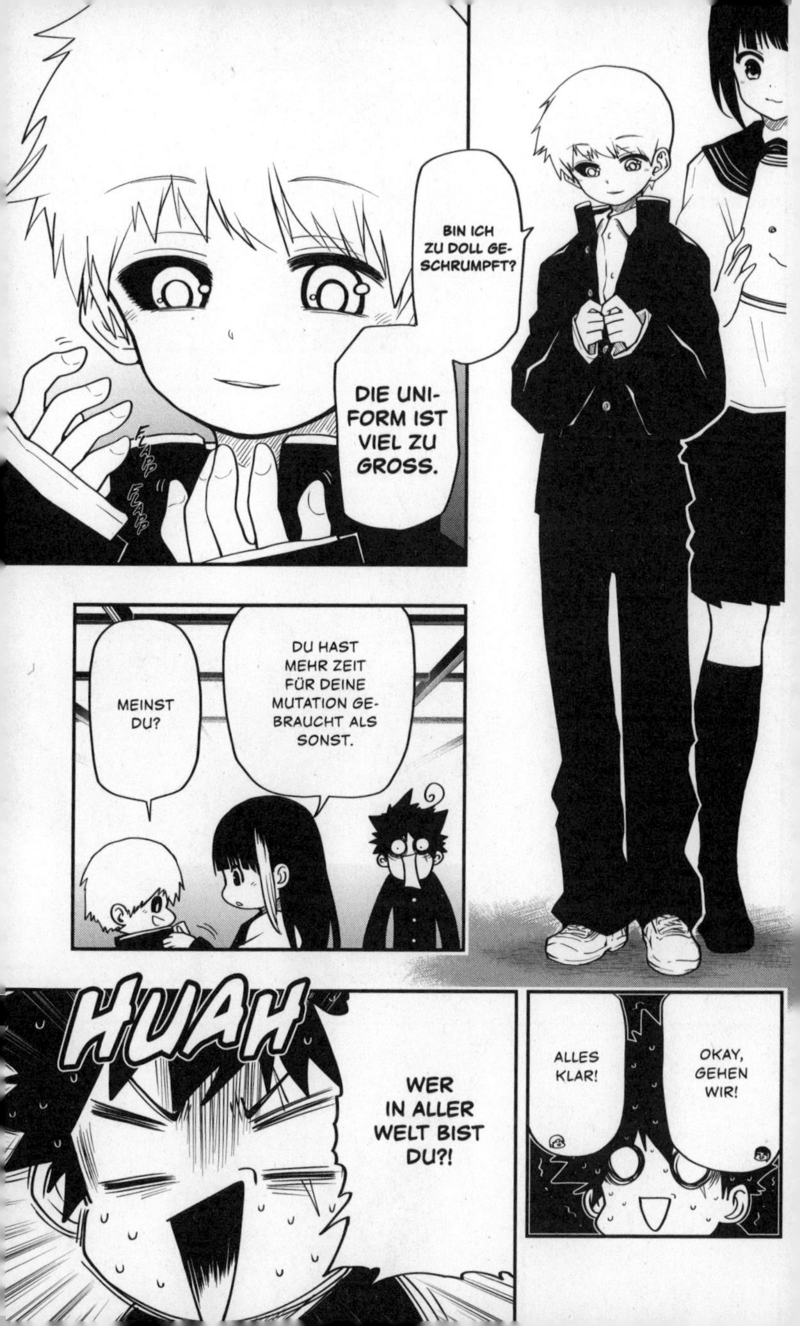
BIN ICH ZU DOLL GE-SCHRUMPFT?
DIE UNI-FORM IST VIEL ZU GROSS.
FLAPP FLAPP
DU HAST MEHR ZEIT FÜR DEINE MUTATION GE-BRAUCHT ALS SONST.
MEINST DU?
OKAY, GEHEN WIR!
ALLES KLAR!
HUAH
WER IN ALLER WELT BIST DU?!

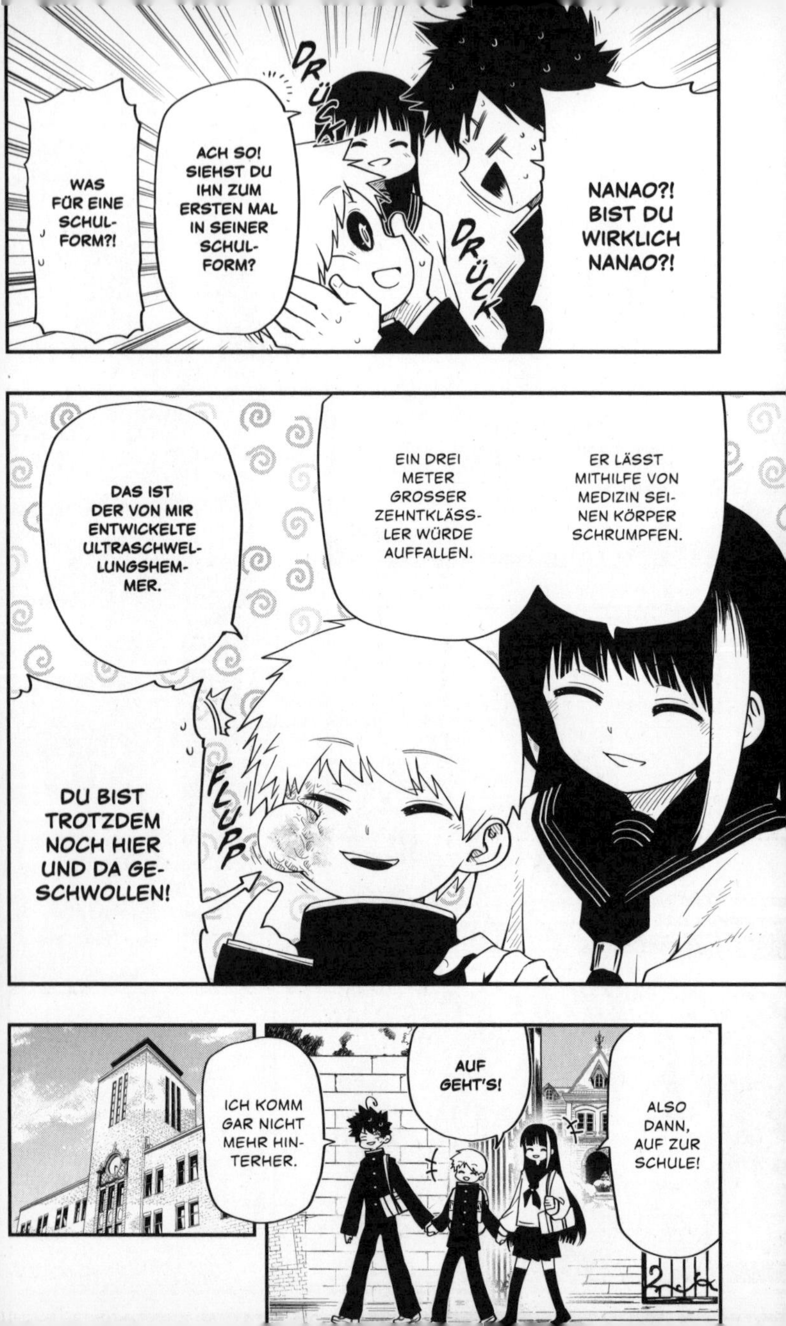
NANAO?! BIST DU WIRKLICH NANAO?!
DRÜCK
DRÜCK
ACH SO! SIEHST DU IHN ZUM ERSTEN MAL IN SEINER SCHULFORM?
WAS FÜR EINE SCHULFORM?!
ER LÄSST MITHILFE VON MEDIZIN SEINEN KÖRPER SCHRUMPFEN.
EIN DREI METER GROSSER ZEHNTKLÄSSLER WÜRDE AUFFALLEN.
DAS IST DER VON MIR ENTWICKELTE ULTRASCHWELLUNGSHEMMER.
FLUPP
DU BIST TROTZDEM NOCH HIER UND DA GESCHWOLLEN!
ALSO DANN, AUF ZUR SCHULE!
AUF GEHT'S!
ICH KOMM GAR NICHT MEHR HINTERHER.

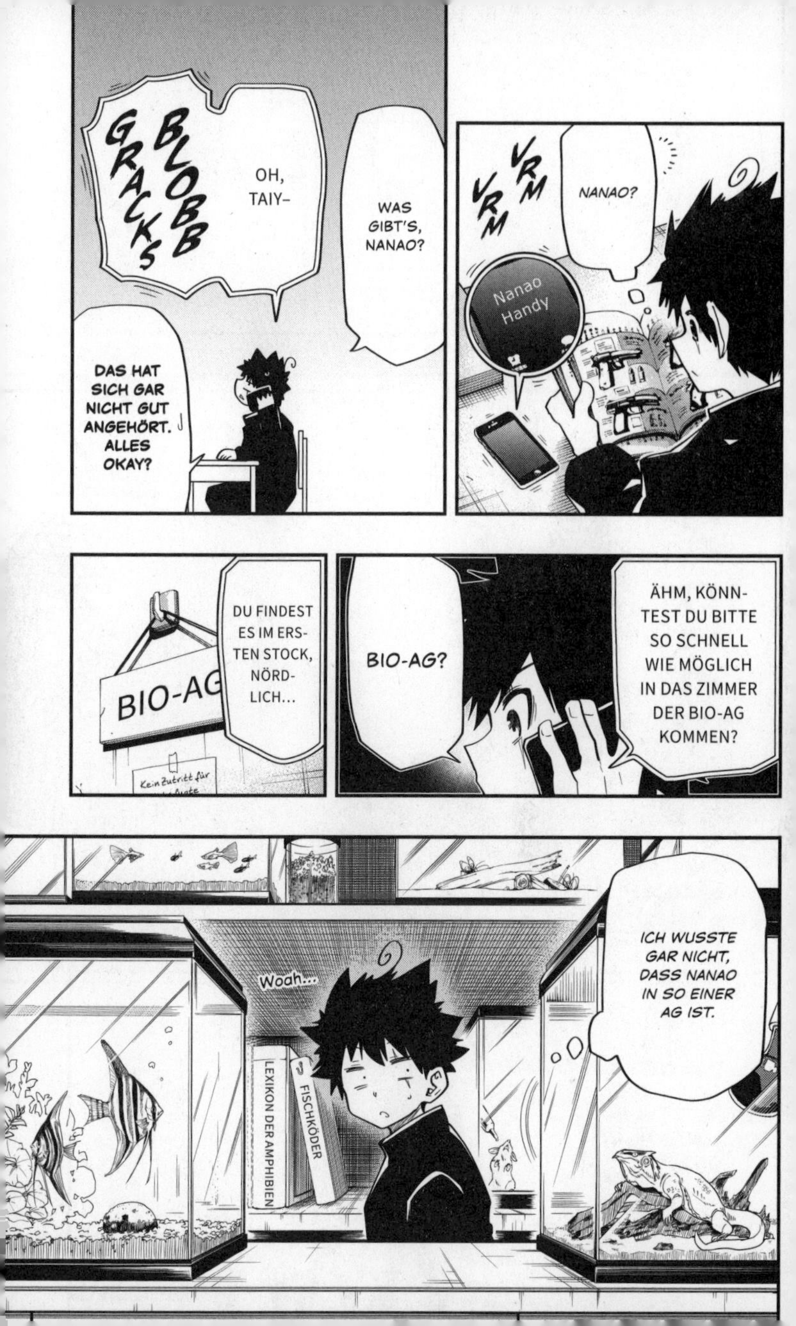
VRM VRM
NANAO?
Nanao Handy
WAS GIBT'S, NANAO?
GRACKS BLOBB
OH, TAIY–
DAS HAT SICH GAR NICHT GUT ANGEHÖRT. ALLES OKAY?
ÄHM, KÖNNTEST DU BITTE SO SCHNELL WIE MÖGLICH IN DAS ZIMMER DER BIO-AG KOMMEN?
BIO-AG?
DU FINDEST ES IM ERSTEN STOCK, NÖRDLICH…
BIO-AG
ICH WUSSTE GAR NICHT, DASS NANAO IN SO EINER AG IST.
Woah…
LEXIKON DER AMPHIBIEN
FISCHKÖDER

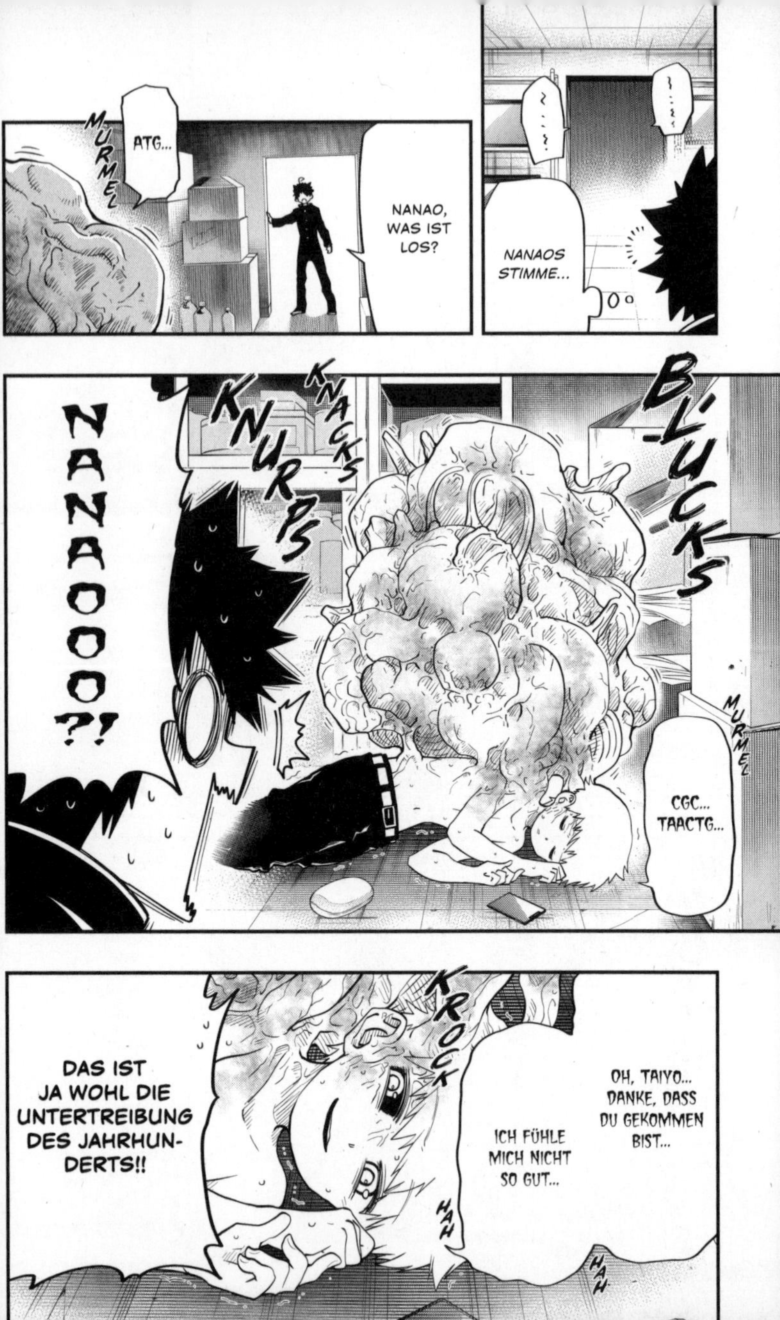
~...?!
~...?
NANAOS STIMME...
NANAO, WAS IST LOS?
MURMEL
ATG...
BLUCKS
KNACKS
KNURPS
MURMEL
CGC... TAACTG...
NANAOOOO?!
KROCK
OH, TAIYO... DANKE, DASS DU GEKOMMEN BIST...
ICH FÜHLE MICH NICHT SO GUT...
HAH
HAH
DAS IST JA WOHL DIE UNTERTREIBUNG DES JAHRHUNDERTS!!

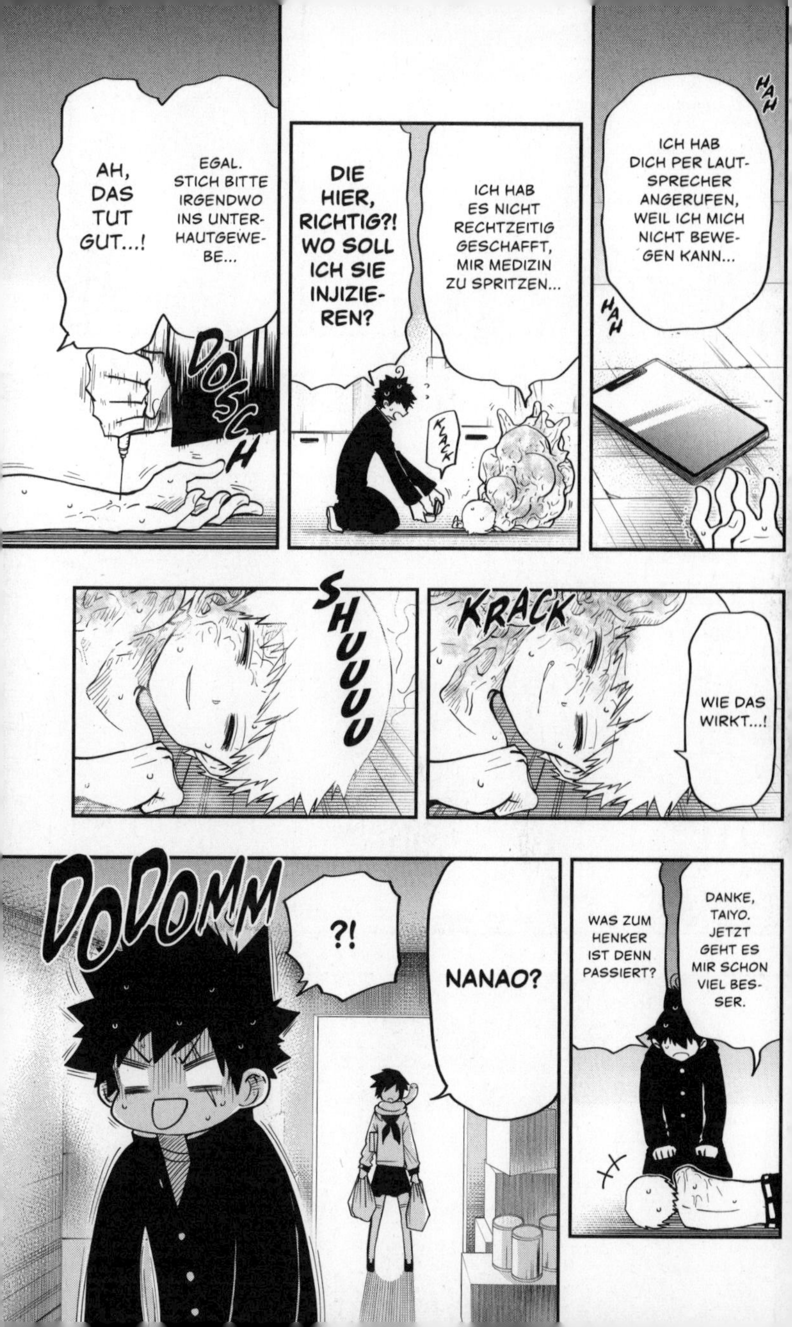
HAH
ICH HAB DICH PER LAUTSPRECHER ANGERUFEN, WEIL ICH MICH NICHT BEWEGEN KANN...
HAH
ICH HAB ES NICHT RECHTZEITIG GESCHAFFT, MIR MEDIZIN ZU SPRITZEN...
DIE HIER, RICHTIG?! WO SOLL ICH SIE INJIZIEREN?
KRACK
EGAL. STICH BITTE IRGENDWO INS UNTERHAUTGEWEBE...
AH, DAS TUT GUT...!
DOSCH
KRACK
WIE DAS WIRKT...!
SHUUUUU
DANKE, TAIYO. JETZT GEHT ES MIR SCHON VIEL BESSER.
WAS ZUM HENKER IST DENN PASSIERT?
NANAO?
?!
DODOMM

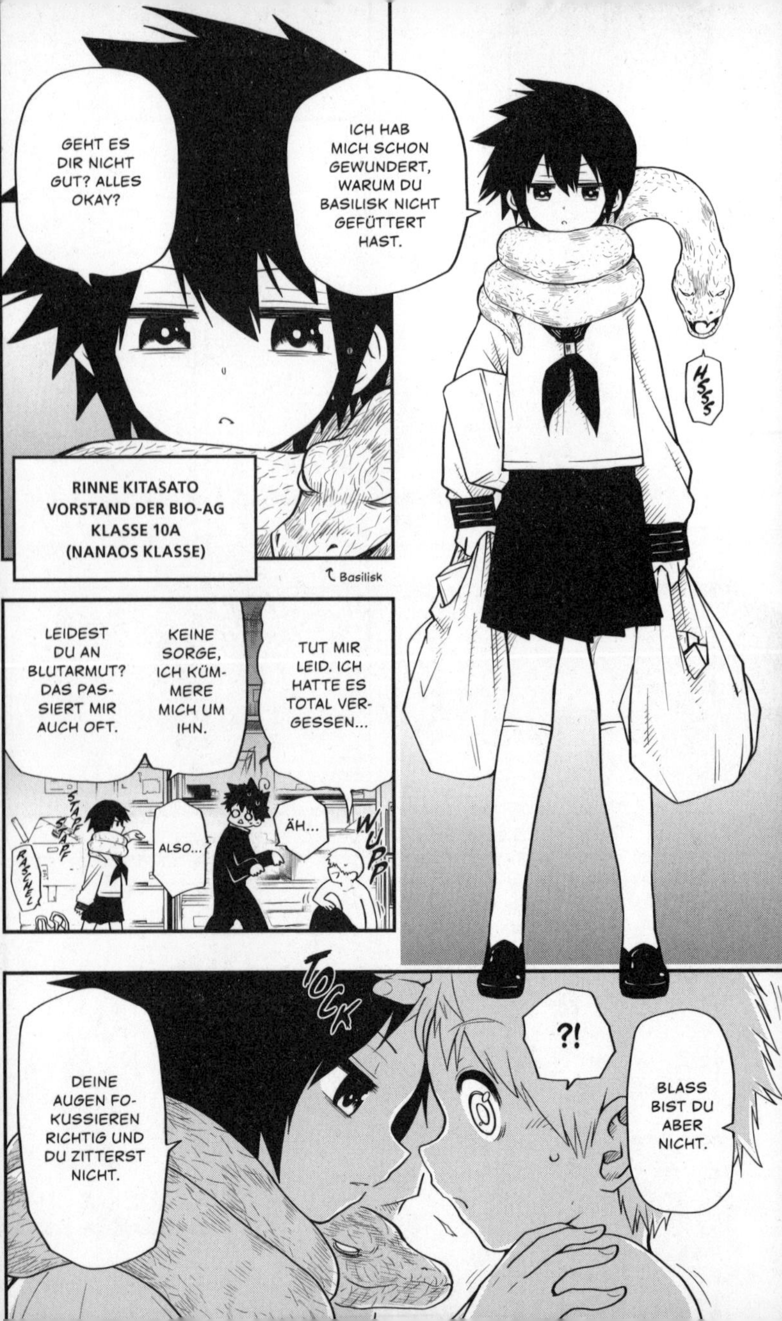
HSSS
ICH HAB MICH SCHON GEWUNDERT, WARUM DU BASILISK NICHT GEFÜTTERT HAST.
GEHT ES DIR NICHT GUT? ALLES OKAY?
RINNE KITASATO
VORSTAND DER BIO-AG
KLASSE 10A
(NANAOS KLASSE)
Basilisk
TUT MIR LEID. ICH HATTE ES TOTAL VERGESSEN...
KEINE SORGE, ICH KÜMMERE MICH UM IHN.
LEIDEST DU AN BLUTARMUT? DAS PASSIERT MIR AUCH OFT.
WUPP
ÄH...
ALSO...
STAPF
STAPF
RASCHEL
TOCK
?!
BLASS BIST DU ABER NICHT.
DEINE AUGEN FOKUSSIEREN RICHTIG UND DU ZITTERST NICHT.

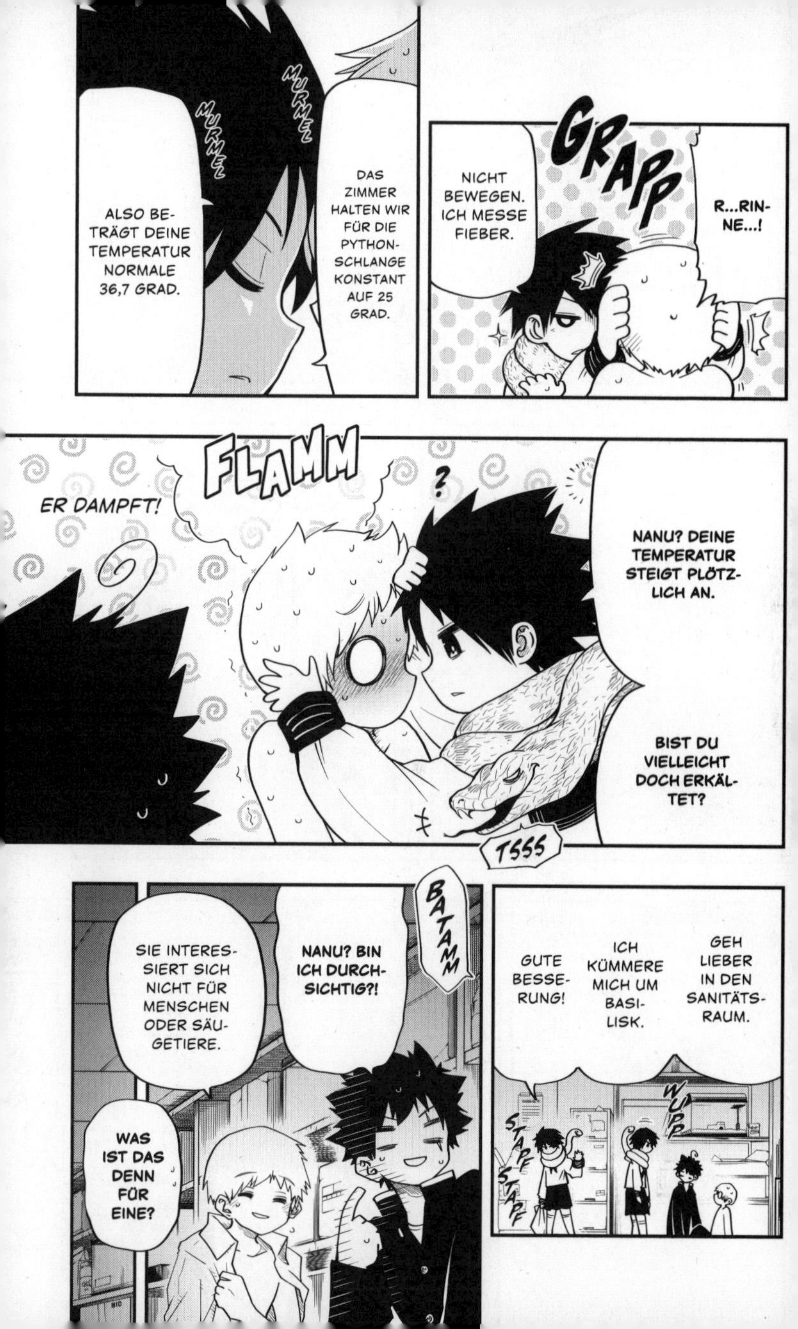
R...RINNE...!
GRAPP
NICHT BEWEGEN. ICH MESSE FIEBER.
DAS ZIMMER HALTEN WIR FÜR DIE PYTHONSCHLANGE KONSTANT AUF 25 GRAD.
MURMEL
MURMEL
ALSO BETRÄGT DEINE TEMPERATUR NORMALE 36,7 GRAD.
NANU? DEINE TEMPERATUR STEIGT PLÖTZLICH AN.
FLAMM
?
BIST DU VIELLEICHT DOCH ERKÄLTET?
TSSS
ER DAMPFT!
GEH LIEBER IN DEN SANITÄTSRAUM.
ICH KÜMMERE MICH UM BASILISK.
GUTE BESSERUNG!
WUPP
STAPF
STAPF
STAPF
BATAMM
NANU? BIN ICH DURCHSICHTIG?!
SIE INTERESSIERT SICH NICHT FÜR MENSCHEN ODER SÄUGETIERE.
WAS IST DAS DENN FÜR EINE?

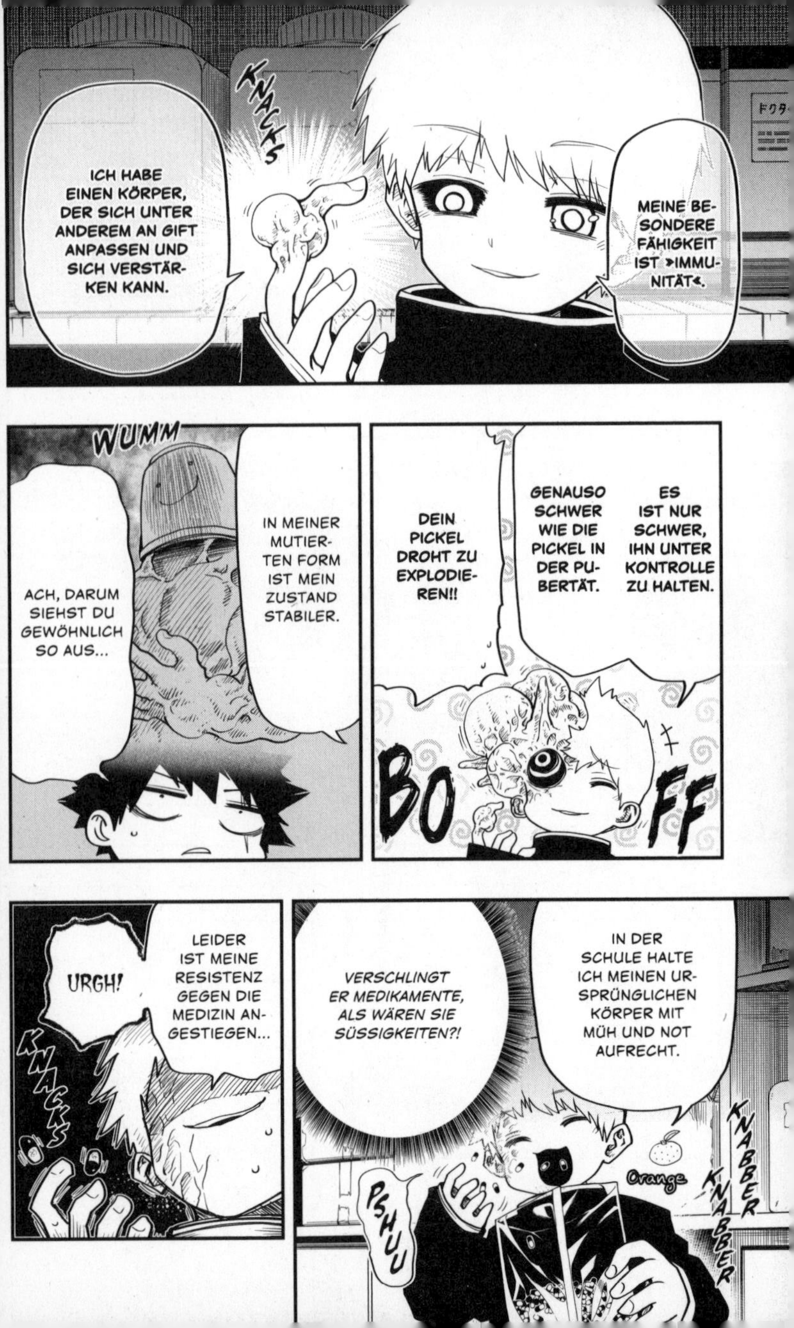
MEINE BESONDERE FÄHIGKEIT IST »IMMUNITÄT«.
KNACKS
ICH HABE EINEN KÖRPER, DER SICH UNTER ANDEREM AN GIFT ANPASSEN UND SICH VERSTÄRKEN KANN.
ES IST NUR SCHWER, IHN UNTER KONTROLLE ZU HALTEN.
GENAUSO SCHWER WIE DIE PICKEL IN DER PUBERTÄT.
DEIN PICKEL DROHT ZU EXPLODIEREN!!
BOFF
WUMM
IN MEINER MUTIERTEN FORM IST MEIN ZUSTAND STABILER.
ACH, DARUM SIEHST DU GEWÖHNLICH SO AUS...
IN DER SCHULE HALTE ICH MEINEN URSPRÜNGLICHEN KÖRPER MIT MÜH UND NOT AUFRECHT.
VERSCHLINGT ER MEDIKAMENTE, ALS WÄREN SIE SÜSSIGKEITEN?!
KNABBER
KNABBER
Orange
PSHUU
LEIDER IST MEINE RESISTENZ GEGEN DIE MEDIZIN ANGESTIEGEN...
URGH!
KNACKS

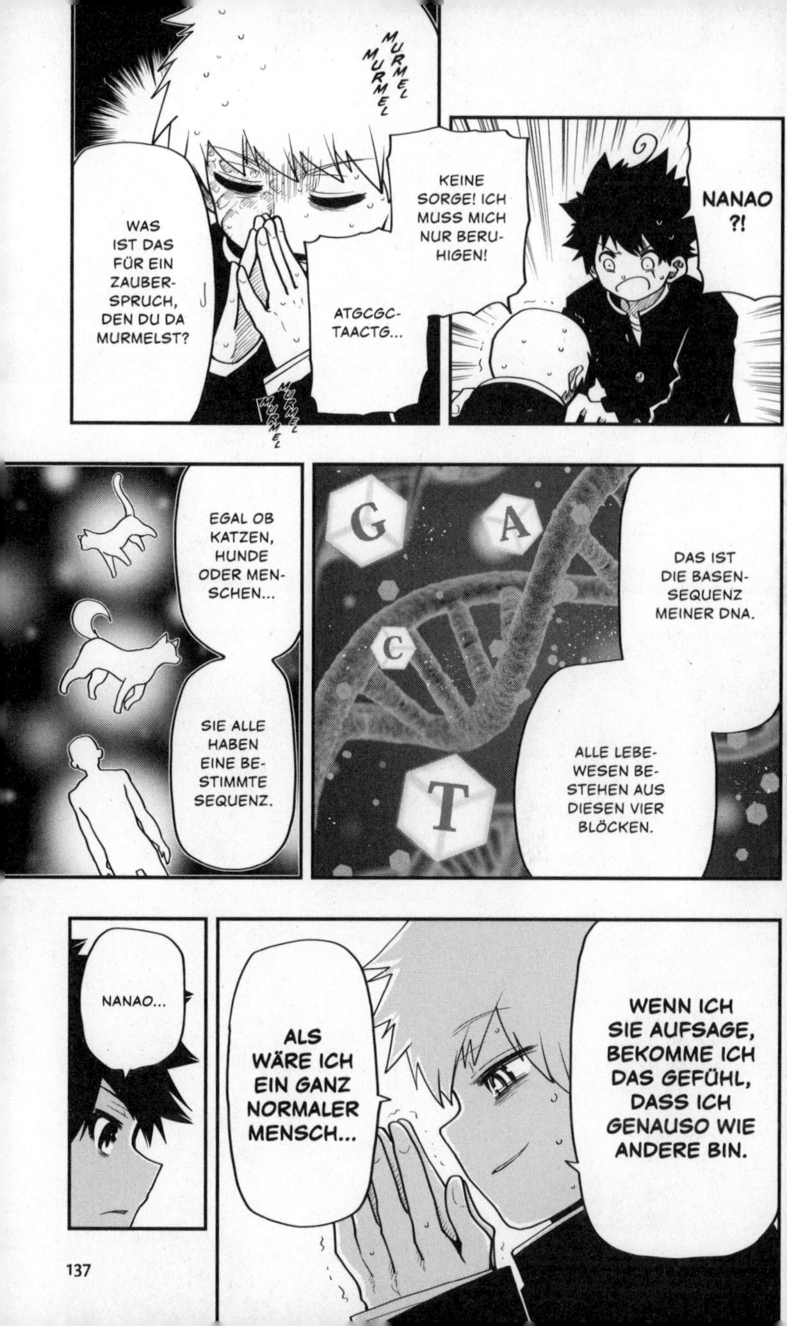
MURMEL MURMEL
NANAO ?!
KEINE SORGE! ICH MUSS MICH NUR BERUHIGEN!
ATGCGC-TAACTG...
WAS IST DAS FÜR EIN ZAUBERSPRUCH, DEN DU DA MURMELST?
MURMEL MURMEL
DAS IST DIE BASENSEQUENZ MEINER DNA.
G
A
C
T
ALLE LEBEWESEN BESTEHEN AUS DIESEN VIER BLÖCKEN.
EGAL OB KATZEN, HUNDE ODER MENSCHEN...
SIE ALLE HABEN EINE BESTIMMTE SEQUENZ.
WENN ICH SIE AUFSAGE, BEKOMME ICH DAS GEFÜHL, DASS ICH GENAUSO WIE ANDERE BIN.
ALS WÄRE ICH EIN GANZ NORMALER MENSCH...
NANAO...

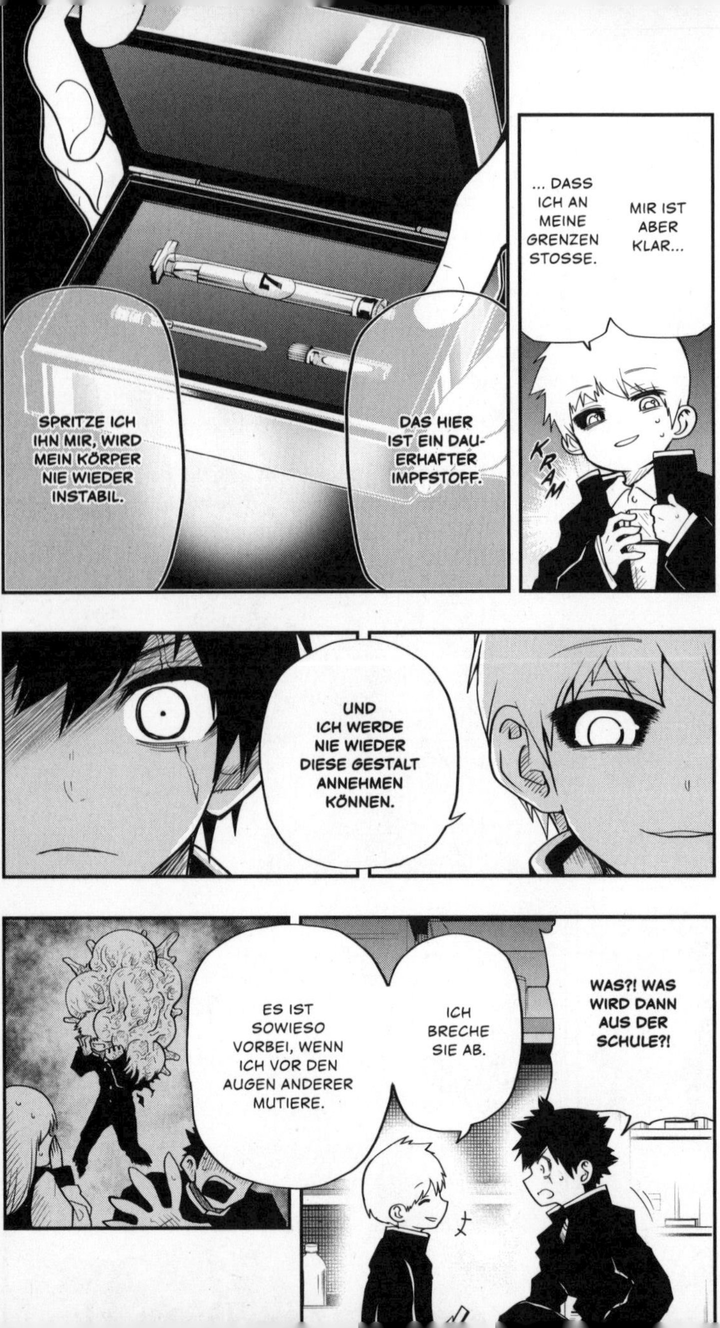
MIR IST ABER KLAR...
... DASS ICH AN MEINE GRENZEN STOSSE.
KRAM
DAS HIER IST EIN DAUERHAFTER IMPFSTOFF.
SPRITZE ICH IHN MIR, WIRD MEIN KÖRPER NIE WIEDER INSTABIL.
UND ICH WERDE NIE WIEDER DIESE GESTALT ANNEHMEN KÖNNEN.
WAS?! WAS WIRD DANN AUS DER SCHULE?!
ICH BRECHE SIE AB.
ES IST SOWIESO VORBEI, WENN ICH VOR DEN AUGEN ANDERER MUTIERE.

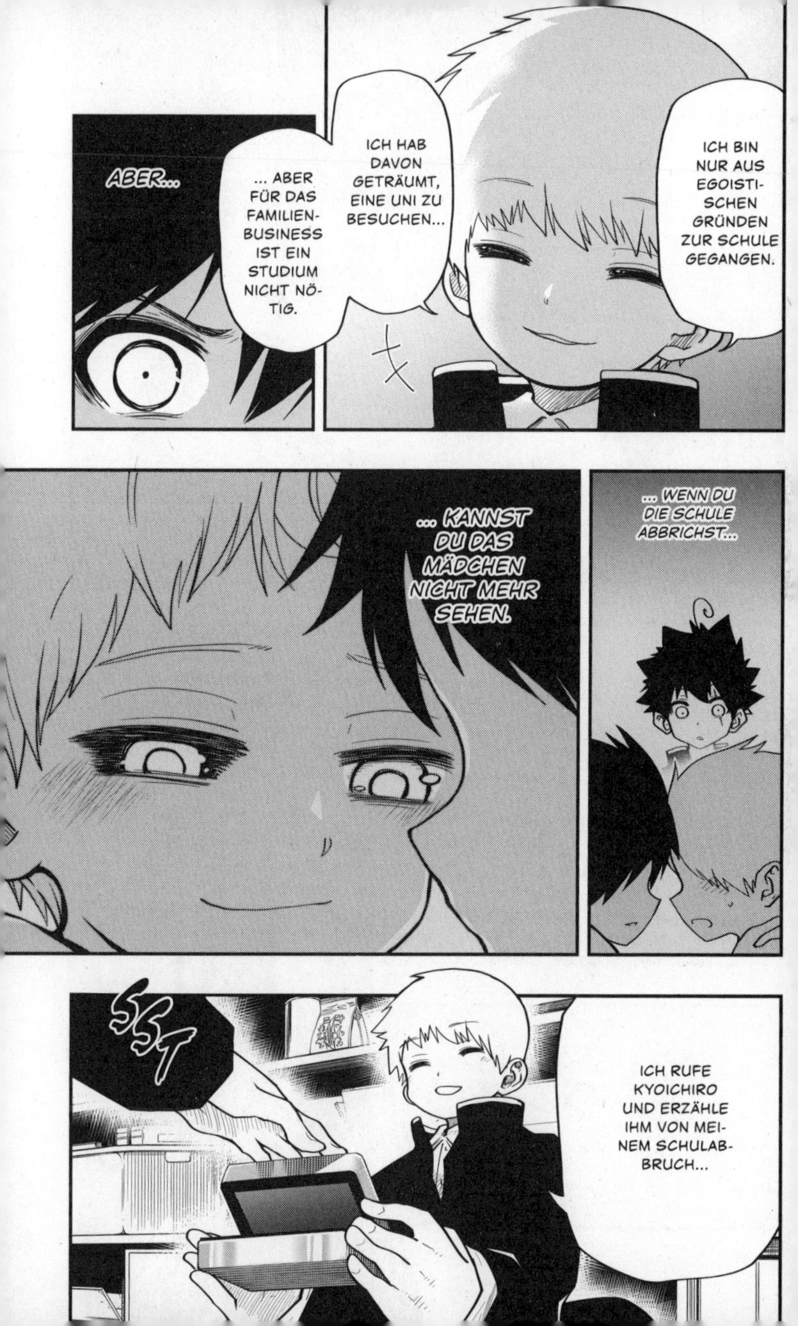
ICH BIN NUR AUS EGOISTISCHEN GRÜNDEN ZUR SCHULE GEGANGEN.
ICH HAB DAVON GETRÄUMT, EINE UNI ZU BESUCHEN...
... ABER FÜR DAS FAMILIENBUSINESS IST EIN STUDIUM NICHT NÖTIG.
ABER...
... WENN DU DIE SCHULE ABBRICHST...
... KANNST DU DAS MÄDCHEN NICHT MEHR SEHEN.
ICH RUFE KYOICHIRO UND ERZÄHLE IHM VON MEINEM SCHULABBRUCH...
SST

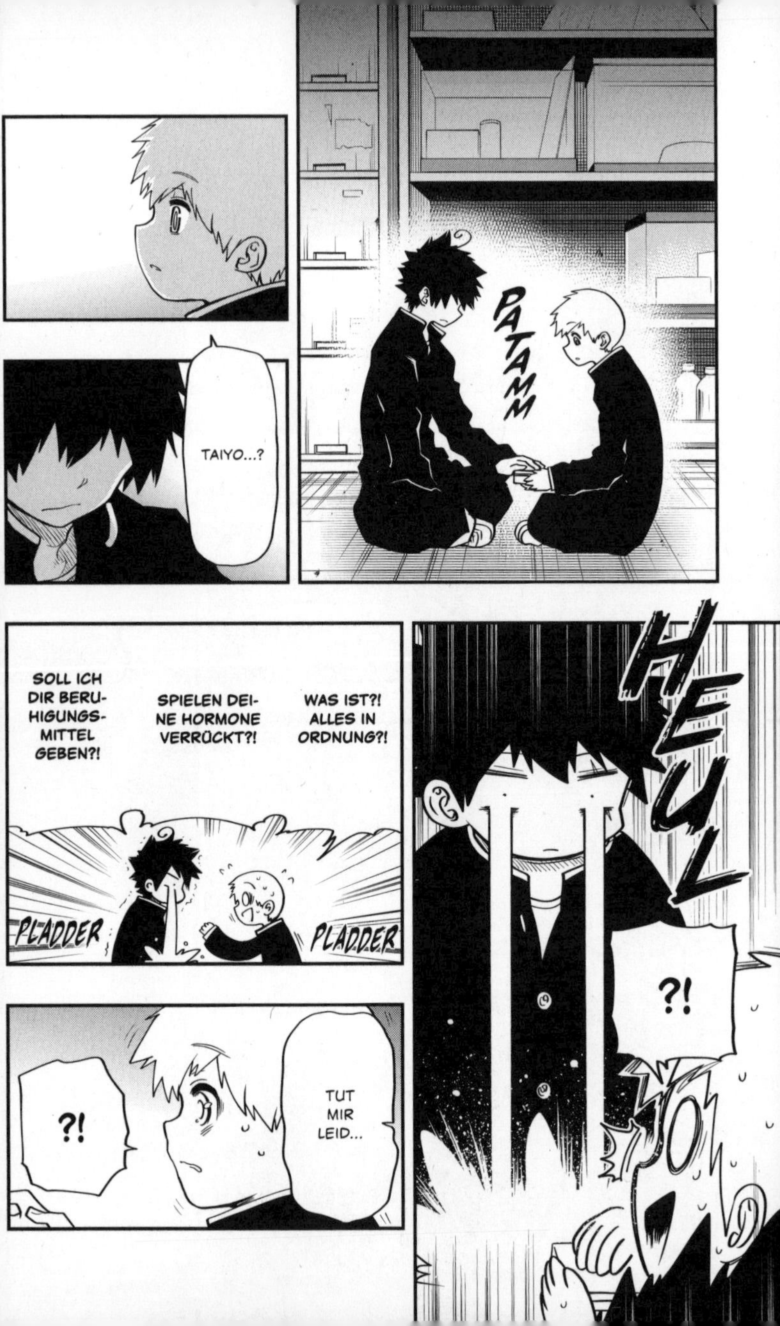

PATAMM
TAIYO...?
HEUL
?!
WAS IST?! ALLES IN ORDNUNG?!
SPIELEN DEI-NE HORMONE VERRÜCKT?!
SOLL ICH DIR BERU-HIGUNGS-MITTEL GEBEN?!
PLADDER
PLADDER
TUT MIR LEID...
?!

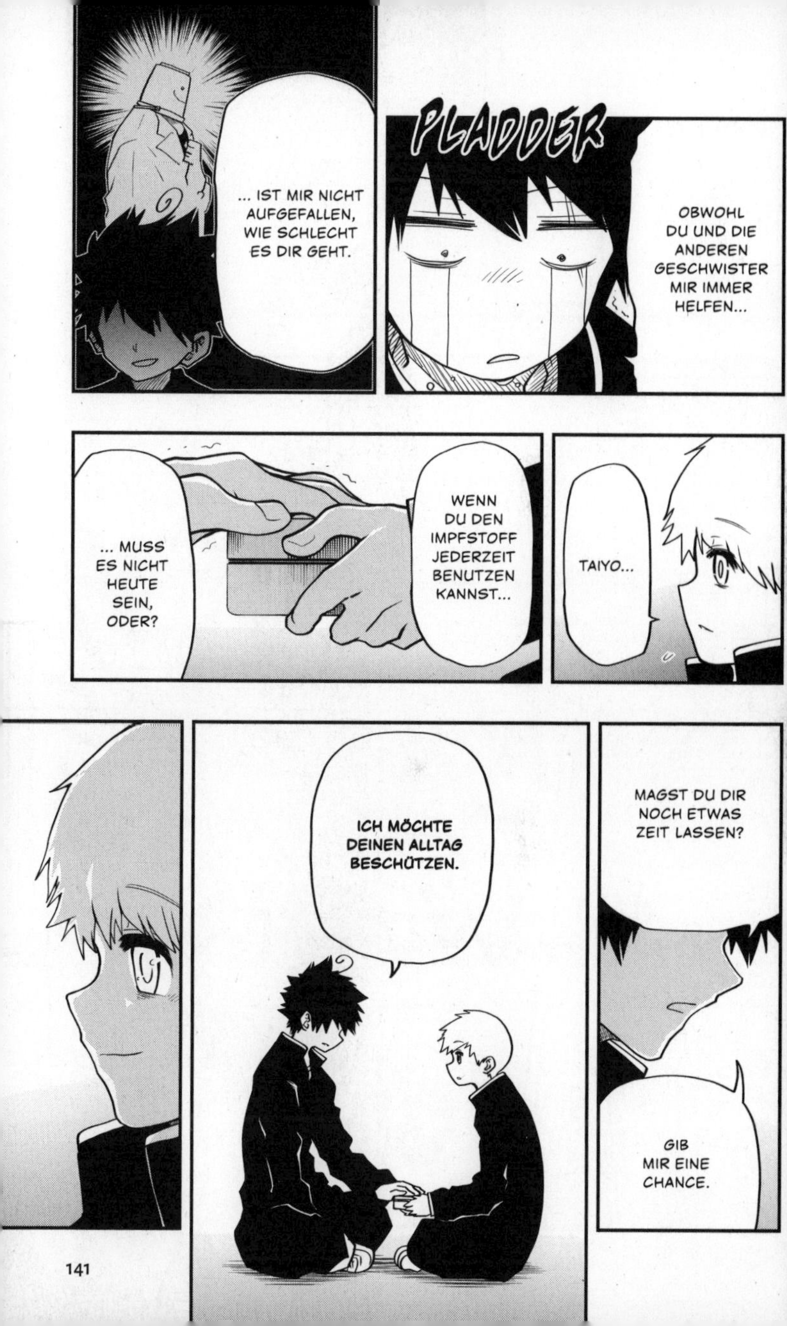
PLADDER
OBWOHL DU UND DIE ANDEREN GESCHWISTER MIR IMMER HELFEN...
... IST MIR NICHT AUFGEFALLEN, WIE SCHLECHT ES DIR GEHT.
TAIYO...
WENN DU DEN IMPFSTOFF JEDERZEIT BENUTZEN KANNST...
... MUSS ES NICHT HEUTE SEIN, ODER?
MAGST DU DIR NOCH ETWAS ZEIT LASSEN?
GIB MIR EINE CHANCE.
ICH MÖCHTE DEINEN ALLTAG BESCHÜTZEN.

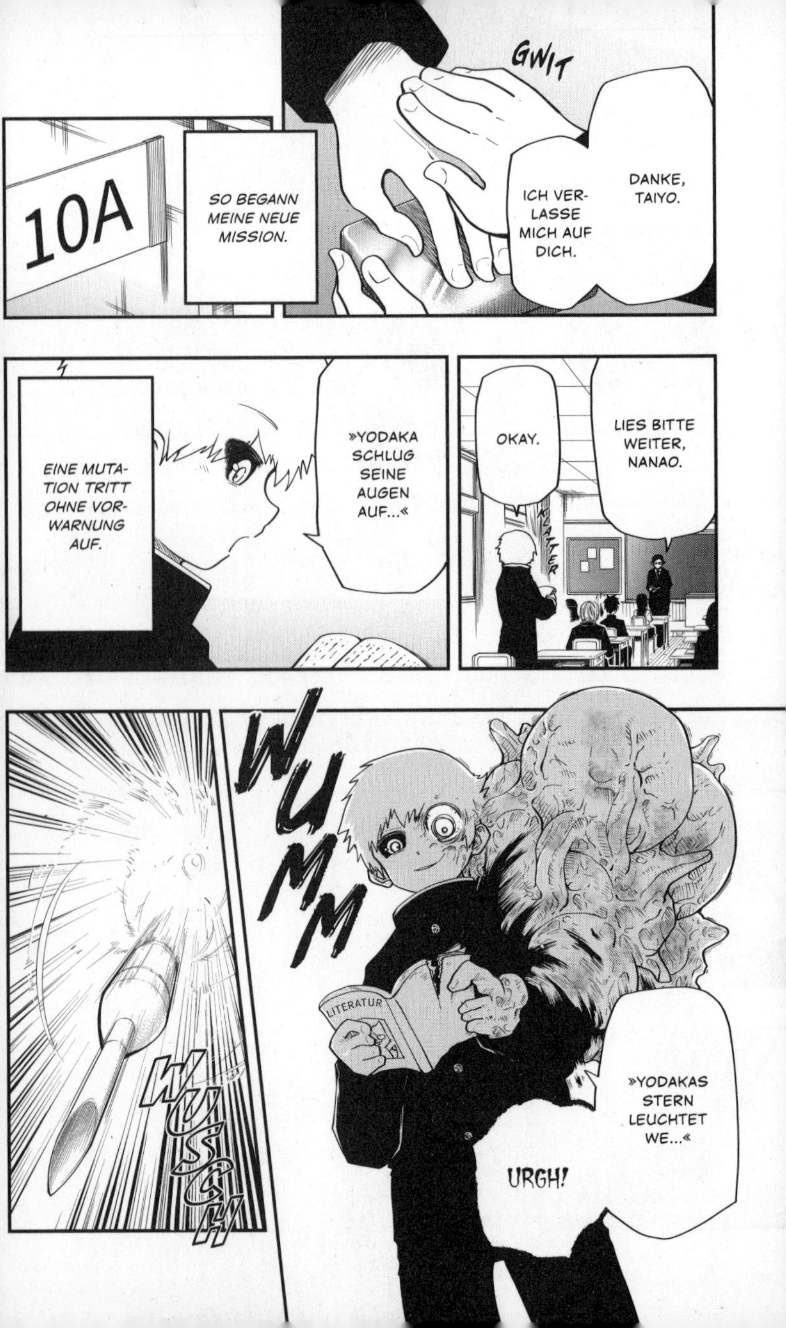
GWIT
DANKE, TAIYO.
ICH VERLASSE MICH AUF DICH.
10A
SO BEGANN MEINE NEUE MISSION.
LIES BITTE WEITER, NANAO.
OKAY.
KLATTER
»YODAKA SCHLUG SEINE AUGEN AUF...«
EINE MUTATION TRITT OHNE VORWARNUNG AUF.
WUMM
LITERATUR
»YODAKAS STERN LEUCHTET WE...«
URGH!
WUSCH

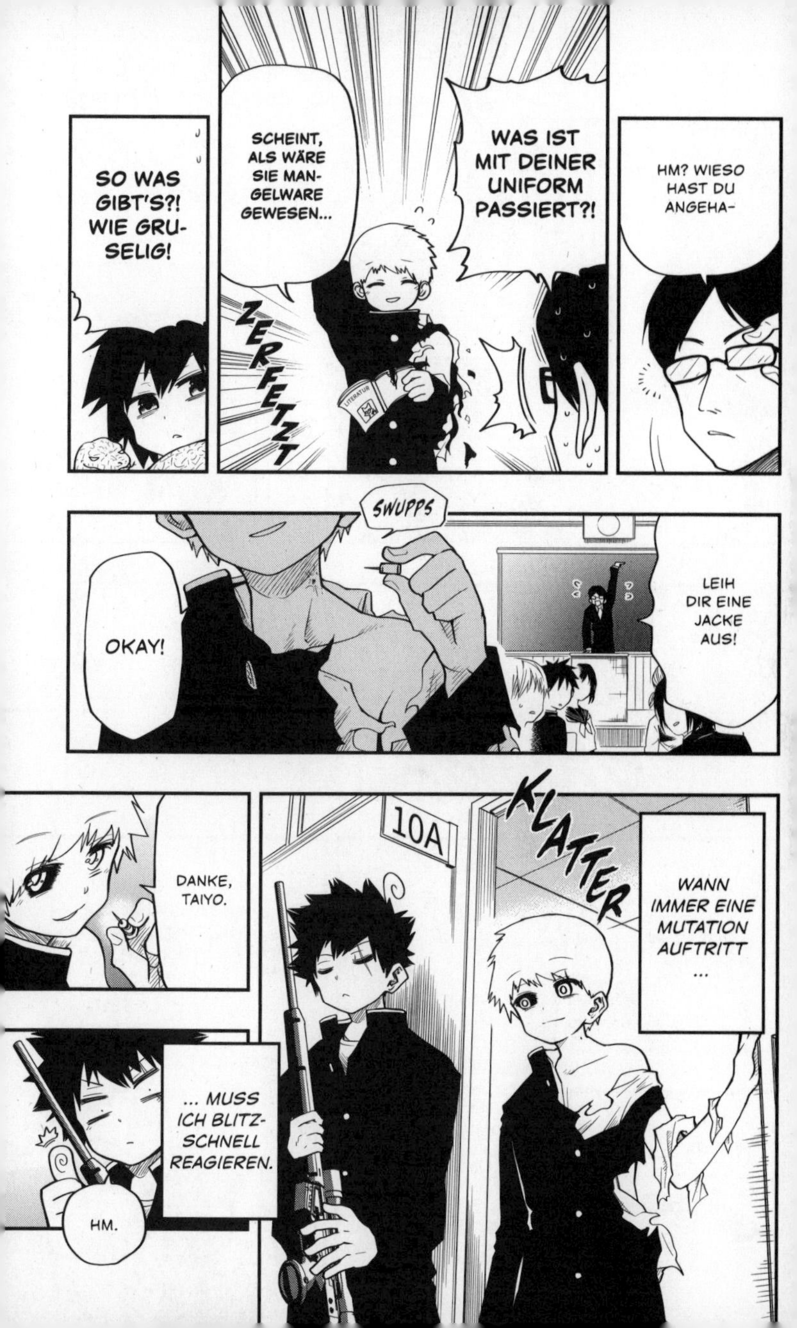
HM? WIESO HAST DU ANGEHA-
WAS IST MIT DEINER UNIFORM PASSIERT?!
SCHEINT, ALS WÄRE SIE MAN-GELWARE GEWESEN...
ZERFETZT
LITERATUR
SO WAS GIBT'S?! WIE GRU-SELIG!
LEIH DIR EINE JACKE AUS!
SWUPPS
OKAY!
KLATTER
10A
WANN IMMER EINE MUTATION AUFTRITT ...
DANKE, TAIYO.
... MUSS ICH BLITZ-SCHNELL REAGIEREN.
HM.

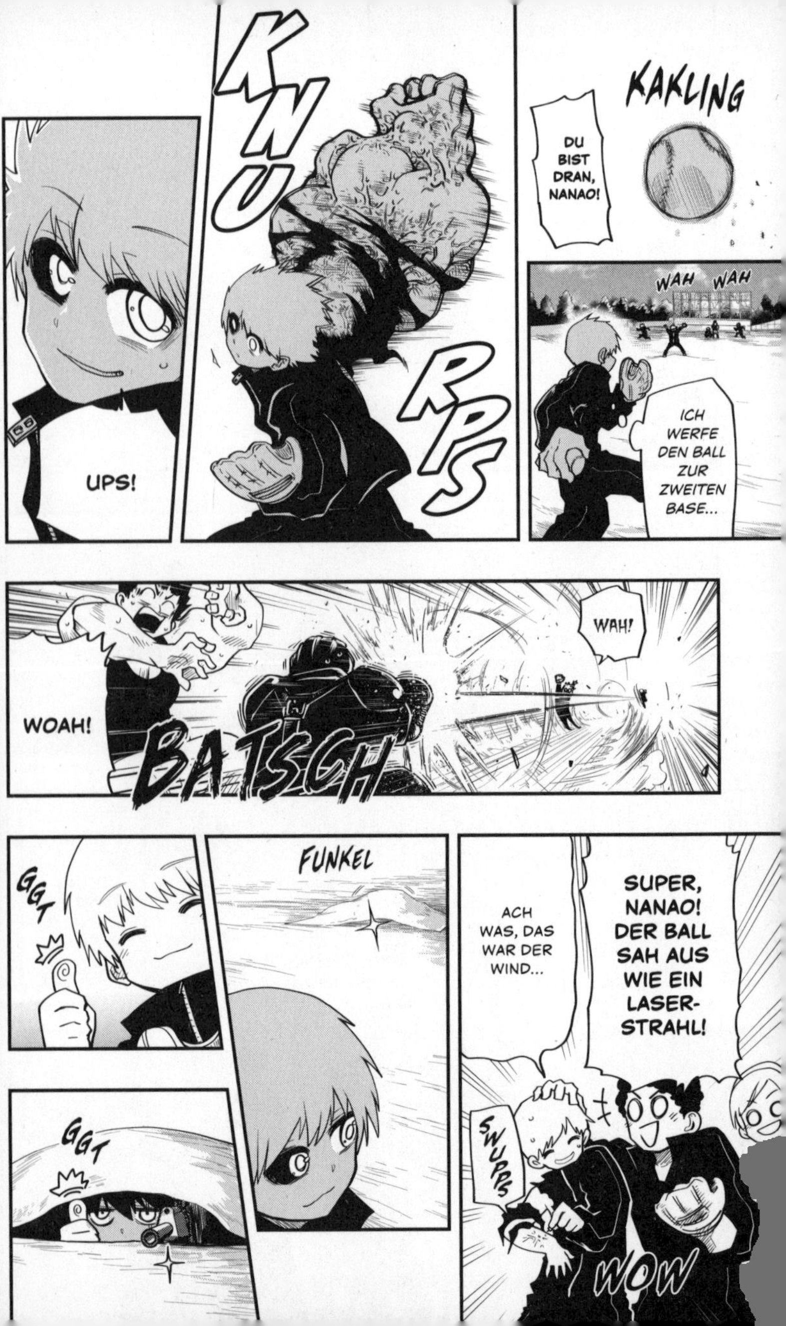
KAKLING
DU BIST DRAN, NANAO!
WAH WAH
ICH WERFE DEN BALL ZUR ZWEITEN BASE...
KNU
RPS
UPS!
WAH!
BATSCH
WOAH!
SUPER, NANAO! DER BALL SAH AUS WIE EIN LASER-STRAHL!
ACH WAS, DAS WAR DER WIND...
SWUPPS
WOW
FUNKEL
GGT
GGT

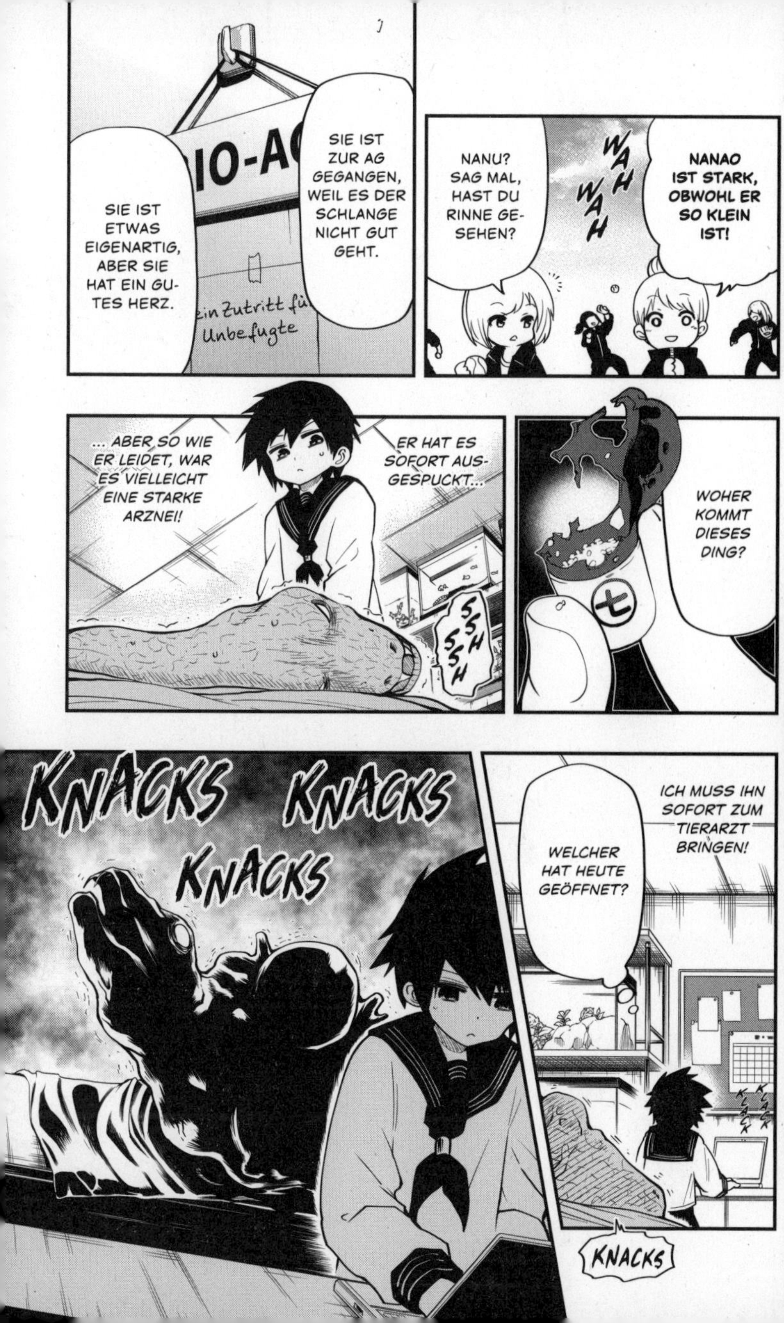
NANAO IST STARK, OBWOHL ER SO KLEIN IST!
WAH WAH WAH
NANU? SAG MAL, HAST DU RINNE GESEHEN?
SIE IST ZUR AG GEGANGEN, WEIL ES DER SCHLANGE NICHT GUT GEHT.
IO-AG
ein Zutritt fü Unbefugte
SIE IST ETWAS EIGENARTIG, ABER SIE HAT EIN GUTES HERZ.
WOHER KOMMT DIESES DING?
ER HAT ES SOFORT AUSGESPUCKT…
SSH SSH
… ABER SO WIE ER LEIDET, WAR ES VIELLEICHT EINE STARKE ARZNEI!
ICH MUSS IHN SOFORT ZUM TIERARZT BRINGEN!
WELCHER HAT HEUTE GEÖFFNET?
KLACK KLACK
KNACKS
KNACKS KNACKS
KNACKS

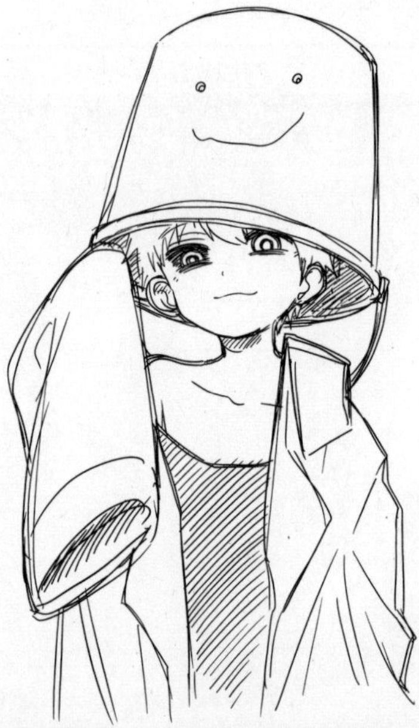

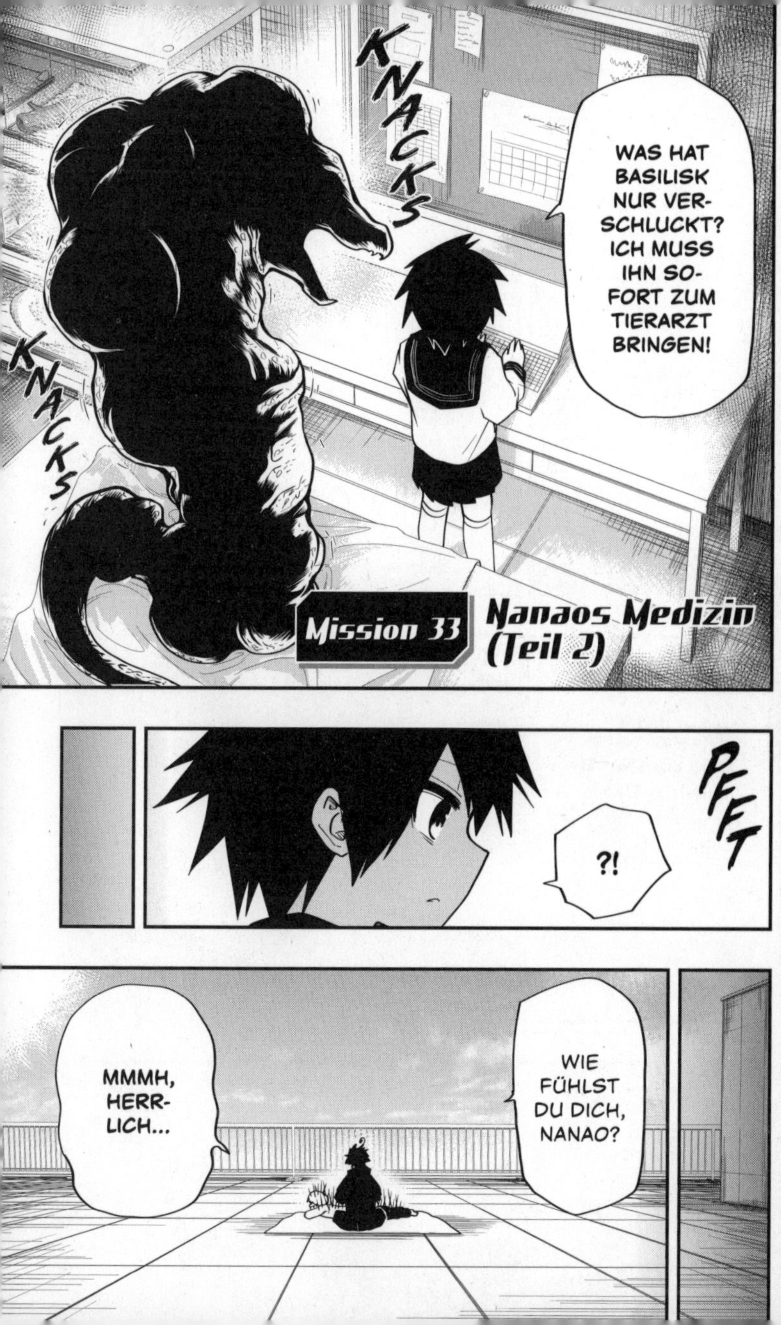
WAS HAT BASILISK NUR VERSCHLUCKT? ICH MUSS IHN SOFORT ZUM TIERARZT BRINGEN!
KNACKS
KNACKS
Mission 33
Nanaos Medizin (Teil 2)
PFFFT
?!
WIE FÜHLST DU DICH, NANAO?
MMMH, HERRLICH...

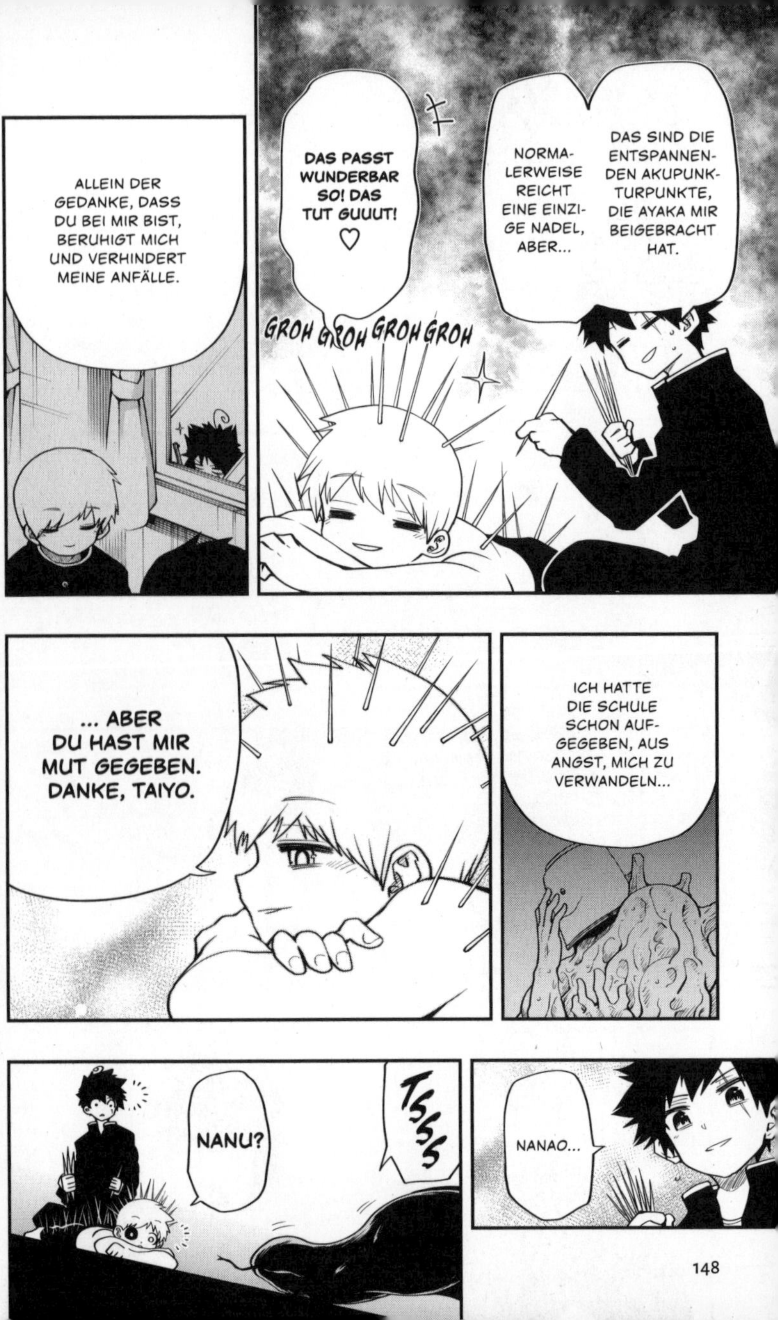
DAS SIND DIE ENTSPANNENDEN AKUPUNKTURPUNKTE, DIE AYAKA MIR BEIGEBRACHT HAT.
NORMALERWEISE REICHT EINE EINZIGE NADEL, ABER...
DAS PASST WUNDERBAR SO! DAS TUT GUUUT! ♡
GROH GROH GROH GROH
ALLEIN DER GEDANKE, DASS DU BEI MIR BIST, BERUHIGT MICH UND VERHINDERT MEINE ANFÄLLE.
ICH HATTE DIE SCHULE SCHON AUFGEGEBEN, AUS ANGST, MICH ZU VERWANDELN...
... ABER DU HAST MIR MUT GEGEBEN. DANKE, TAIYO.
NANAO...
TSSS
NANU?

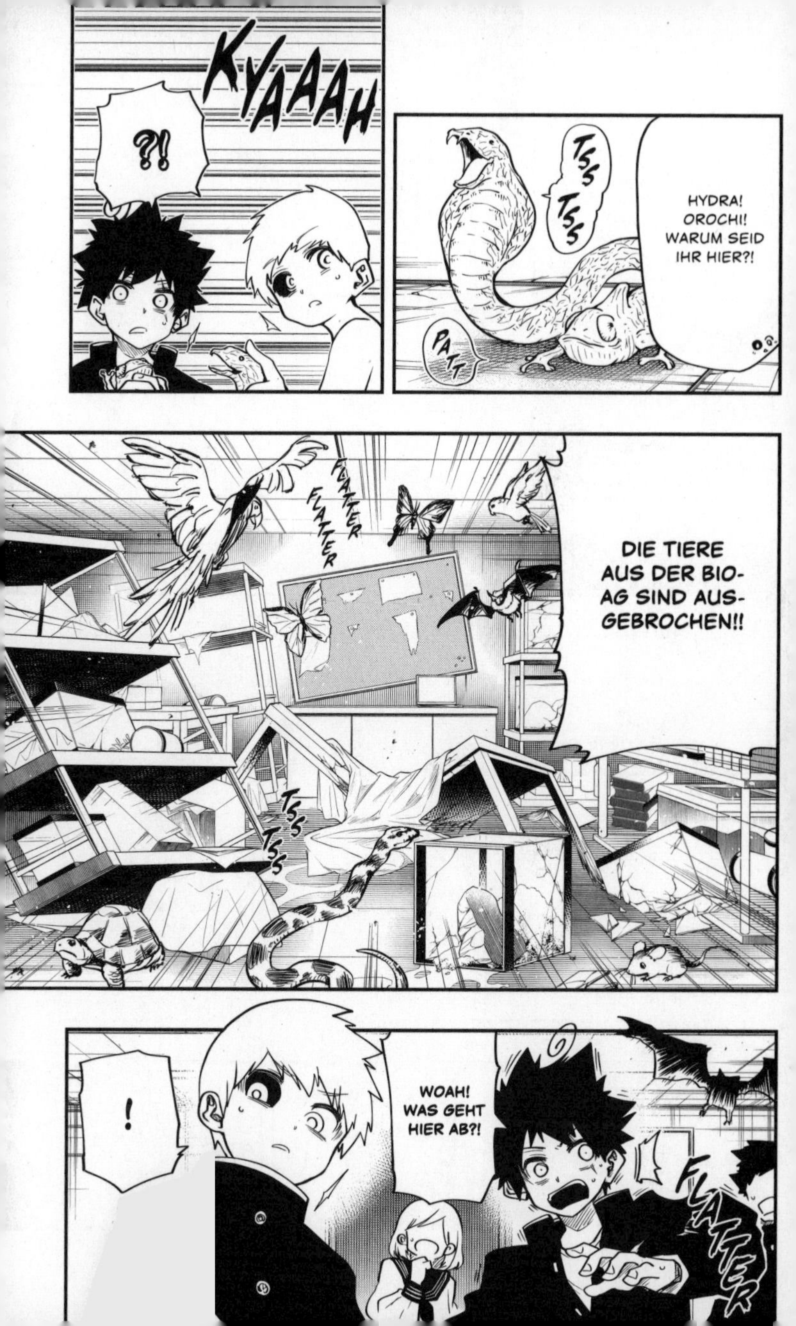
HYDRA!
OROCHI!
WARUM SEID
IHR HIER?!
TSS TSS
PATT
KYAAAH
?!
FLATTER FLATTER
DIE TIERE
AUS DER BIO-
AG SIND AUS-
GEBROCHEN!!
TSS TSS
FLATTER
WOAH!
WAS GEHT
HIER AB?!
!

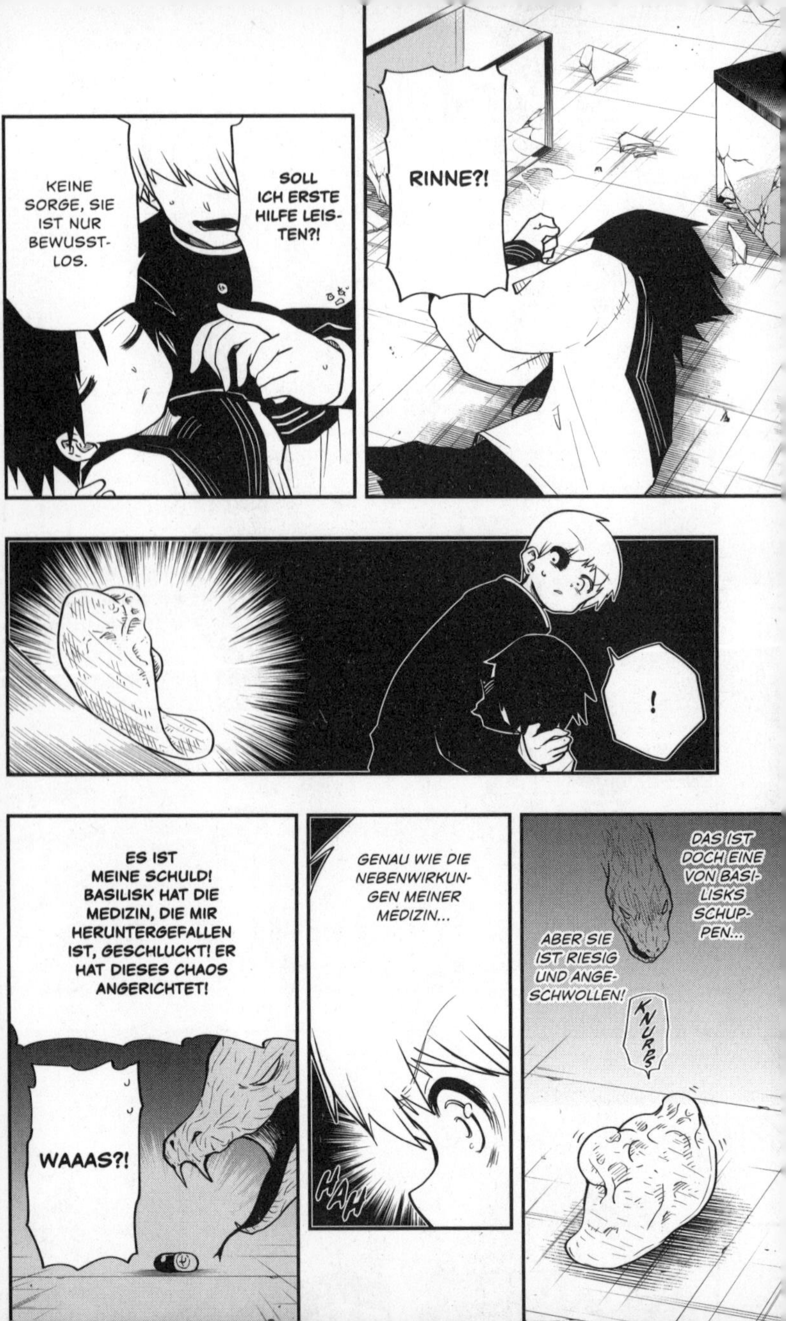
RINNE?!
SOLL ICH ERSTE HILFE LEISTEN?!
KEINE SORGE, SIE IST NUR BEWUSSTLOS.
!
DAS IST DOCH EINE VON BASILISKS SCHUPPEN...
ABER SIE IST RIESIG UND ANGESCHWOLLEN!
KNURPS
GENAU WIE DIE NEBENWIRKUNGEN MEINER MEDIZIN...
HAH
ES IST MEINE SCHULD! BASILISK HAT DIE MEDIZIN, DIE MIR HERUNTERGEFALLEN IST, GESCHLUCKT! ER HAT DIESES CHAOS ANGERICHTET!
WAAAS?!

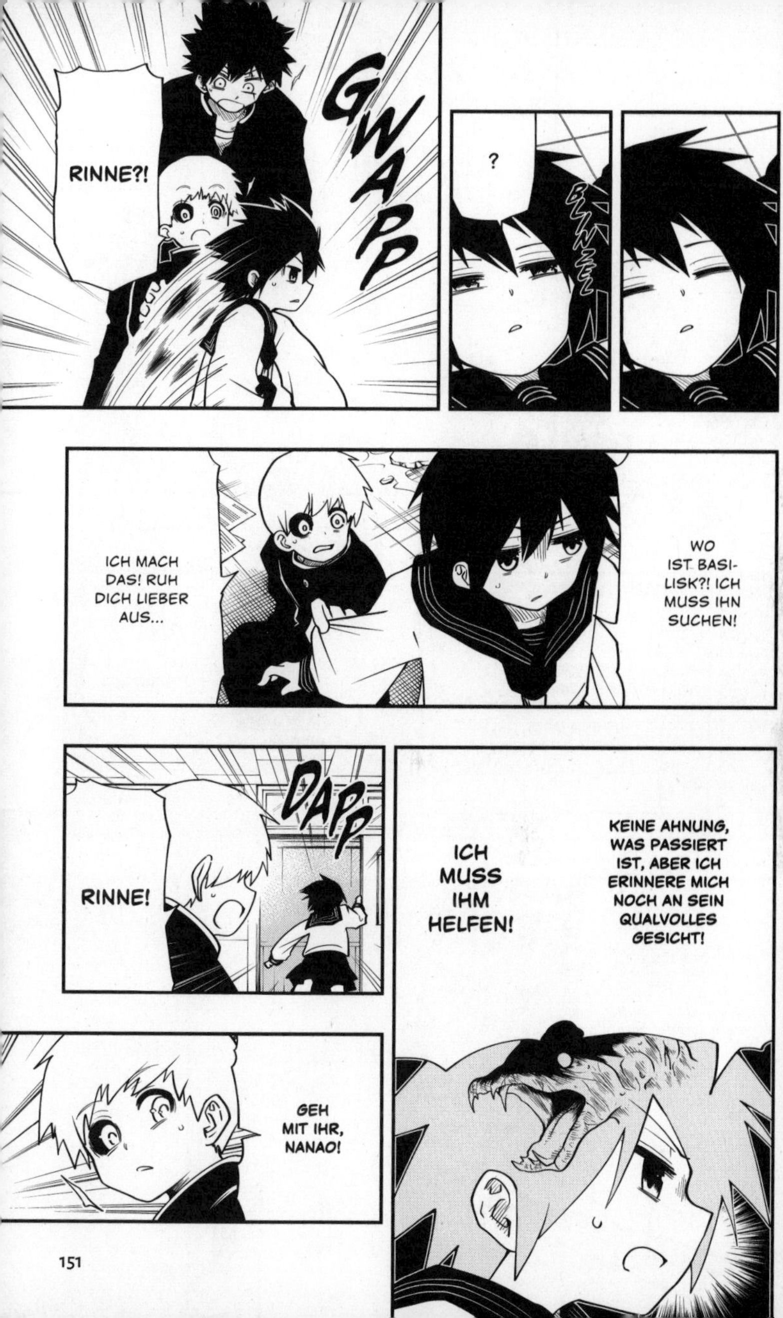

BLINZEL
?
GWAPP
RINNE?!
WO IST BASI-LISK?! ICH MUSS IHN SUCHEN!
ICH MACH DAS! RUH DICH LIEBER AUS...
KEINE AHNUNG, WAS PASSIERT IST, ABER ICH ERINNERE MICH NOCH AN SEIN QUALVOLLES GESICHT!
ICH MUSS IHM HELFEN!
DAPP
RINNE!
GEH MIT IHR, NANAO!

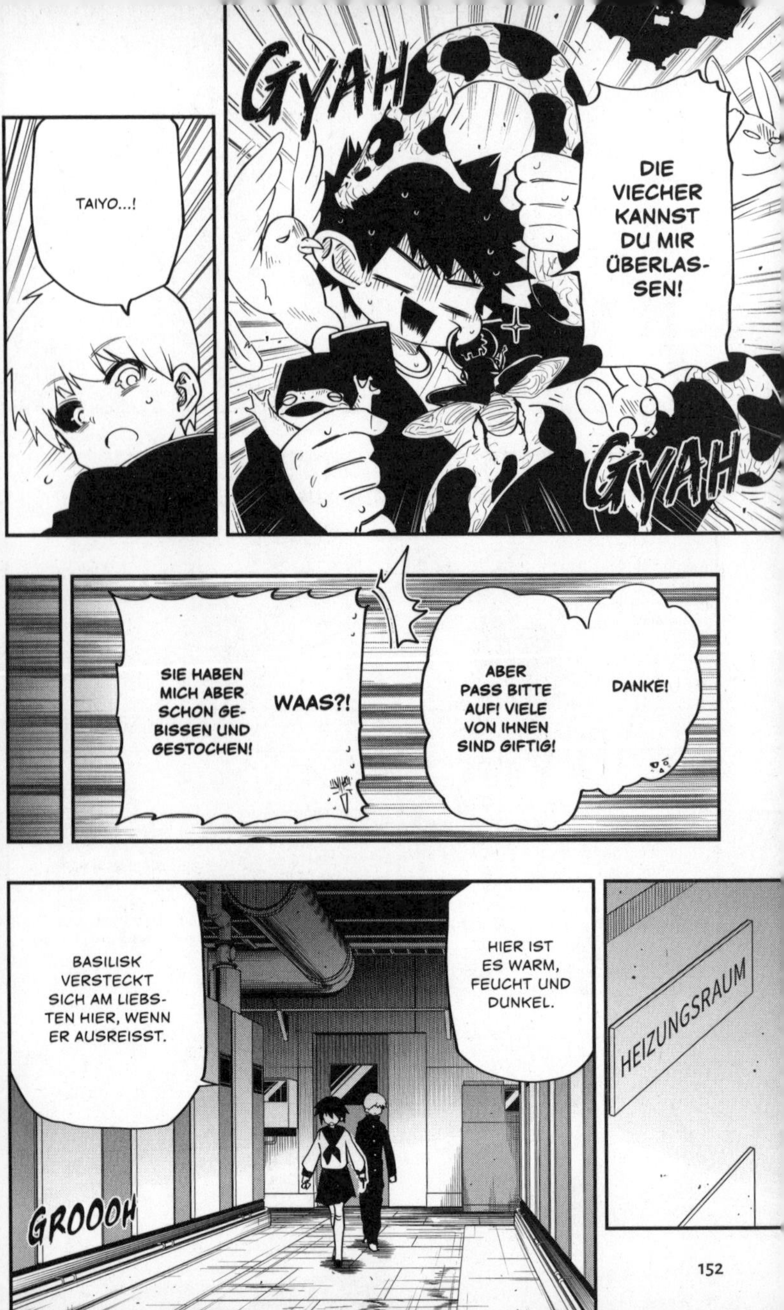
GYAH
DIE VIECHER KANNST DU MIR ÜBERLAS-SEN!
GYAH
TAIYO...!
DANKE!
ABER PASS BITTE AUF! VIELE VON IHNEN SIND GIFTIG!
WAAS?!
SIE HABEN MICH ABER SCHON GE-BISSEN UND GESTOCHEN!
HEIZUNGSRAUM
HIER IST ES WARM, FEUCHT UND DUNKEL.
BASILISK VERSTECKT SICH AM LIEBS-TEN HIER, WENN ER AUSREISST.
GROOOH

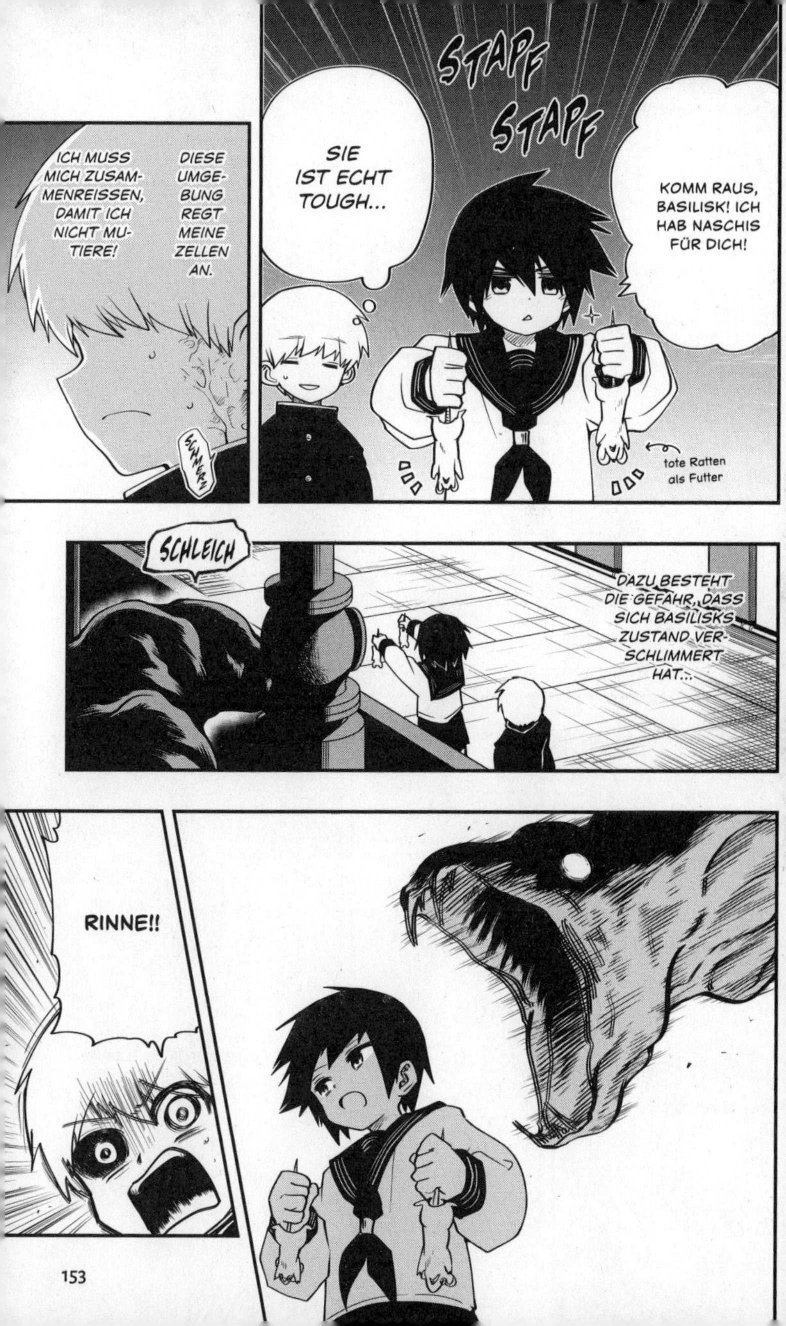
STAPF
STAPF
KOMM RAUS, BASILISK! ICH HAB NASCHIS FÜR DICH!
SIE IST ECHT TOUGH...
tote Ratten als Futter
DIESE UMGE-BUNG REGT MEINE ZELLEN AN.
ICH MUSS MICH ZUSAM-MENREISSEN, DAMIT ICH NICHT MU-TIERE!
SCHMERZ
SCHLEICH
DAZU BESTEHT DIE GEFAHR, DASS SICH BASILISKS ZUSTAND VER-SCHLIMMERT HAT...
RINNE!!

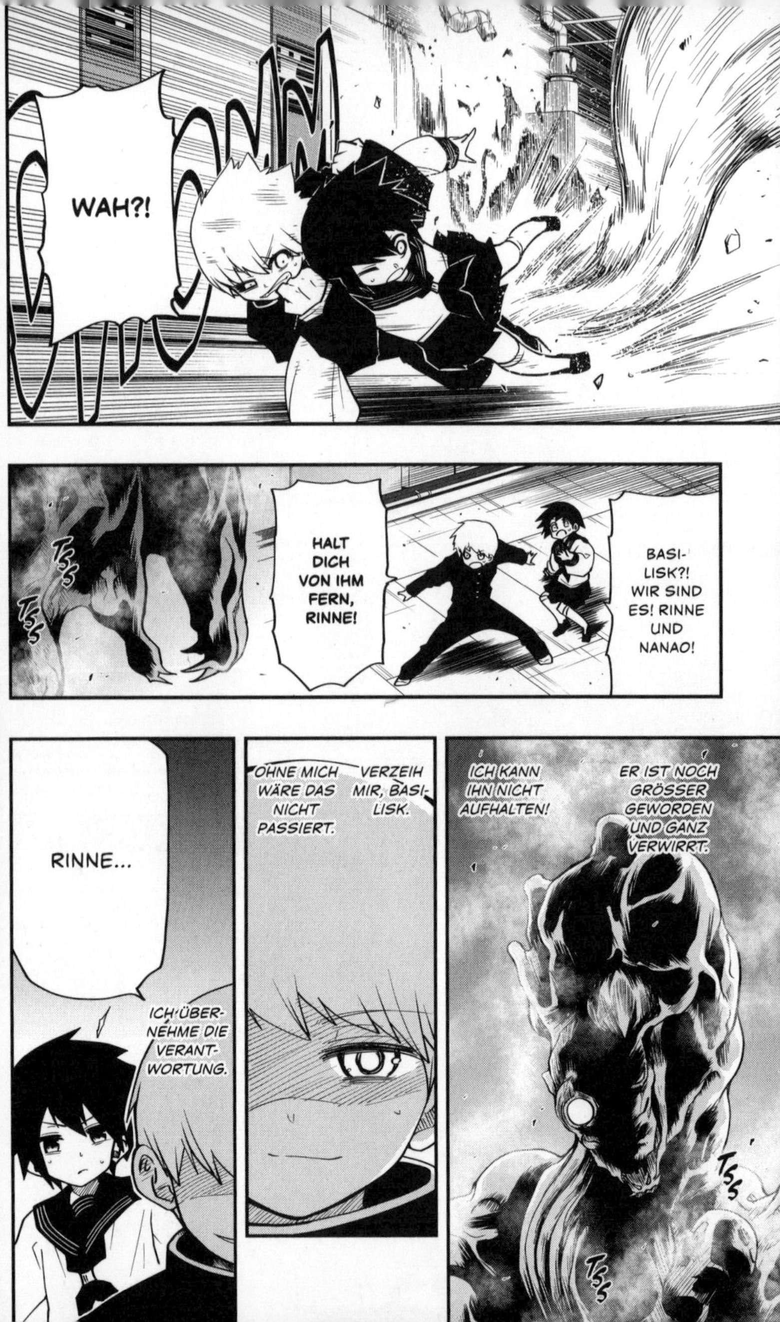
WAH?!
BASILISK?! WIR SIND ES! RINNE UND NANAO!
HALT DICH VON IHM FERN, RINNE!
TSS
TSS
ER IST NOCH GRÖSSER GEWORDEN UND GANZ VERWIRRT.
ICH KANN IHN NICHT AUFHALTEN!
TSS
TSS
VERZEIH MIR, BASILISK.
OHNE MICH WÄRE DAS NICHT PASSIERT.
RINNE...
ICH ÜBERNEHME DIE VERANTWORTUNG.

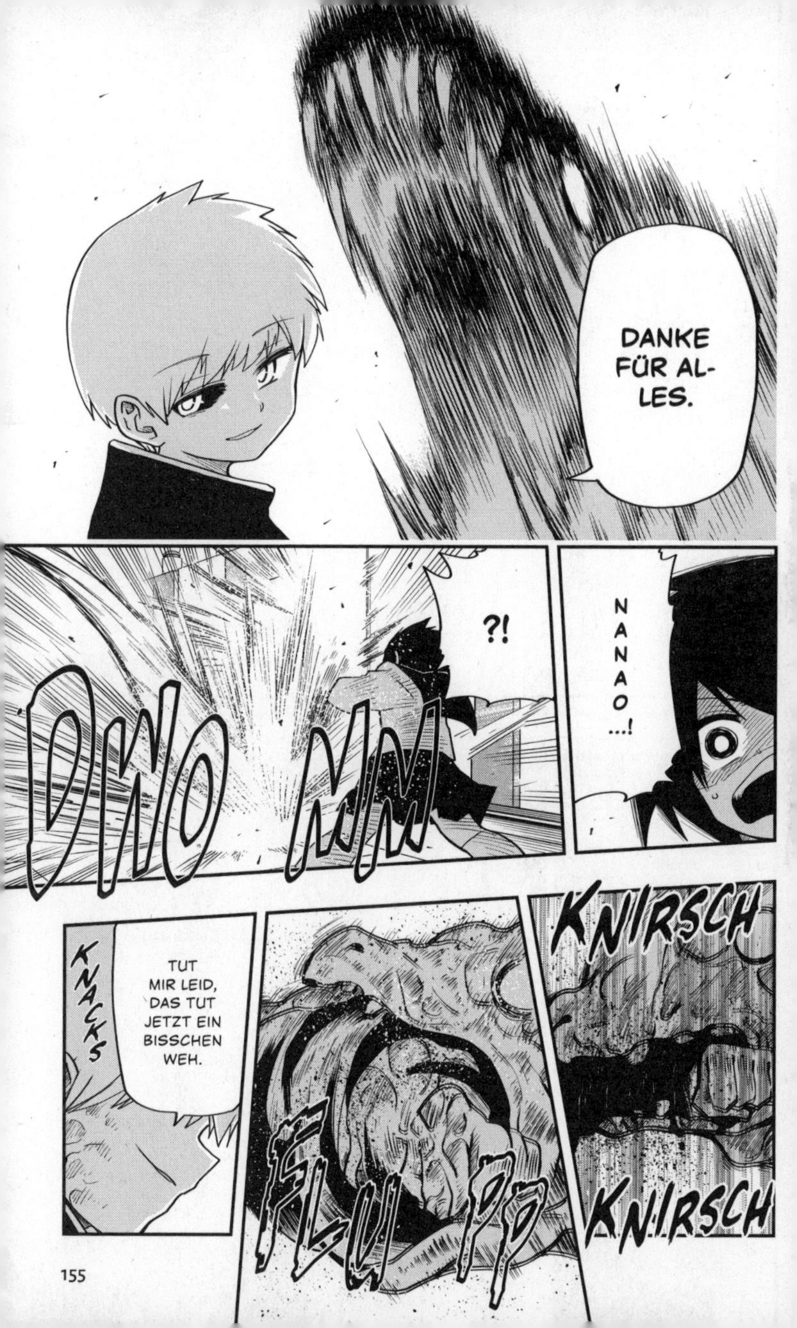
DANKE FÜR AL-LES.
NANAO ...!
?!
DWOMM
KNIRSCH
KNIRSCH
FLUPP
TUT MIR LEID, DAS TUT JETZT EIN BISSCHEN WEH.
KNACKS

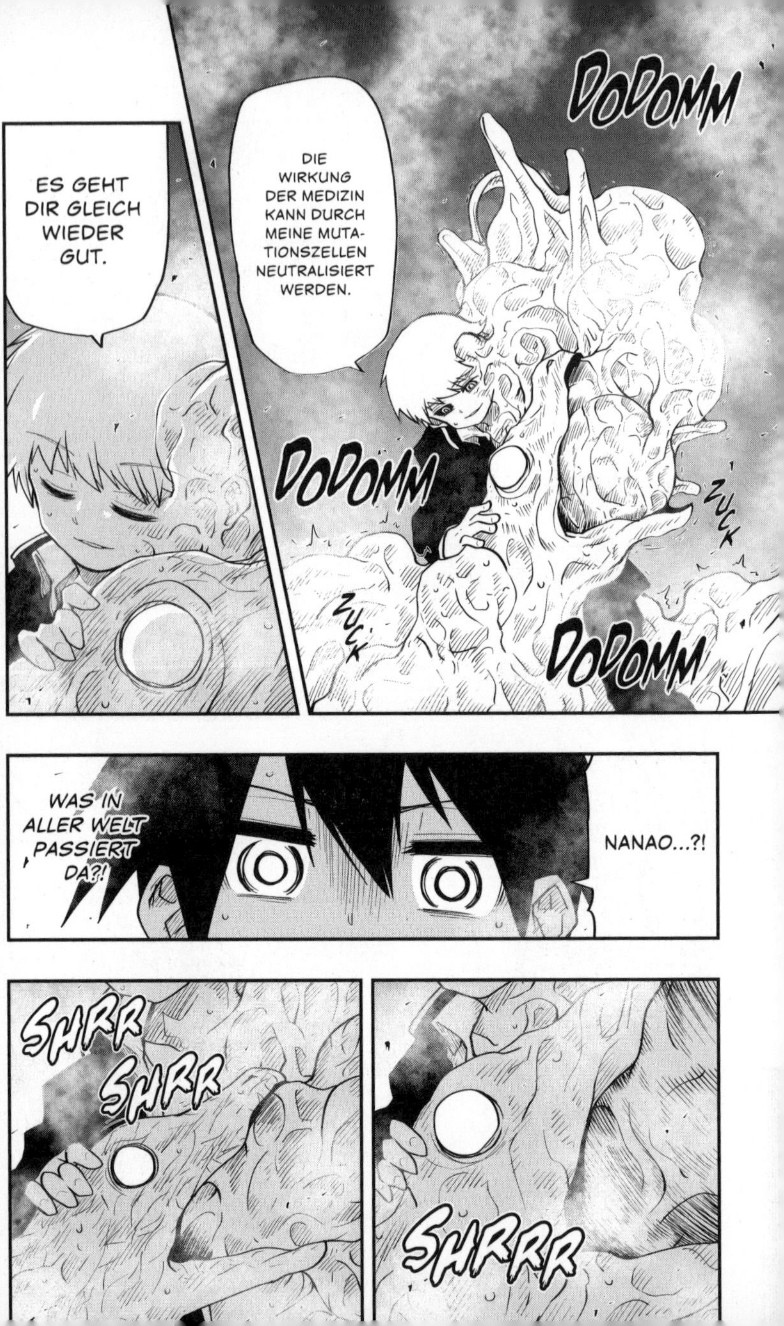
DODOMM
DIE WIRKUNG DER MEDIZIN KANN DURCH MEINE MUTATIONSZELLEN NEUTRALISIERT WERDEN.
DODOMM
ZUCK
ZUCK
DODOMM
ES GEHT DIR GLEICH WIEDER GUT.
NANAO...?!
WAS IN ALLER WELT PASSIERT DA?!
SHRRR
SHRR
SHRR

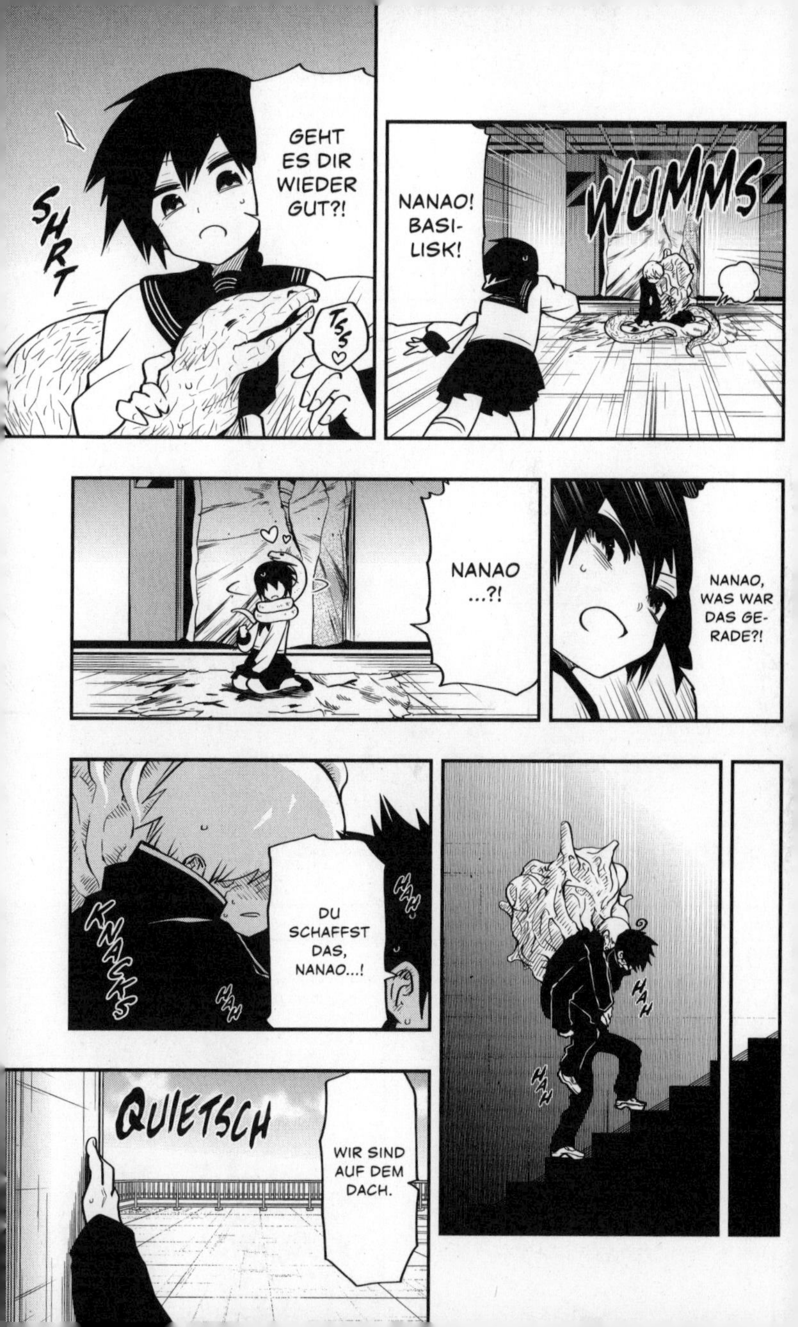
NANAO! BASILISK!
WUMMS
GEHT ES DIR WIEDER GUT?!
SHRT
TSS ♡
NANAO, WAS WAR DAS GERADE?!
NANAO ...?!
HAH
HAH
DU SCHAFFST DAS, NANAO...!
HAH
KNACKS
HAH
QUIETSCH
WIR SIND AUF DEM DACH.

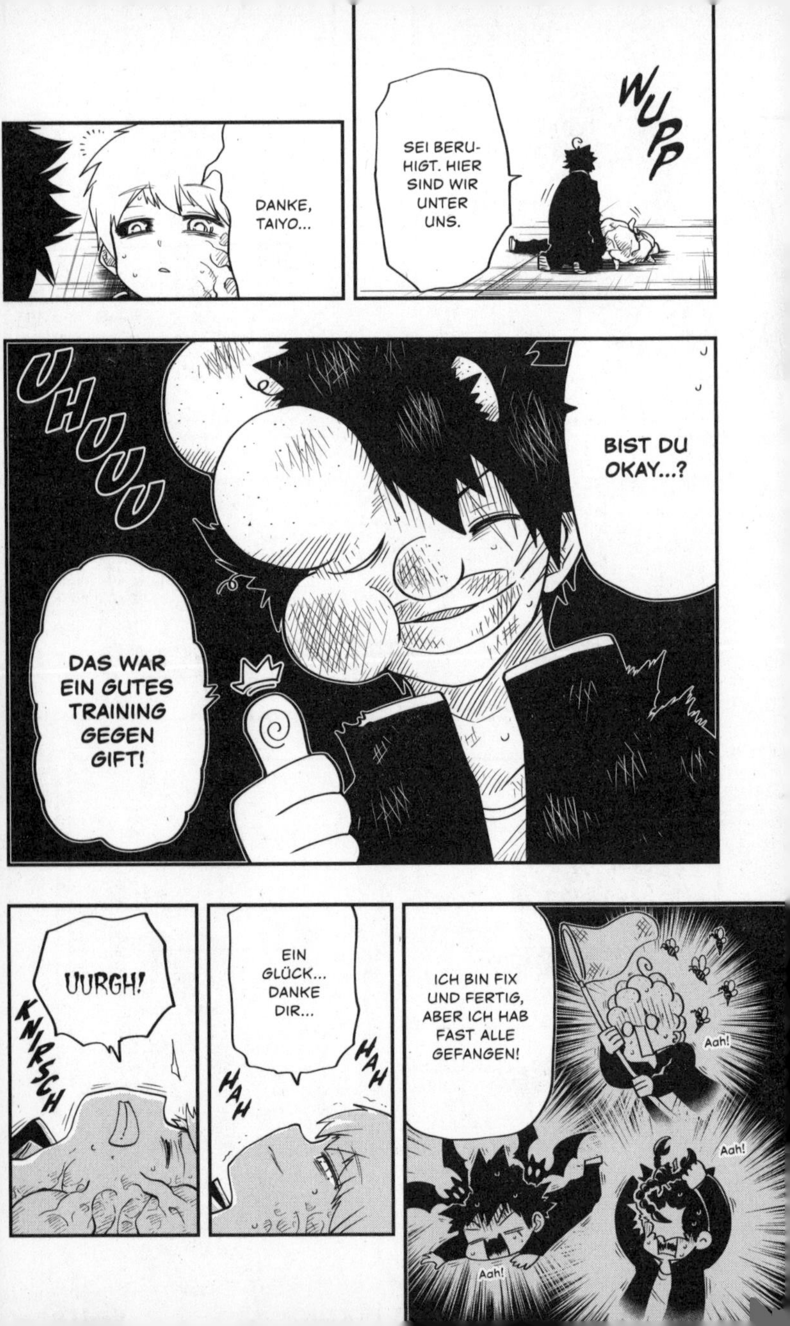
WUPP
SEI BERUHIGT. HIER SIND WIR UNTER UNS.
DANKE, TAIYO...
BIST DU OKAY...?
UHUUU
DAS WAR EIN GUTES TRAINING GEGEN GIFT!
ICH BIN FIX UND FERTIG, ABER ICH HAB FAST ALLE GEFANGEN!
Aah!
Aah!
Aah!
EIN GLÜCK... DANKE DIR...
HAH HAH
UURGH!
KNIRSCH

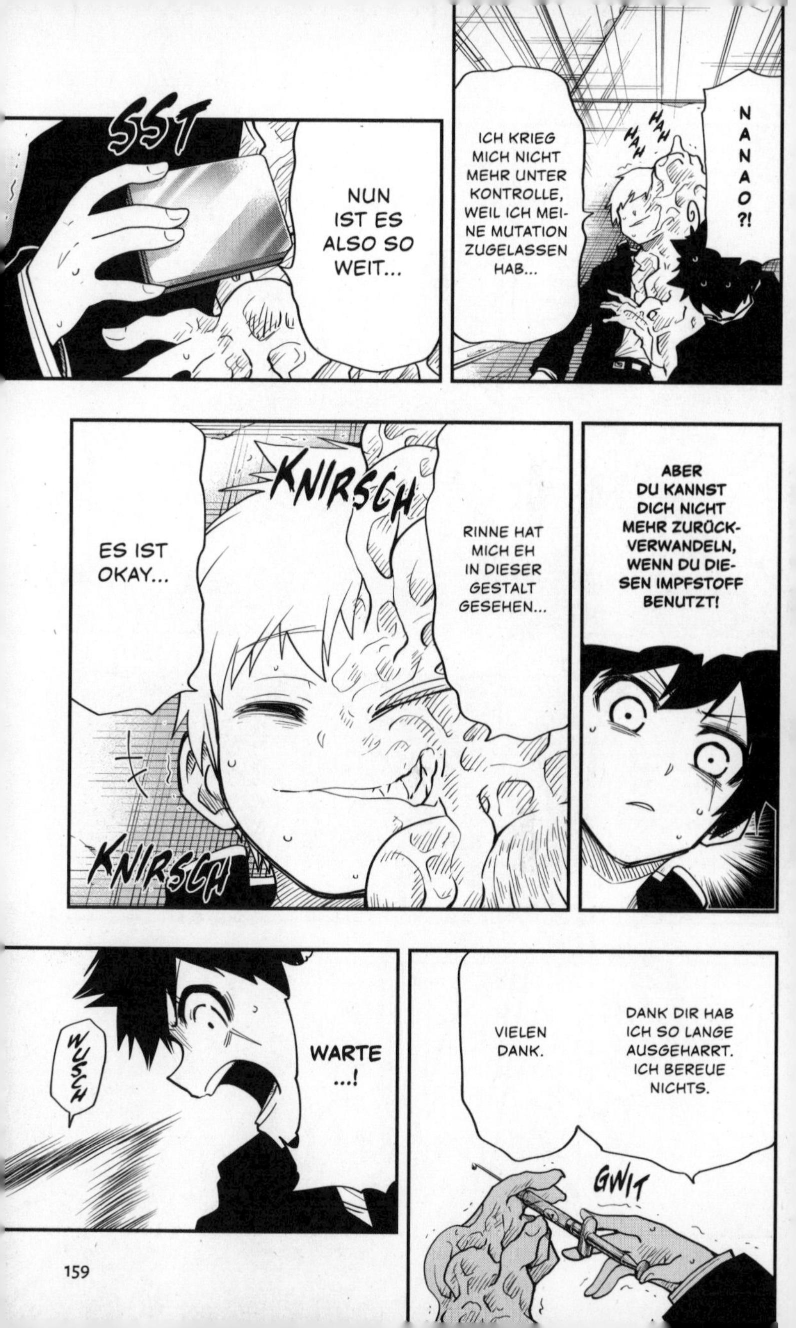
NANAO ?!
HAH HAH
ICH KRIEG MICH NICHT MEHR UNTER KONTROLLE, WEIL ICH MEINE MUTATION ZUGELASSEN HAB...
SST
NUN IST ES ALSO SO WEIT...
ABER DU KANNST DICH NICHT MEHR ZURÜCKVERWANDELN, WENN DU DIESEN IMPFSTOFF BENUTZT!
KNIRSCH
RINNE HAT MICH EH IN DIESER GESTALT GESEHEN...
ES IST OKAY...
KNIRSCH
DANK DIR HAB ICH SO LANGE AUSGEHARRT. ICH BEREUE NICHTS.
VIELEN DANK.
GWIT
WARTE ...!
WUSCH

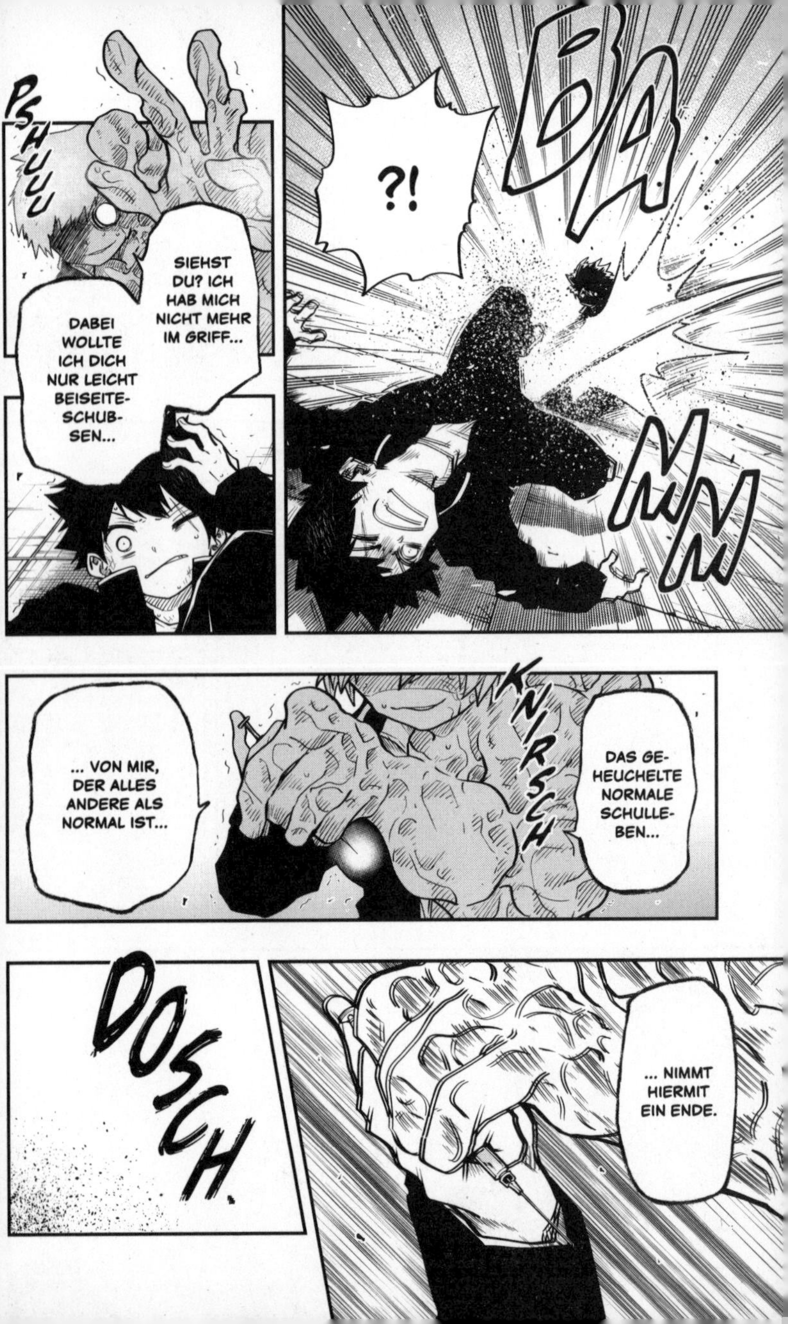
DAMM
?!
PSHUUU
SIEHST DU? ICH HAB MICH NICHT MEHR IM GRIFF...
DABEI WOLLTE ICH DICH NUR LEICHT BEISEITE-SCHUB-SEN...
DAS GE-HEUCHELTE NORMALE SCHULLE-BEN...
KNIRSCH
... VON MIR, DER ALLES ANDERE ALS NORMAL IST...
... NIMMT HIERMIT EIN ENDE.
DOSCH

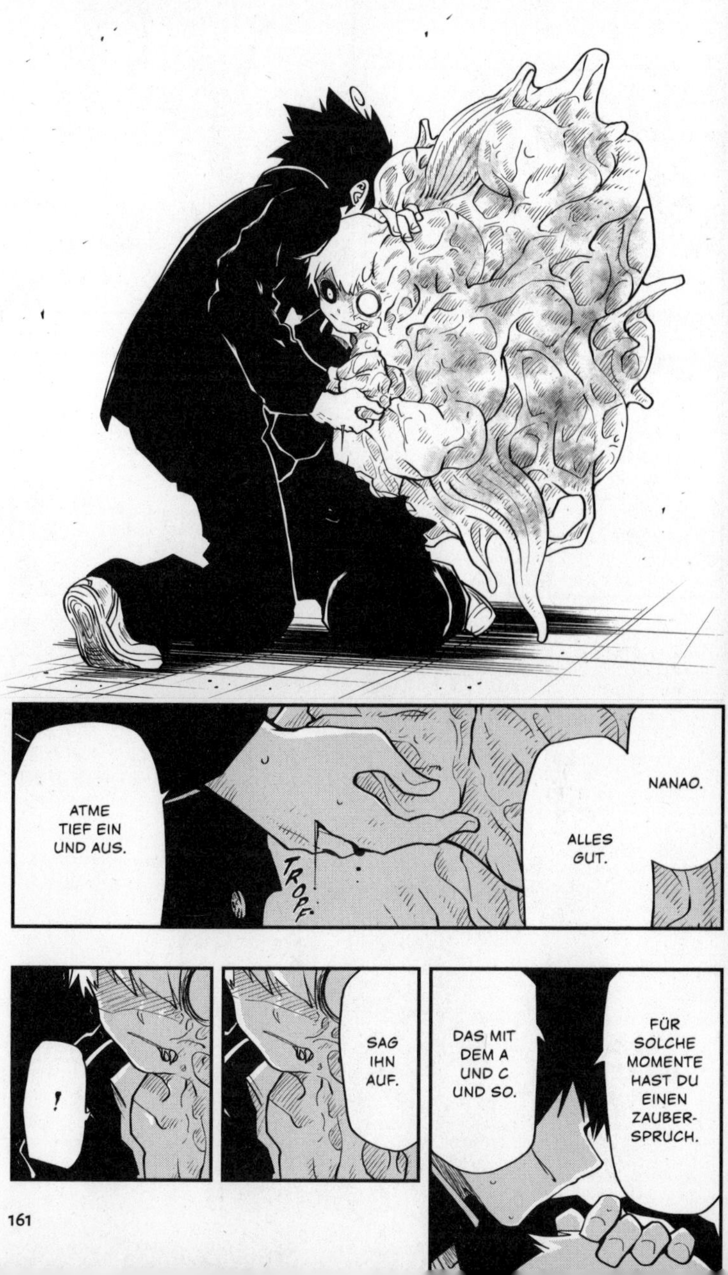
NANAO.
ALLES GUT.
ATME TIEF EIN UND AUS.
TROPF
FÜR SOLCHE MOMENTE HAST DU EINEN ZAUBERSPRUCH.
DAS MIT DEM A UND C UND SO.
SAG IHN AUF.
!

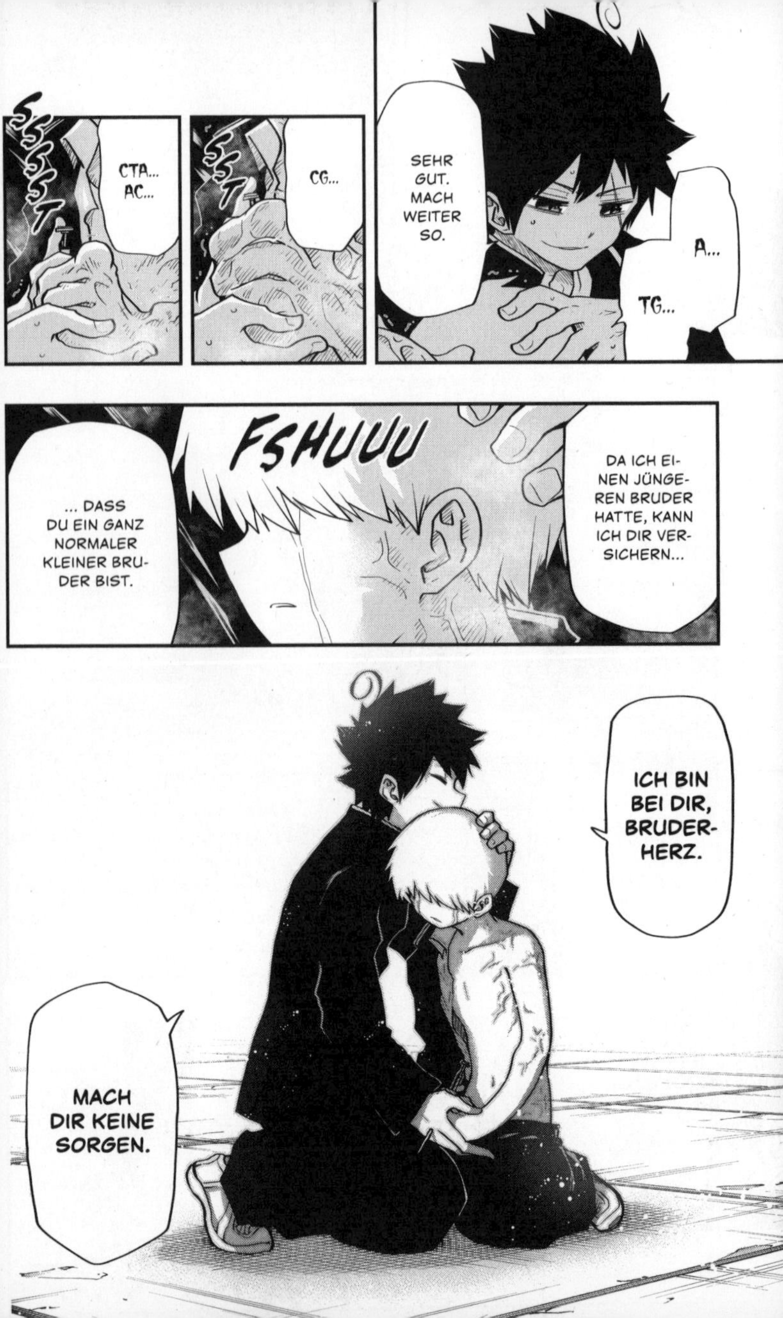
A...
TG...
SEHR GUT. MACH WEITER SO.
SSST
CG...
SSSST
CTA... AC...
DA ICH EI-NEN JÜNGE-REN BRUDER HATTE, KANN ICH DIR VER-SICHERN...
FSHUUU
... DASS DU EIN GANZ NORMALER KLEINER BRU-DER BIST.
ICH BIN BEI DIR, BRUDER-HERZ.
MACH DIR KEINE SORGEN.

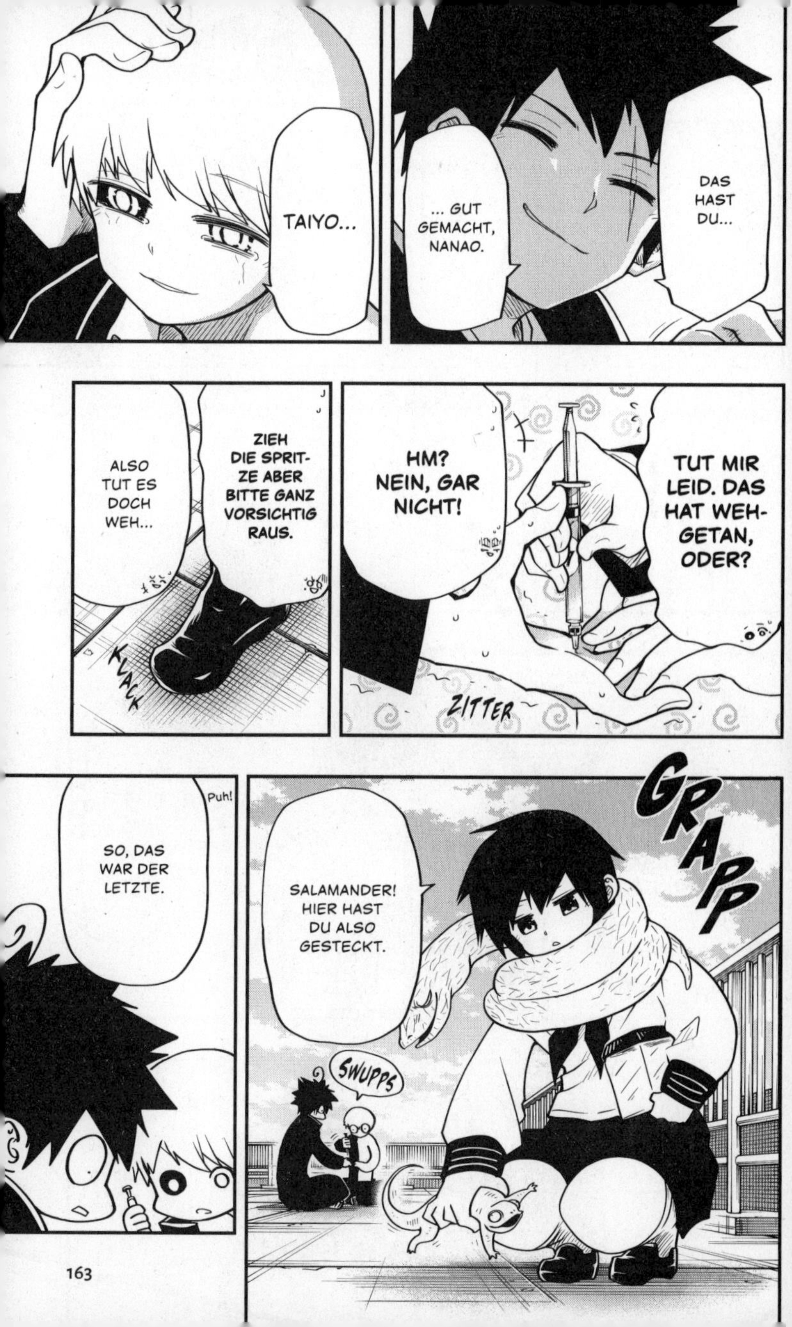
DAS HAST DU...
... GUT GEMACHT, NANAO.
TAIYO...
TUT MIR LEID. DAS HAT WEH-GETAN, ODER?
HM? NEIN, GAR NICHT!
ZITTER
ZIEH DIE SPRIT-ZE ABER BITTE GANZ VORSICHTIG RAUS.
ALSO TUT ES DOCH WEH...
KLACK
GRAPP
SALAMANDER! HIER HAST DU ALSO GESTECKT.
SWUPPS
Puh!
SO, DAS WAR DER LETZTE.

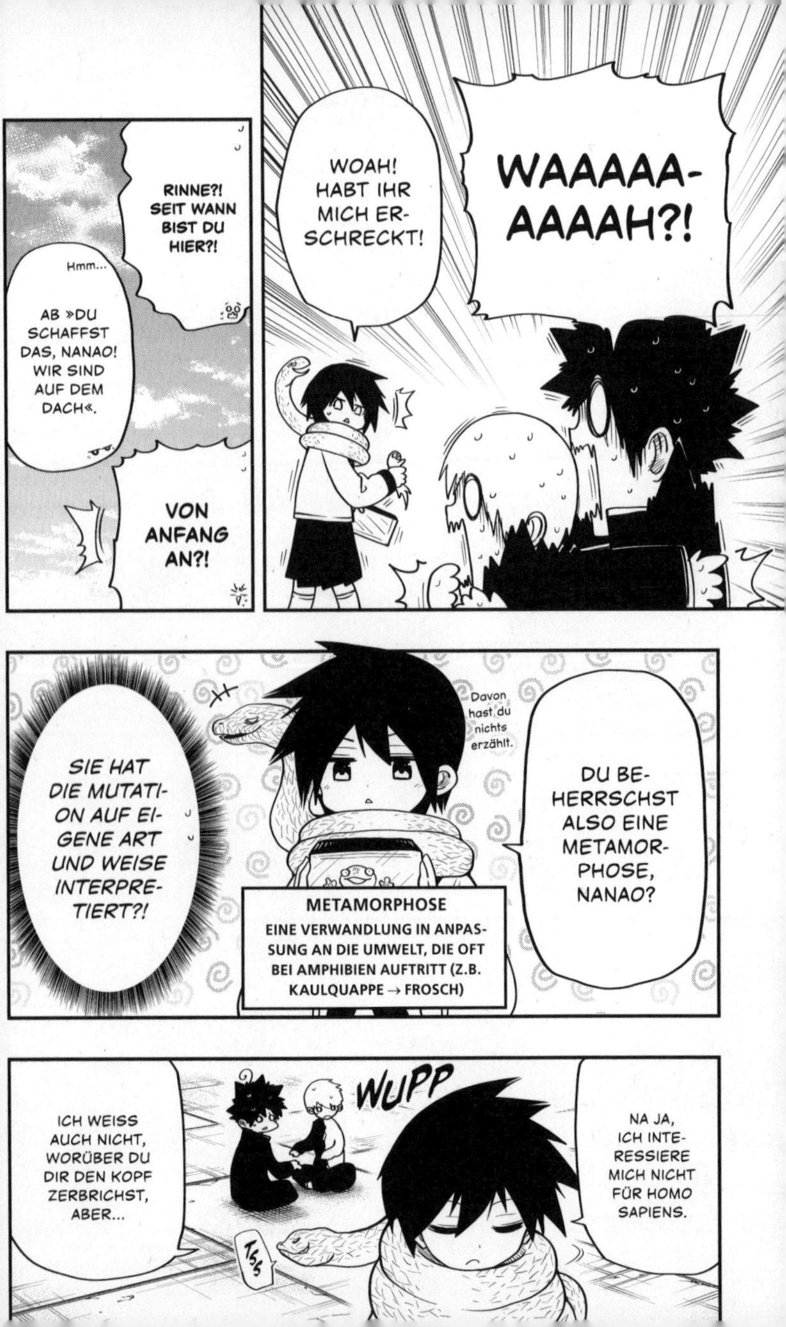
WAAAAA-AAAAH?!
WOAH! HABT IHR MICH ERSCHRECKT!
RINNE?! SEIT WANN BIST DU HIER?!
Hmm...
AB »DU SCHAFFST DAS, NANAO! WIR SIND AUF DEM DACH«.
VON ANFANG AN?!
Davon hast du nichts erzählt.
DU BEHERRSCHST ALSO EINE METAMORPHOSE, NANAO?
METAMORPHOSE
EINE VERWANDLUNG IN ANPASSUNG AN DIE UMWELT, DIE OFT BEI AMPHIBIEN AUFTRITT (Z.B. KAULQUAPPE → FROSCH)
SIE HAT DIE MUTATION AUF EIGENE ART UND WEISE INTERPRETIERT?!
NA JA, ICH INTERESSIERE MICH NICHT FÜR HOMO SAPIENS.
WUPP
TSS
ICH WEISS AUCH NICHT, WORÜBER DU DIR DEN KOPF ZERBRICHST, ABER...

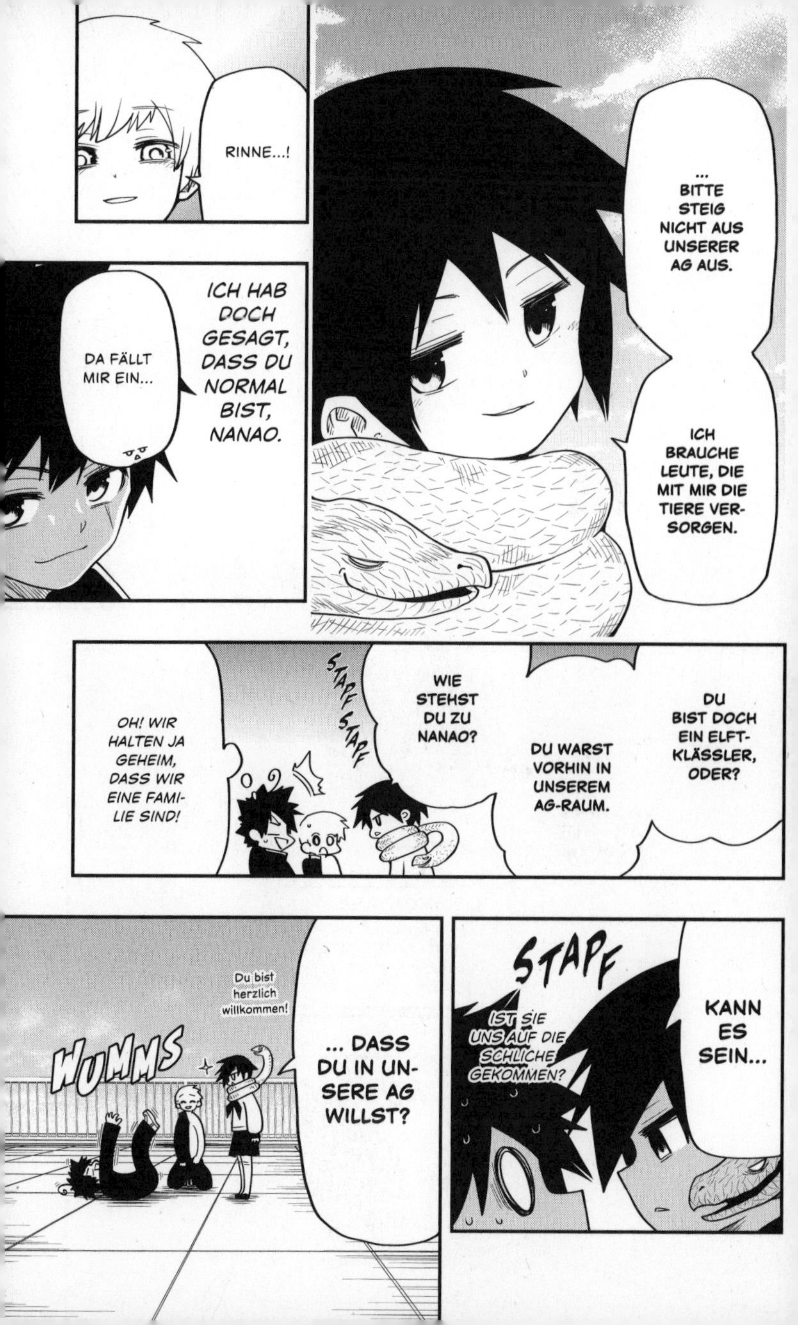
... BITTE STEIG NICHT AUS UNSERER AG AUS.
ICH BRAUCHE LEUTE, DIE MIT MIR DIE TIERE VERSORGEN.
RINNE...!
ICH HAB DOCH GESAGT, DASS DU NORMAL BIST, NANAO.
DA FÄLLT MIR EIN...
DU BIST DOCH EIN ELFTKLÄSSLER, ODER?
DU WARST VORHIN IN UNSEREM AG-RAUM.
WIE STEHST DU ZU NANAO?
STAPF STAPF
OH! WIR HALTEN JA GEHEIM, DASS WIR EINE FAMILIE SIND!
KANN ES SEIN...
STAPF
IST SIE UNS AUF DIE SCHLICHE GEKOMMEN?
... DASS DU IN UNSERE AG WILLST?
Du bist herzlich willkommen!
WUMMS

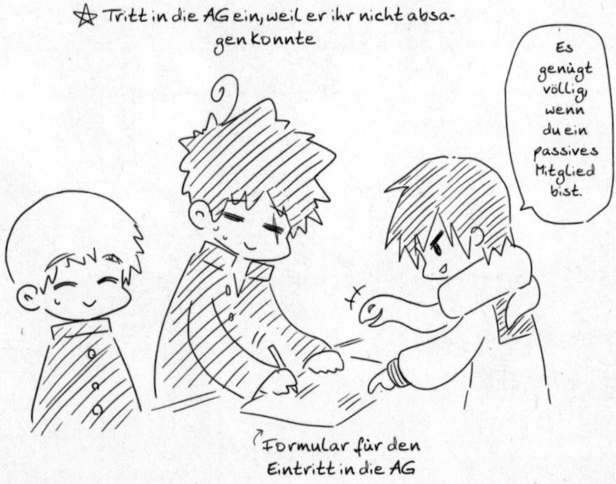
☆ Tritt in die AG ein, weil er ihr nicht absagen konnte
Es genügt völlig, wenn du ein passives Mitglied bist.
Formular für den Eintritt in die AG

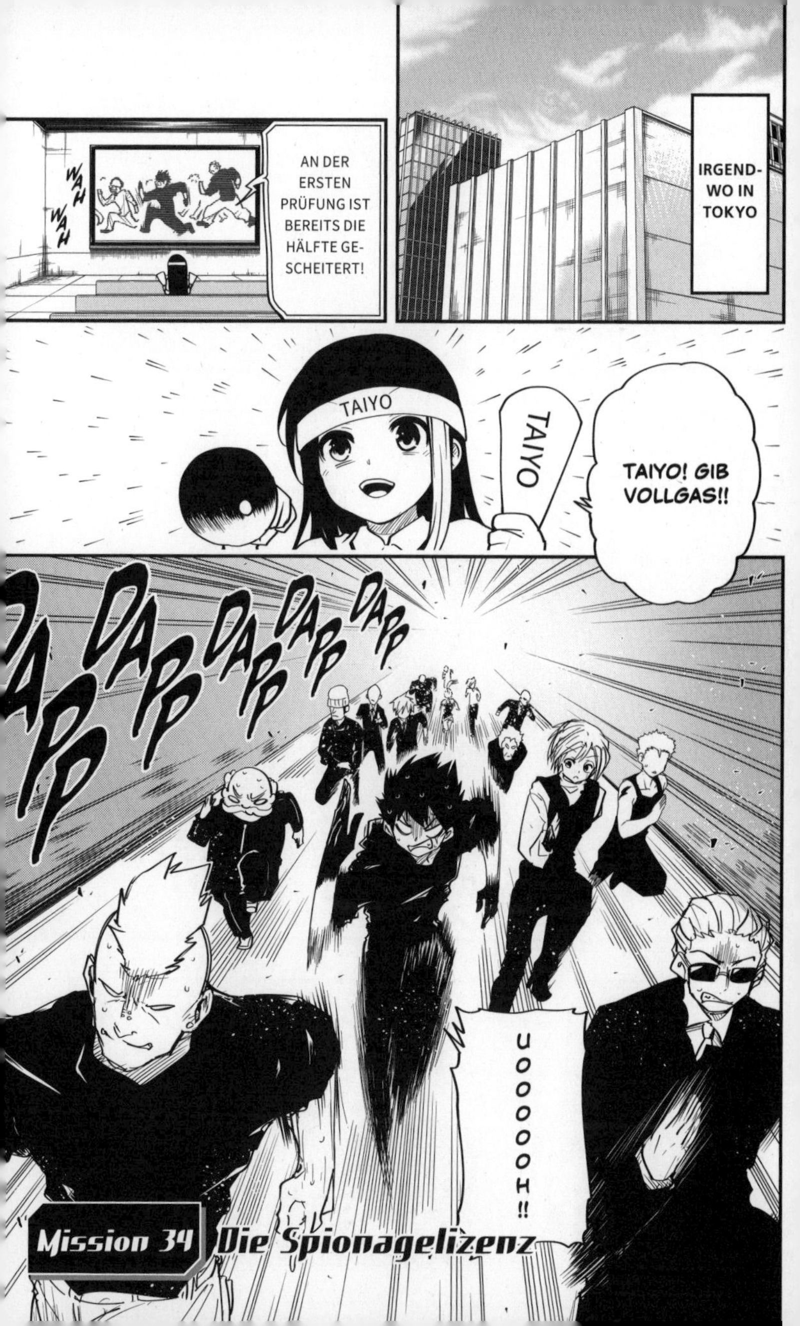
IRGEND-
WO IN
TOKYO
AN DER ERSTEN PRÜFUNG IST BEREITS DIE HÄLFTE GESCHEITERT!
WAH WAH
TAIYO! GIB VOLLGAS!!
TAIYO
TAIYO
DAPP DAPP DAPP DAPP DAPP DAPP
UOOOOOOH!!
Mission 34
Die Spionagelizenz

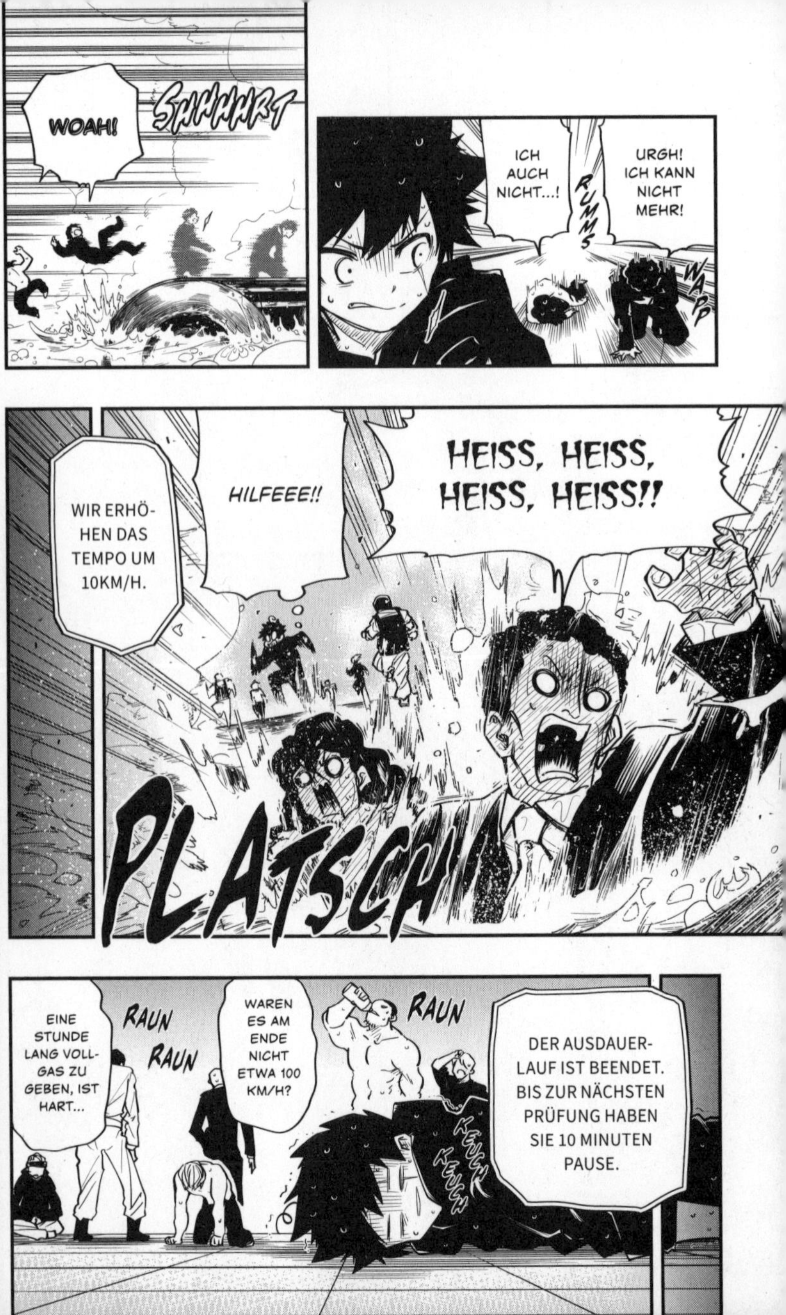

URGH! ICH KANN NICHT MEHR!
ICH AUCH NICHT...!
RUMMS
WAPP
WOAH!
HEISS, HEISS, HEISS, HEISS!!
HILFEEE!!
WIR ERHÖ-HEN DAS TEMPO UM 10KM/H.
PLATSCH
DER AUSDAUER-LAUF IST BEENDET. BIS ZUR NÄCHSTEN PRÜFUNG HABEN SIE 10 MINUTEN PAUSE.
KEUCH KEUCH
RAUN
WAREN ES AM ENDE NICHT ETWA 100 KM/H?
RAUN RAUN
EINE STUNDE LANG VOLL-GAS ZU GEBEN, IST HART...

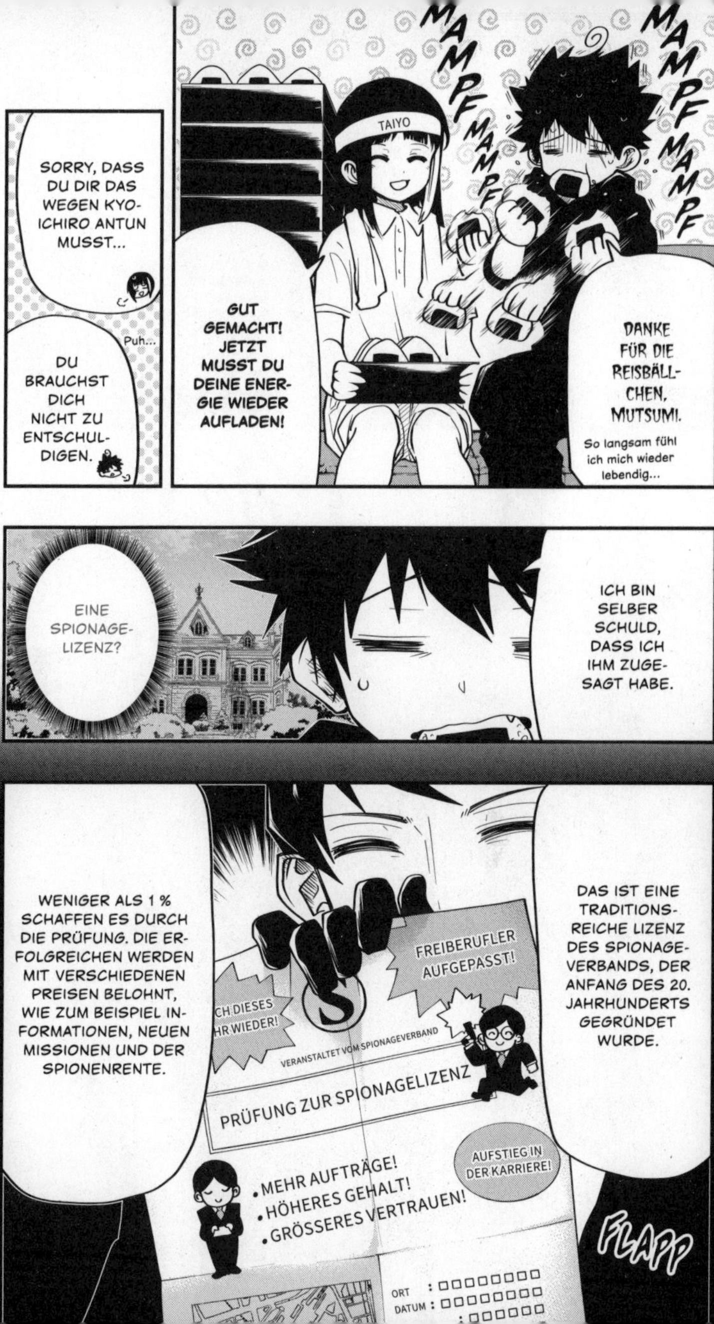
MAMPF MAMPF MAMPF
MAMPF MAMPF MAMPF
TAIYO
DANKE FÜR DIE REISBÄLL-CHEN, MUTSUMI.
So langsam fühl ich mich wieder lebendig...
GUT GEMACHT! JETZT MUSST DU DEINE ENER-GIE WIEDER AUFLADEN!
SORRY, DASS DU DIR DAS WEGEN KYO-ICHIRO ANTUN MUSST...
Puh...
DU BRAUCHST DICH NICHT ZU ENTSCHUL-DIGEN.
ICH BIN SELBER SCHULD, DASS ICH IHM ZUGE-SAGT HABE.
EINE SPIONAGE-LIZENZ?
DAS IST EINE TRADITIONS-REICHE LIZENZ DES SPIONAGE-VERBANDS, DER ANFANG DES 20. JAHRHUNDERTS GEGRÜNDET WURDE.
WENIGER ALS 1 % SCHAFFEN ES DURCH DIE PRÜFUNG. DIE ER-FOLGREICHEN WERDEN MIT VERSCHIEDENEN PREISEN BELOHNT, WIE ZUM BEISPIEL IN-FORMATIONEN, NEUEN MISSIONEN UND DER SPIONENRENTE.
FREIBERUFLER AUFGEPASST!
CH DIESES HR WIEDER!
VERANSTALTET VOM SPIONAGEVERBAND
PRÜFUNG ZUR SPIONAGELIZENZ
AUFSTIEG IN DER KARRIERE!
• MEHR AUFTRÄGE!
• HÖHERES GEHALT!
• GRÖSSERES VERTRAUEN!
ORT
DATUM
FLAPP

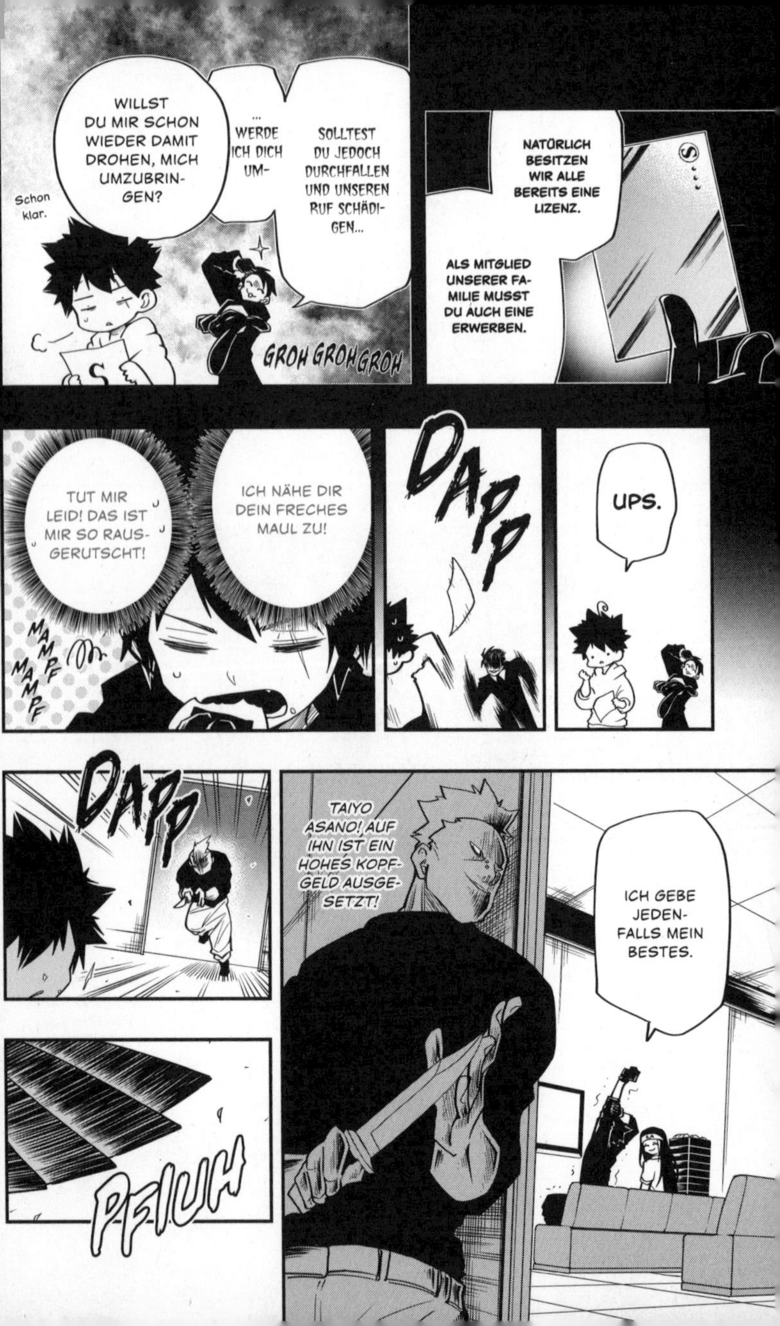

NATÜRLICH BESITZEN WIR ALLE BEREITS EINE LIZENZ.
ALS MITGLIED UNSERER FAMILIE MUSST DU AUCH EINE ERWERBEN.
SOLLTEST DU JEDOCH DURCHFALLEN UND UNSEREN RUF SCHÄDIGEN...
... WERDE ICH DICH UM-
WILLST DU MIR SCHON WIEDER DAMIT DROHEN, MICH UMZUBRINGEN?
Schon klar.
GROH GROH GROH
UPS.
DAPP
ICH NÄHE DIR DEIN FRECHES MAUL ZU!
TUT MIR LEID! DAS IST MIR SO RAUSGERUTSCHT!
MAMPF MAMPF
ICH GEBE JEDENFALLS MEIN BESTES.
TAIYO ASANO! AUF IHN IST EIN HOHES KOPFGELD AUSGESETZT!
DAPP
PFIUH

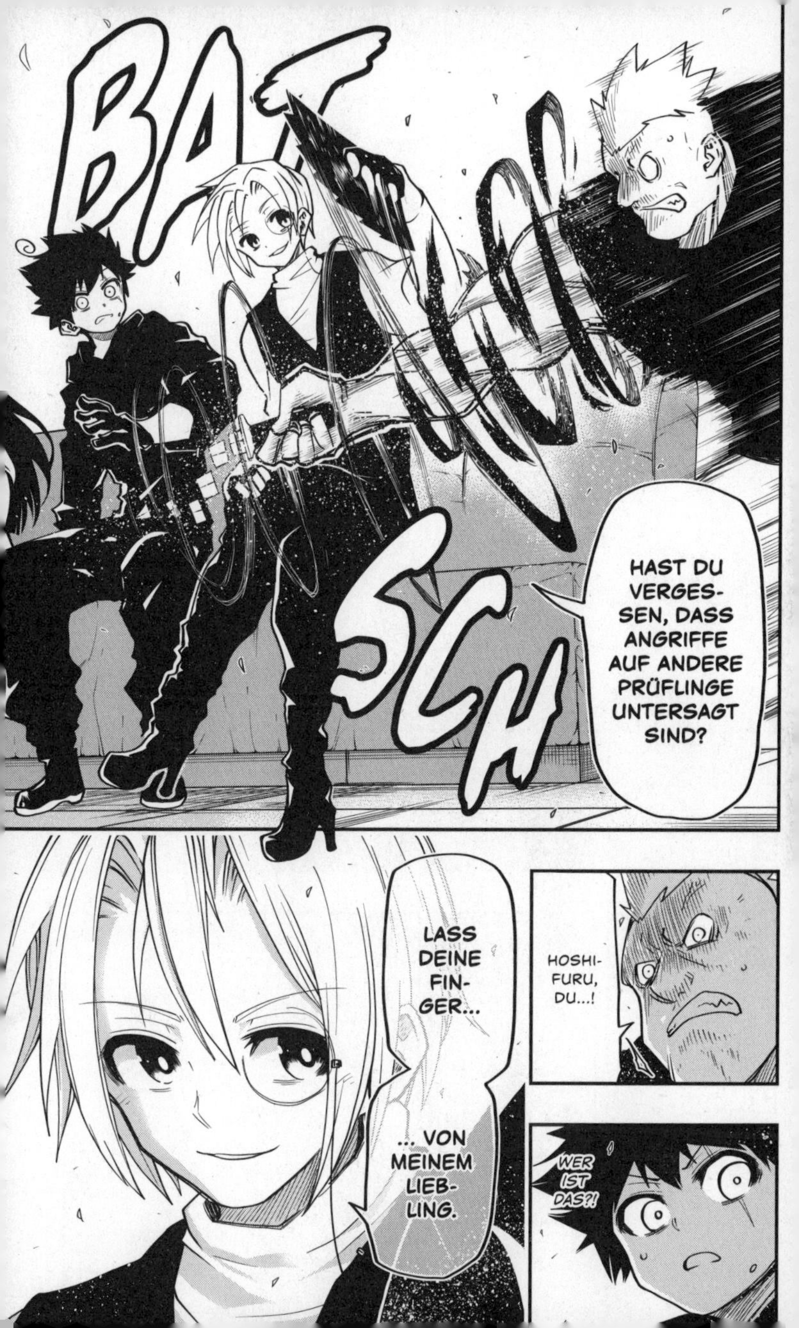
BATSCH
HAST DU VERGES-SEN, DASS ANGRIFFE AUF ANDERE PRÜFLINGE UNTERSAGT SIND?
HOSHI-FURU, DU...!
LASS DEINE FIN-GER...
... VON MEINEM LIEB-LING.
WER IST DAS?!

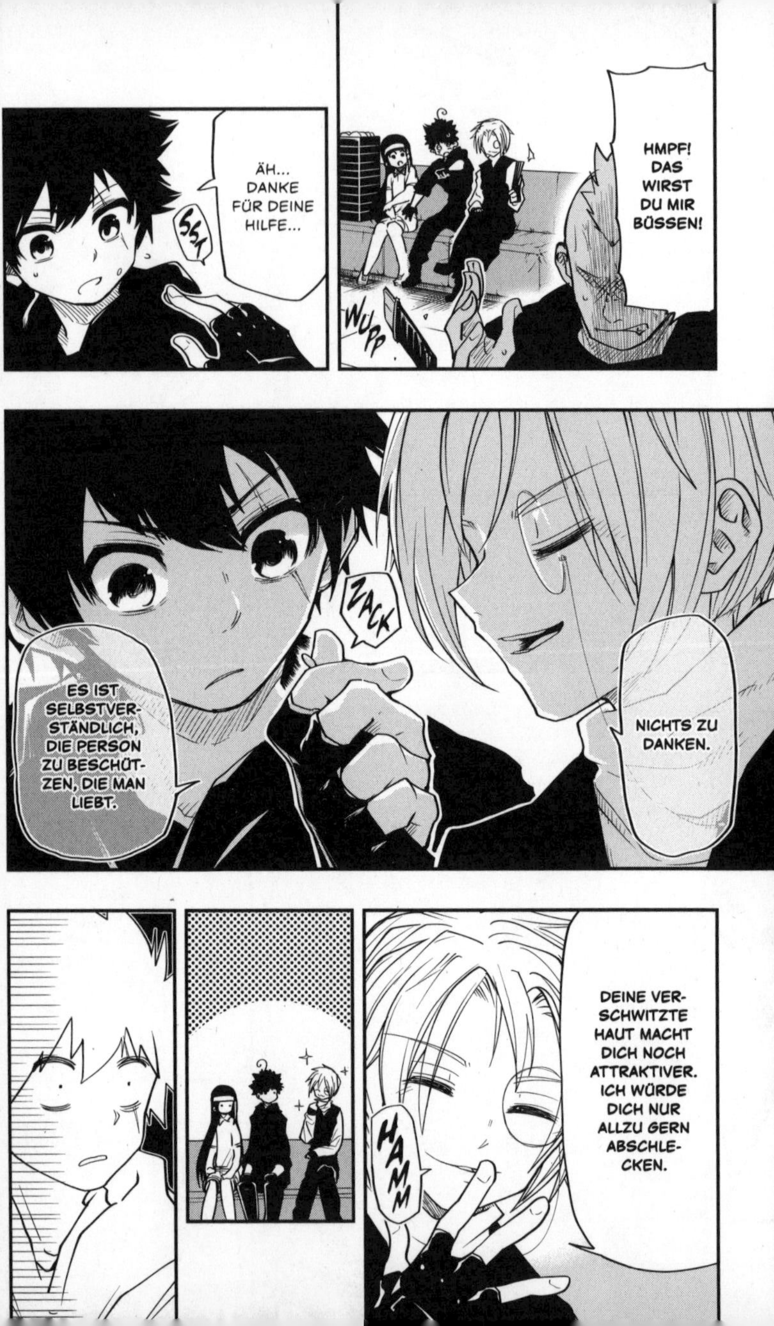
HMPF! DAS WIRST DU MIR BÜSSEN!
WUPP
ÄH... DANKE FÜR DEINE HILFE...
NICHTS ZU DANKEN.
ZACK
ES IST SELBSTVER-STÄNDLICH, DIE PERSON ZU BESCHÜT-ZEN, DIE MAN LIEBT.
DEINE VER-SCHWITZTE HAUT MACHT DICH NOCH ATTRAKTIVER. ICH WÜRDE DICH NUR ALLZU GERN ABSCHLE-CKEN.
HAMM

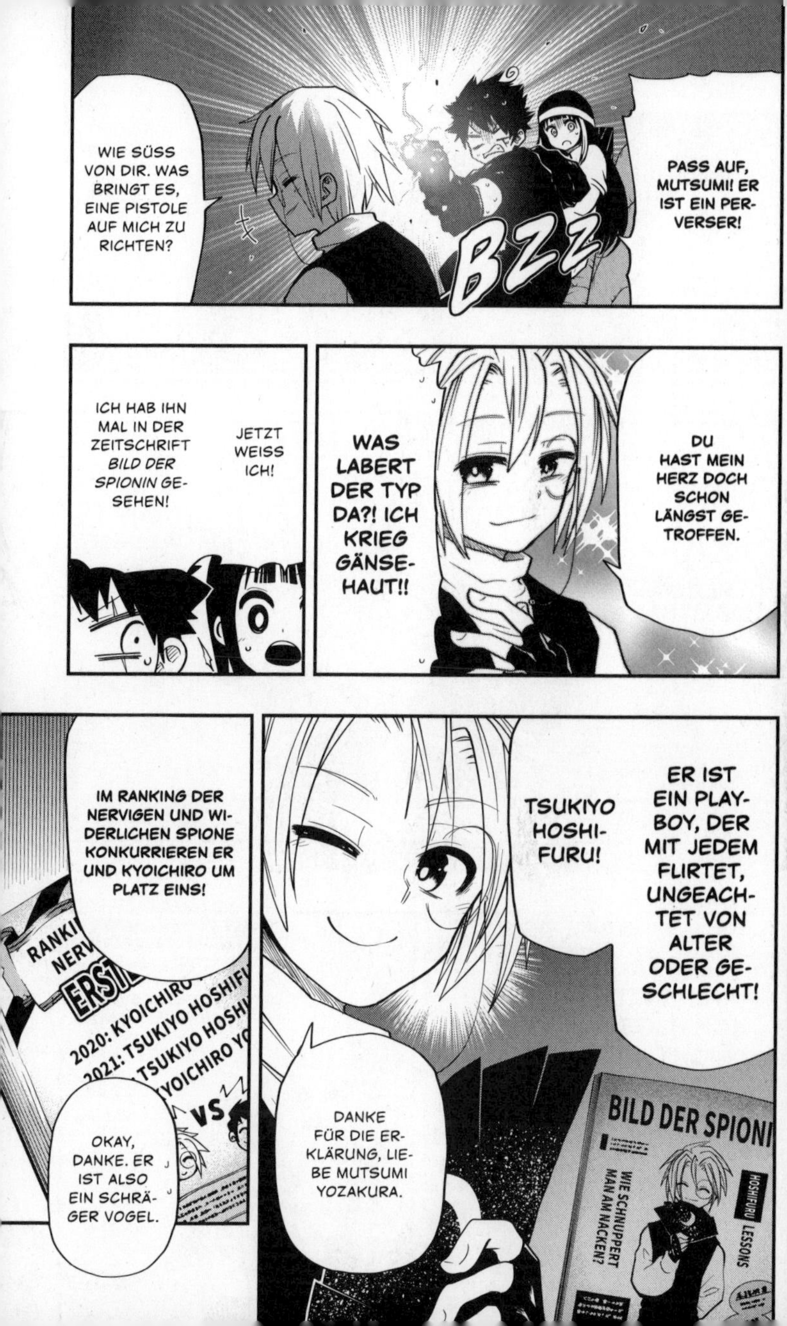
PASS AUF, MUTSUMI! ER IST EIN PERVERSER!
BZZ
WIE SÜSS VON DIR. WAS BRINGT ES, EINE PISTOLE AUF MICH ZU RICHTEN?
DU HAST MEIN HERZ DOCH SCHON LÄNGST GETROFFEN.
WAS LABERT DER TYP DA?! ICH KRIEG GÄNSEHAUT!!
JETZT WEISS ICH!
ICH HAB IHN MAL IN DER ZEITSCHRIFT *BILD DER SPIONIN* GESEHEN!
ER IST EIN PLAYBOY, DER MIT JEDEM FLIRTET, UNGEACHTET VON ALTER ODER GESCHLECHT!
TSUKIYO HOSHIFURU!
BILD DER SPIONI
HOSHIFURU LESSONS
WIE SCHNUPPERT MAN AM NACKEN?
DANKE FÜR DIE ERKLÄRUNG, LIEBE MUTSUMI YOZAKURA.
IM RANKING DER NERVIGEN UND WIDERLICHEN SPIONE KONKURRIEREN ER UND KYOICHIRO UM PLATZ EINS!
VS
OKAY, DANKE. ER IST ALSO EIN SCHRÄGER VOGEL.

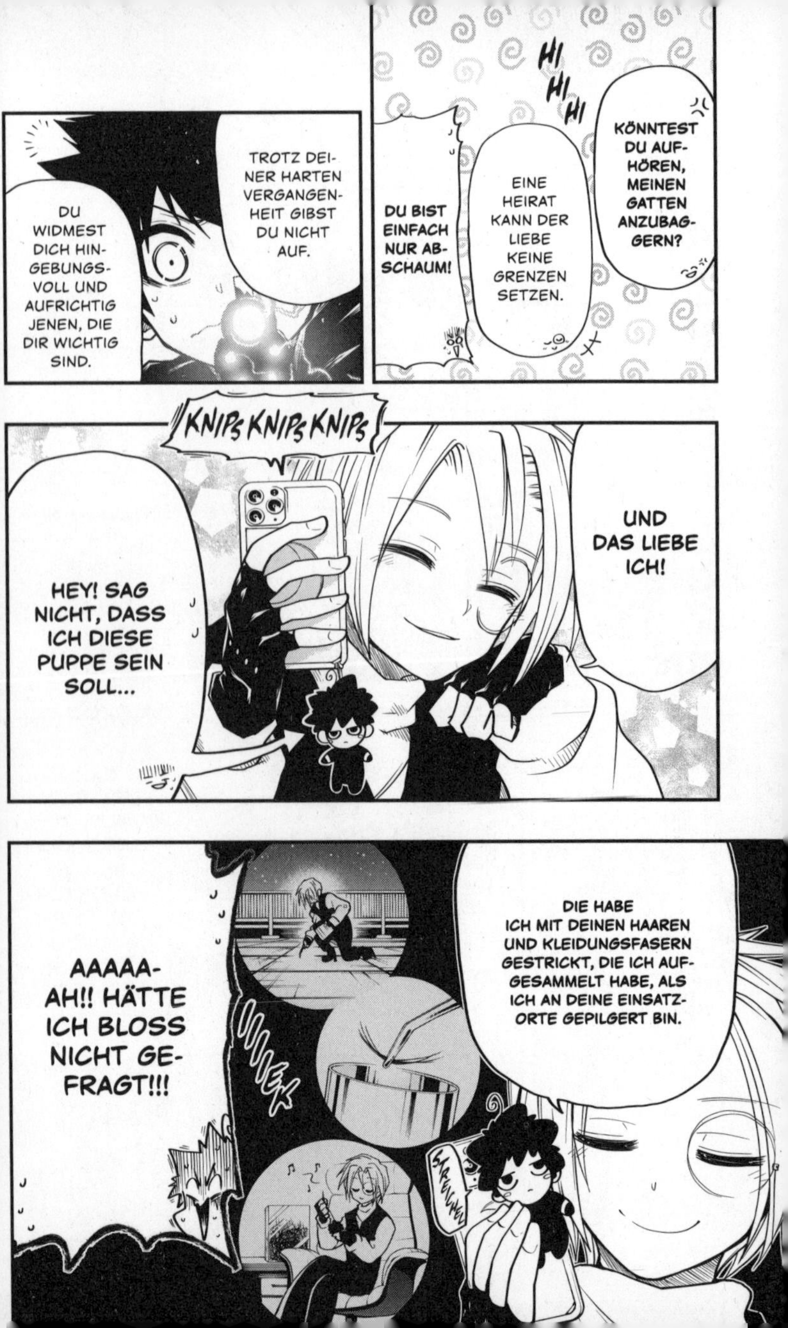
KÖNNTEST DU AUFHÖREN, MEINEN GATTEN ANZUBAGGERN?
HI HI HI
EINE HEIRAT KANN DER LIEBE KEINE GRENZEN SETZEN.
DU BIST EINFACH NUR ABSCHAUM!
TROTZ DEINER HARTEN VERGANGENHEIT GIBST DU NICHT AUF.
DU WIDMEST DICH HINGEBUNGSVOLL UND AUFRICHTIG JENEN, DIE DIR WICHTIG SIND.
UND DAS LIEBE ICH!
KNIPS KNIPS KNIPS
HEY! SAG NICHT, DASS ICH DIESE PUPPE SEIN SOLL...
DIE HABE ICH MIT DEINEN HAAREN UND KLEIDUNGSFASERN GESTRICKT, DIE ICH AUFGESAMMELT HABE, ALS ICH AN DEINE EINSATZORTE GEPILGERT BIN.
AAAAAAH!! HÄTTE ICH BLOSS NICHT GEFRAGT!!!

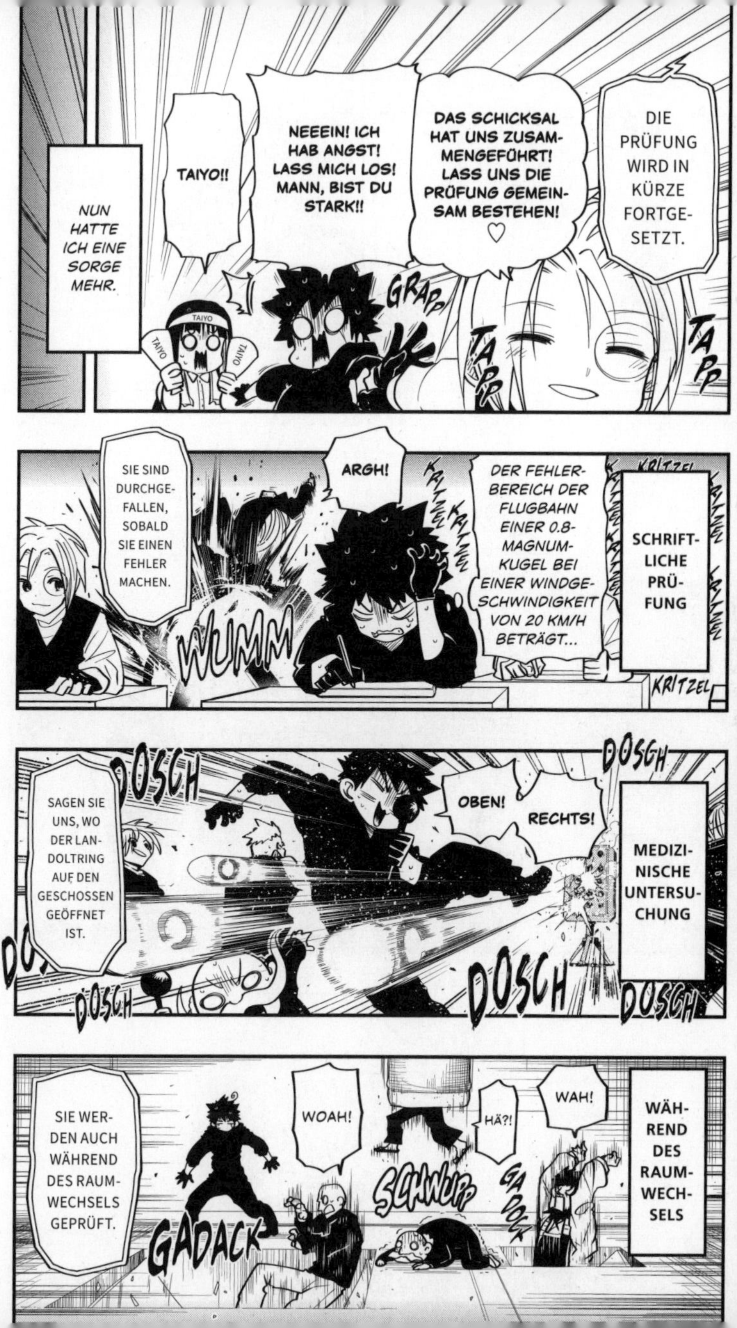
DIE PRÜFUNG WIRD IN KÜRZE FORTGESETZT.
TAPP
TAPP
DAS SCHICKSAL HAT UNS ZUSAMMENGEFÜHRT! LASS UNS DIE PRÜFUNG GEMEINSAM BESTEHEN! ♡
GRAPP
NEEEIN! ICH HAB ANGST! LASS MICH LOS! MANN, BIST DU STARK!!
TAIYO!!
TAIYO
TAIYO
TAIYO
NUN HATTE ICH EINE SORGE MEHR.
SCHRIFTLICHE PRÜFUNG
KRITZEL
KRITZEL
KRITZEL
DER FEHLERBEREICH DER FLUGBAHN EINER 0.8-MAGNUM-KUGEL BEI EINER WINDGESCHWINDIGKEIT VON 20 KM/H BETRÄGT...
ARGH!
WUMM
SIE SIND DURCHGEFALLEN, SOBALD SIE EINEN FEHLER MACHEN.
MEDIZINISCHE UNTERSUCHUNG
DOSCH
DOSCH
RECHTS!
OBEN!
DOSCH
DOSCH
SAGEN SIE UNS, WO DER LANDOLTRING AUF DEN GESCHOSSEN GEÖFFNET IST.
DOSCH
WÄHREND DES RAUMWECHSELS
WAH!
GADOCK
HÄ?!
SCHWUPP
WOAH!
GADACK
SIE WERDEN AUCH WÄHREND DES RAUMWECHSELS GEPRÜFT.

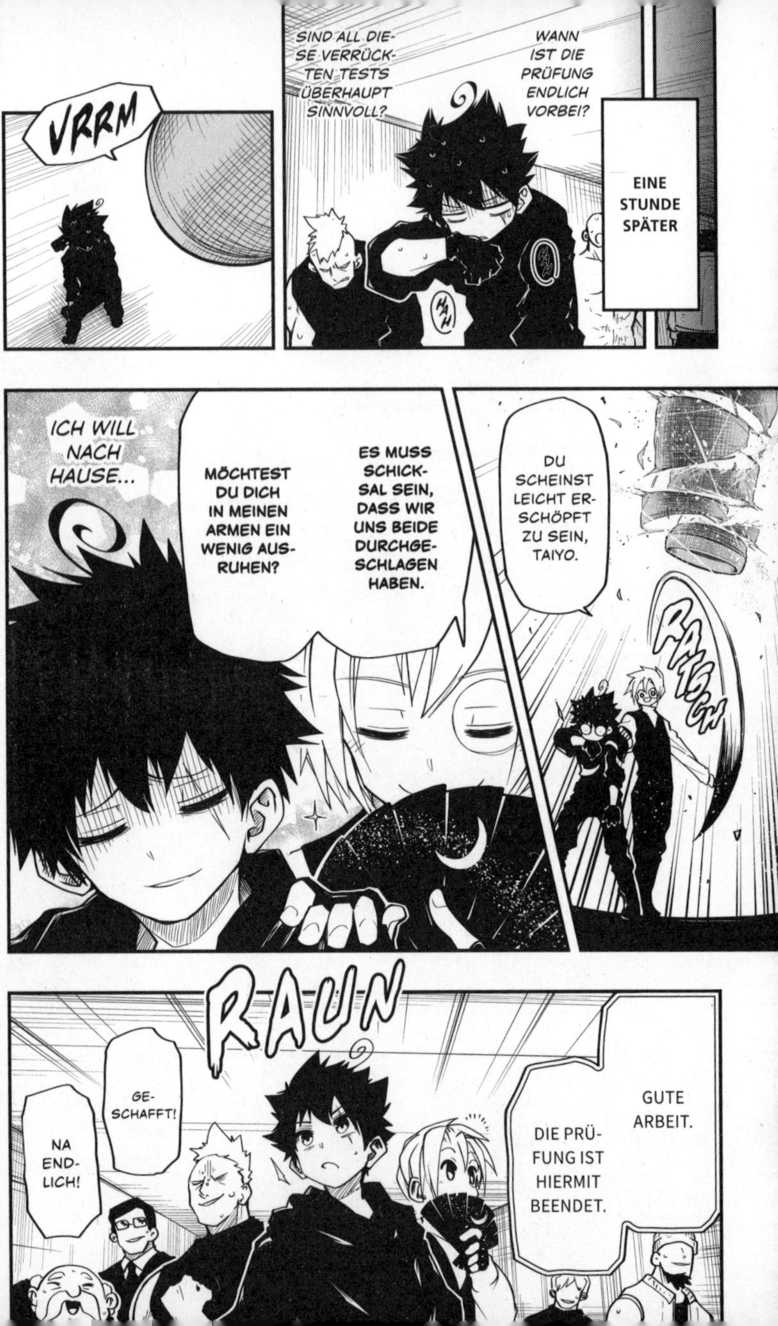
EINE STUNDE SPÄTER
WANN IST DIE PRÜFUNG ENDLICH VORBEI?
SIND ALL DIESE VERRÜCKTEN TESTS ÜBERHAUPT SINNVOLL?
HAH
HAH
VRRM
RAUCH
DU SCHEINST LEICHT ERSCHÖPFT ZU SEIN, TAIYO.
ES MUSS SCHICKSAL SEIN, DASS WIR UNS BEIDE DURCHGESCHLAGEN HABEN.
MÖCHTEST DU DICH IN MEINEN ARMEN EIN WENIG AUSRUHEN?
ICH WILL NACH HAUSE...
RAUN
GUTE ARBEIT.
DIE PRÜFUNG IST HIERMIT BEENDET.
GESCHAFFT!
NA ENDLICH!

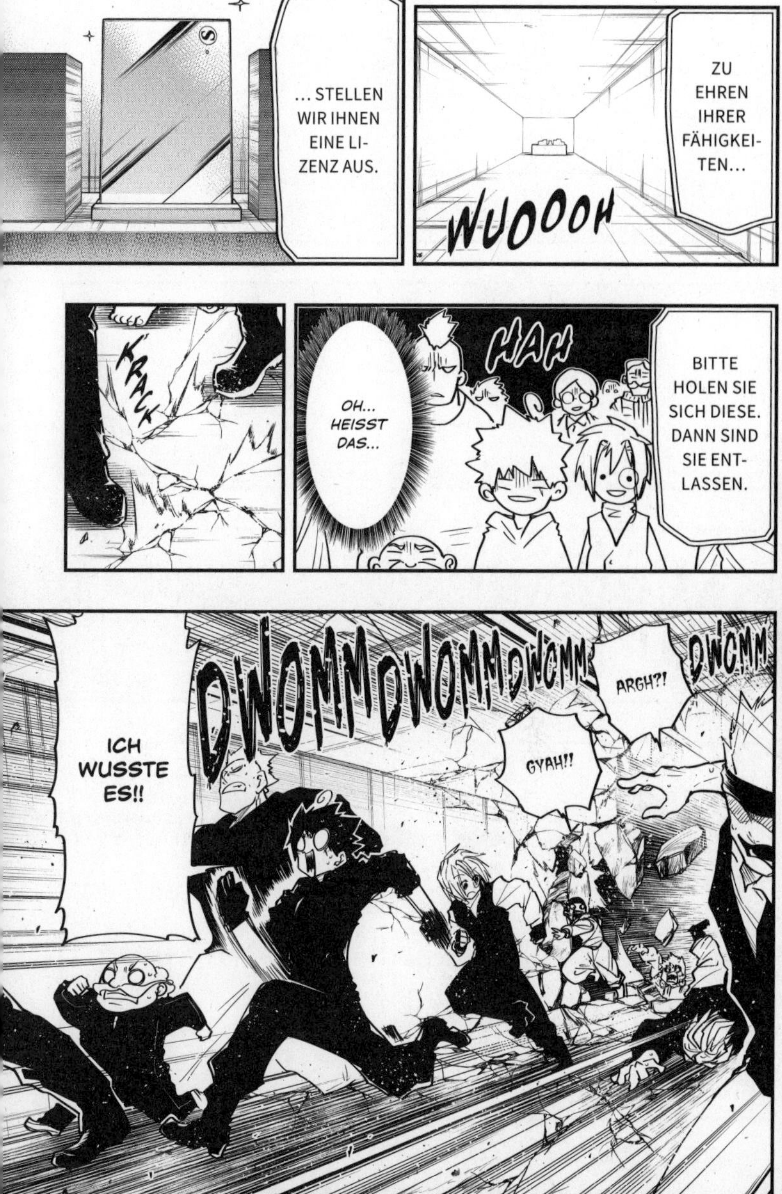
ZU EHREN IHRER FÄHIGKEITEN…
WUOOOH
… STELLEN WIR IHNEN EINE LIZENZ AUS.
BITTE HOLEN SIE SICH DIESE. DANN SIND SIE ENTLASSEN.
HAH
OH… HEISST DAS…
KRACK
DWOMM
ARGH?!
DWOMMDWOMMDWOMM
GYAH!!
ICH WUSSTE ES!!

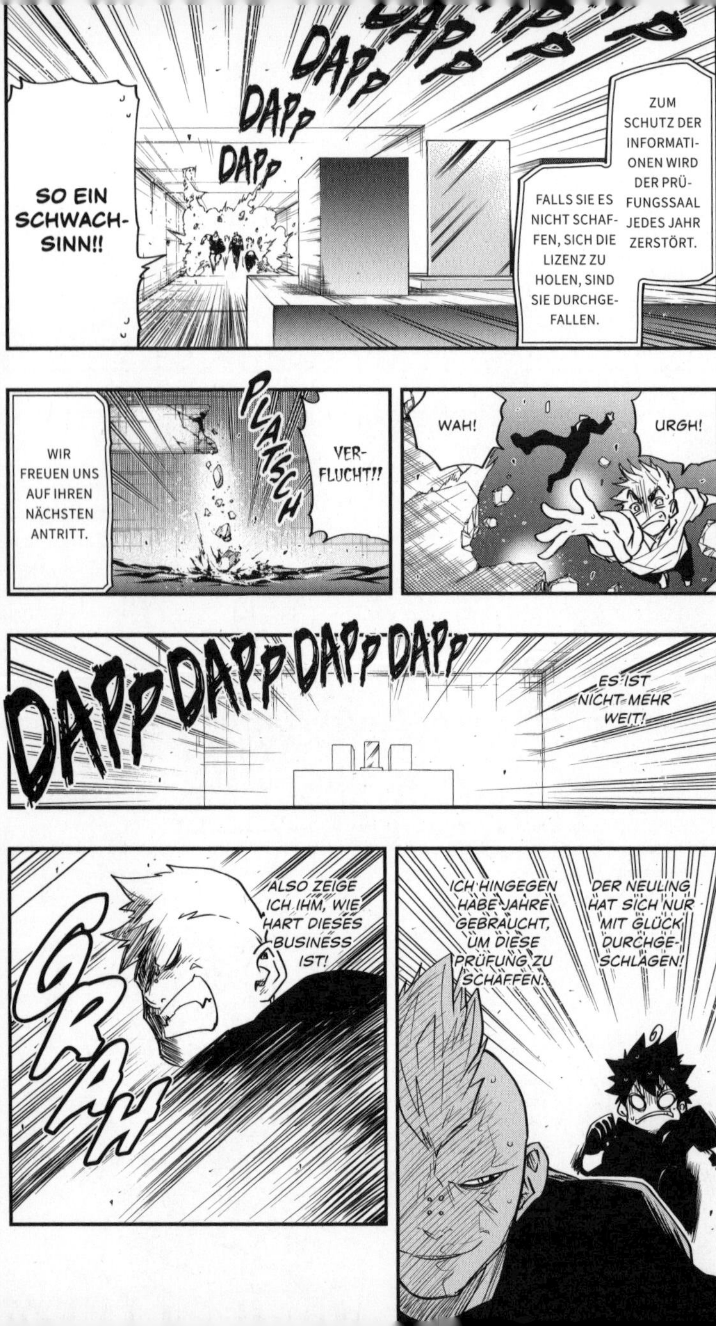
DAPP DAPP DAPP DAPP
ZUM SCHUTZ DER INFORMATIONEN WIRD DER PRÜFUNGSSAAL JEDES JAHR ZERSTÖRT.
FALLS SIE ES NICHT SCHAFFEN, SICH DIE LIZENZ ZU HOLEN, SIND SIE DURCHGEFALLEN.
SO EIN SCHWACHSINN!!
URGH!
WAH!
VERFLUCHT!!
PLATSCH
WIR FREUEN UNS AUF IHREN NÄCHSTEN ANTRITT.
ES IST NICHT MEHR WEIT!
DAPP DAPP DAPP DAPP
DER NEULING HAT SICH NUR MIT GLÜCK DURCHGESCHLAGEN!
ICH HINGEGEN HABE JAHRE GEBRAUCHT, UM DIESE PRÜFUNG ZU SCHAFFEN.
ALSO ZEIGE ICH IHM, WIE HART DIESES BUSINESS IST!
GRAH

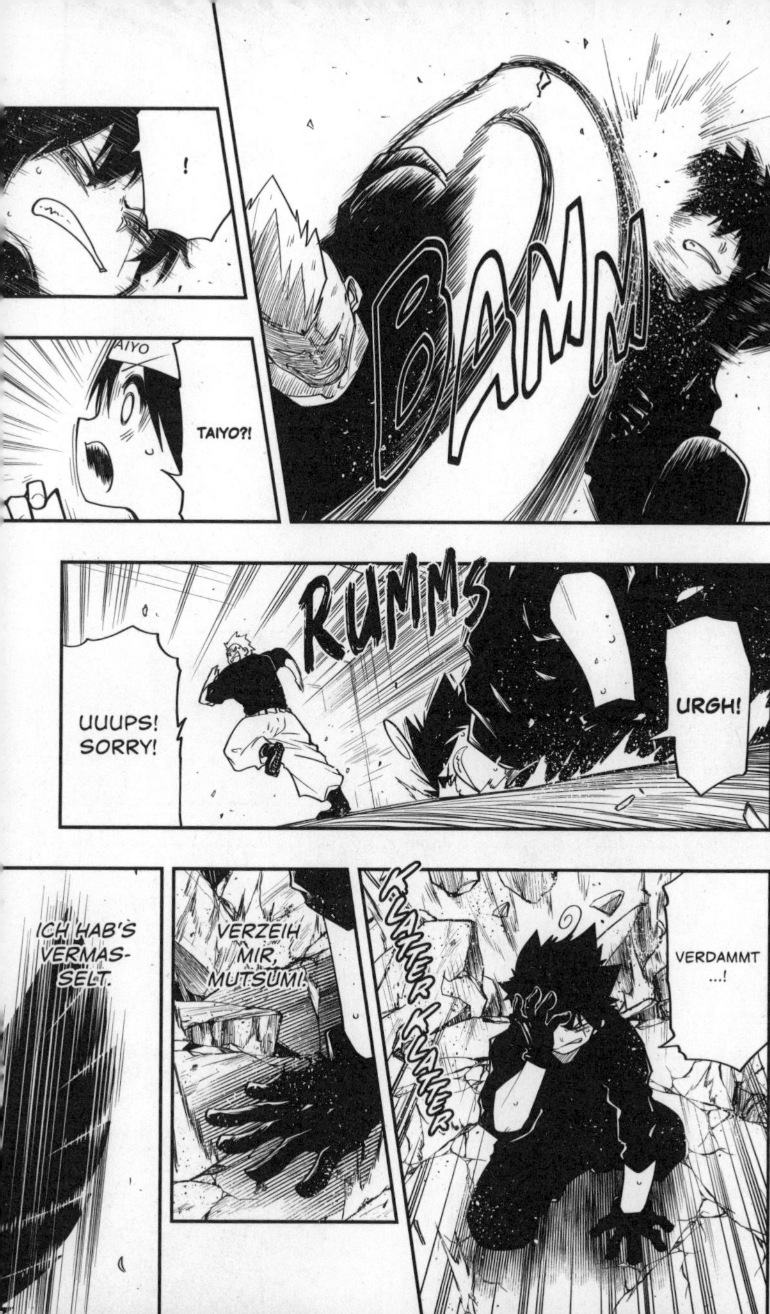
!
BAMM
TAIYO
TAIYO?!
RUMMS
URGH!
UUUPS! SORRY!
KNAKER KNAKER KNAKER
VERDAMMT ...!
VERZEIH MIR, MUTSUMI.
ICH HAB'S VERMAS-SELT.

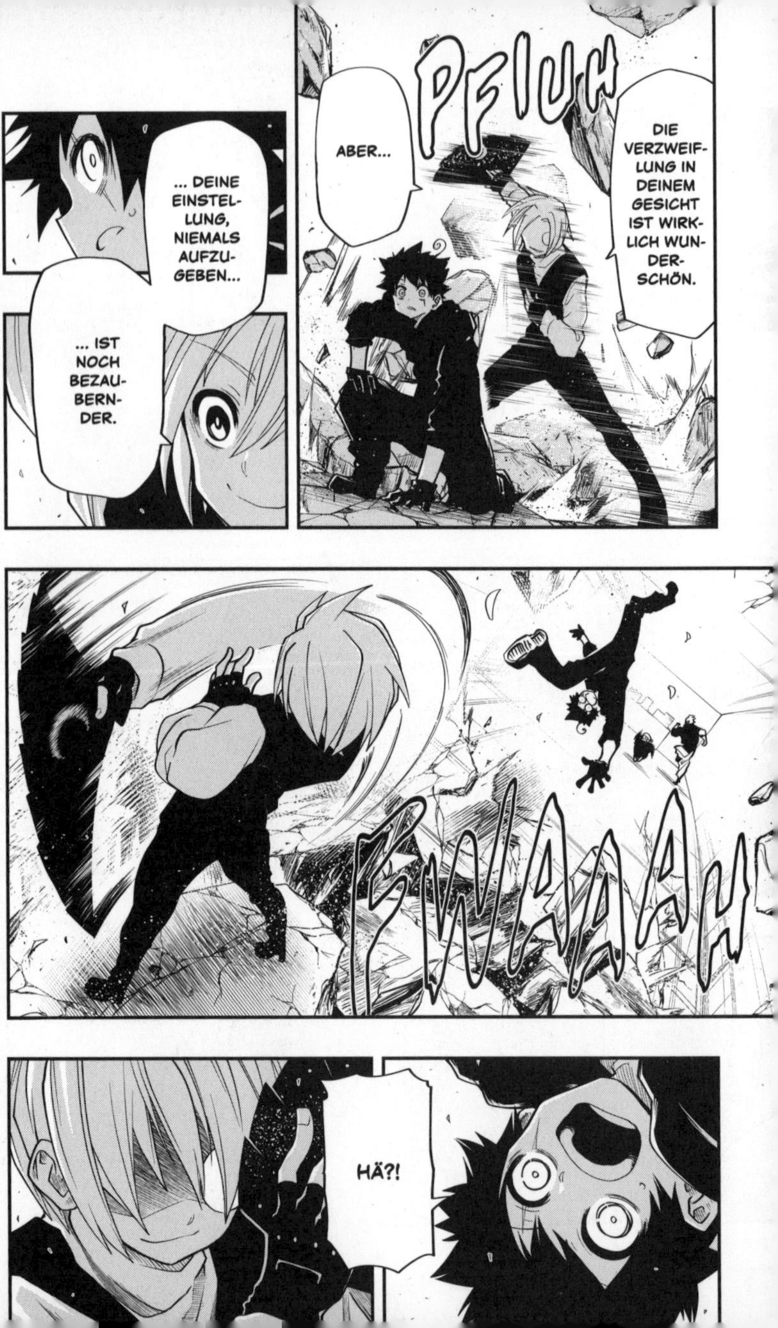
DIE VERZWEIFLUNG IN DEINEM GESICHT IST WIRKLICH WUNDERSCHÖN.
PFIUH
ABER...
... DEINE EINSTELLUNG, NIEMALS AUFZUGEBEN...
... IST NOCH BEZAUBERNDER.
FWAAAH
HÄ?!

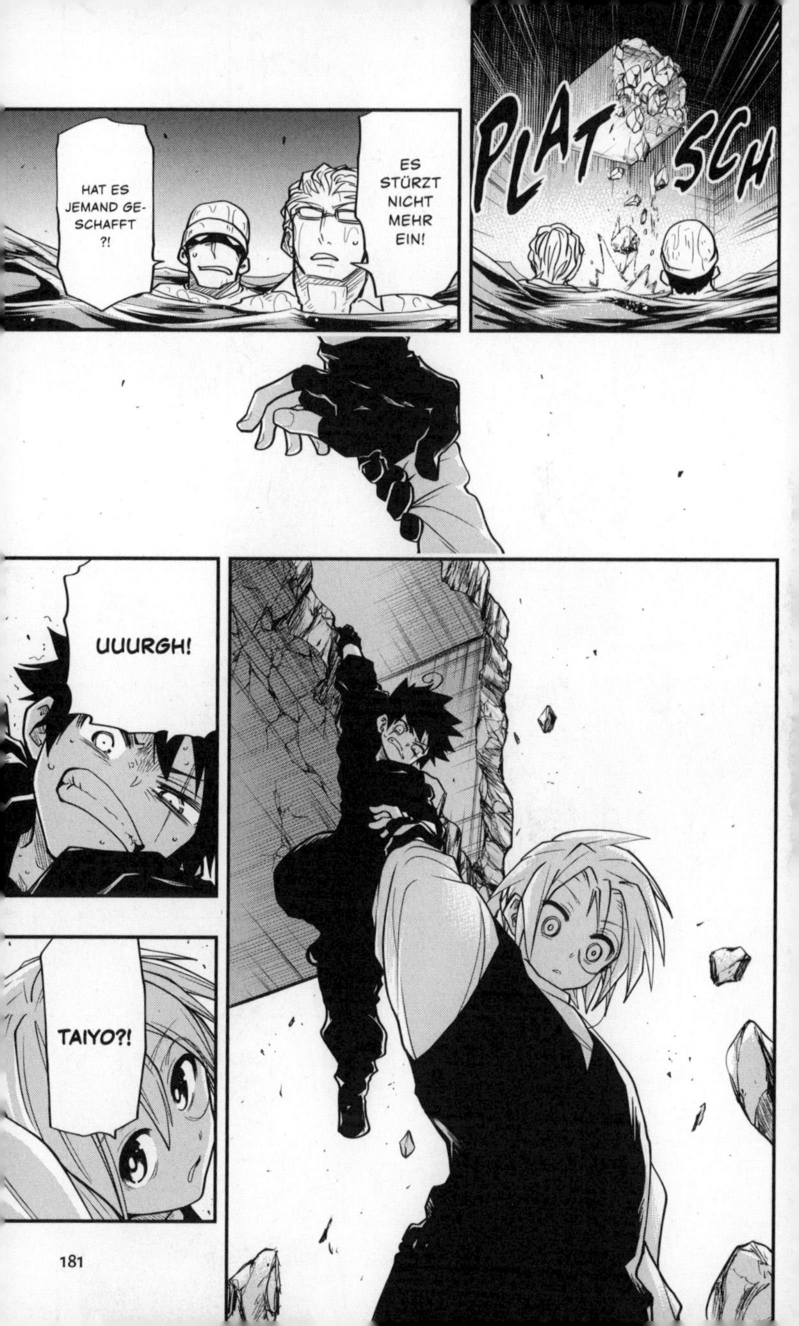
PLATSCH
ES STÜRZT NICHT MEHR EIN!
HAT ES JEMAND GE-SCHAFFT ?!
UUURGH!
TAIYO?!

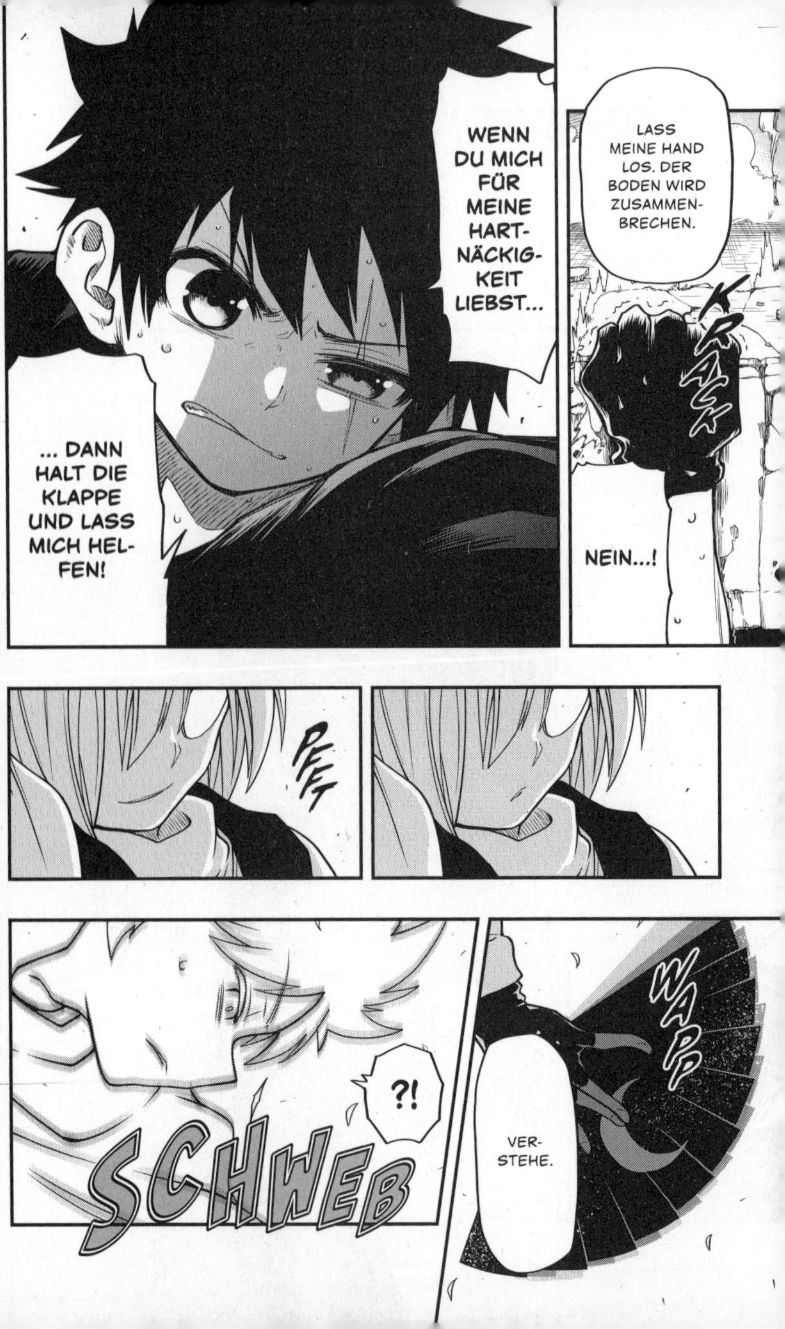
LASS MEINE HAND LOS. DER BODEN WIRD ZUSAMMENBRECHEN.
KRACK
NEIN...!
WENN DU MICH FÜR MEINE HARTNÄCKIGKEIT LIEBST...
... DANN HALT DIE KLAPPE UND LASS MICH HELFEN!
PFFT
WAPP
VERSTEHE.
?!
SCHWEB

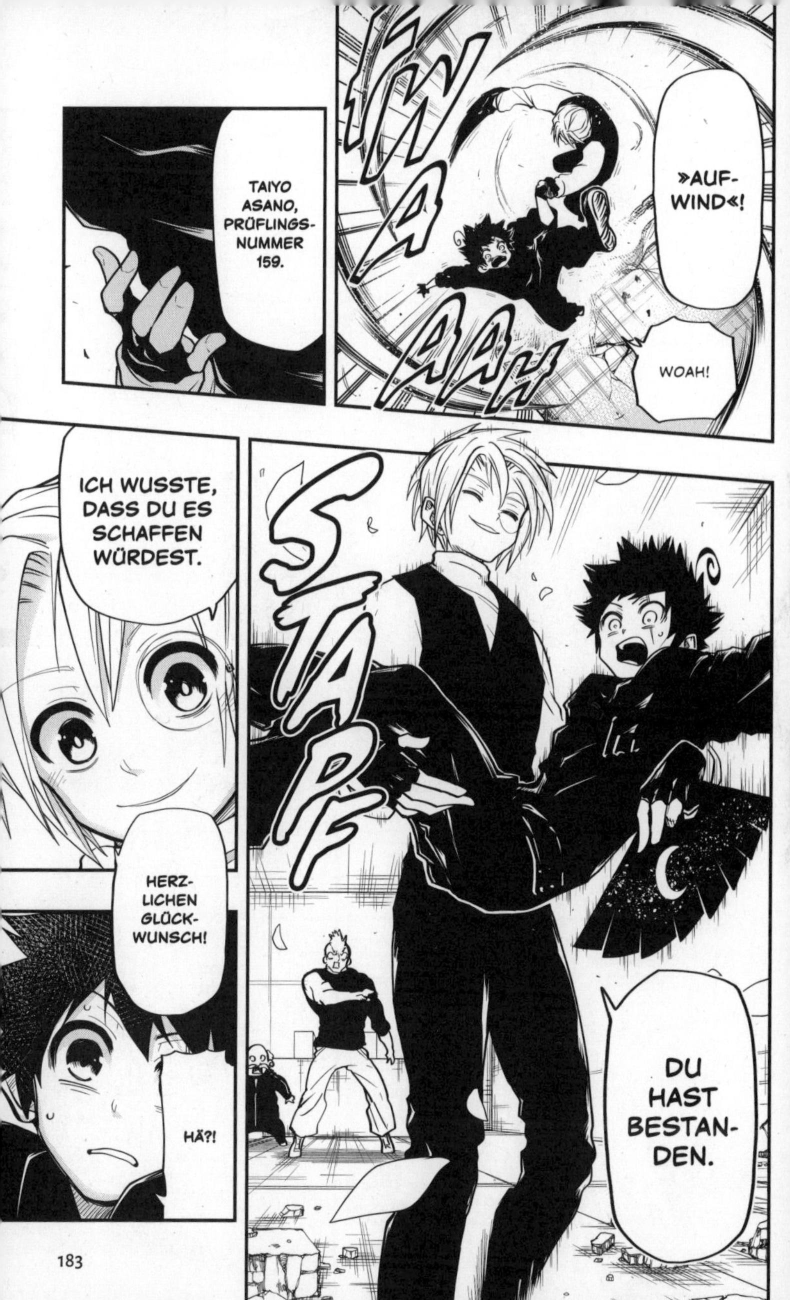
»AUF-
WIND«!
WOAH!
TAIYO
ASANO,
PRÜFLINGS-
NUMMER
159.
STAPF
DU
HAST
BESTAN-
DEN.
ICH WUSSTE,
DASS DU ES
SCHAFFEN
WÜRDEST.
HERZ-
LICHEN
GLÜCK-
WUNSCH!
HÄ?!

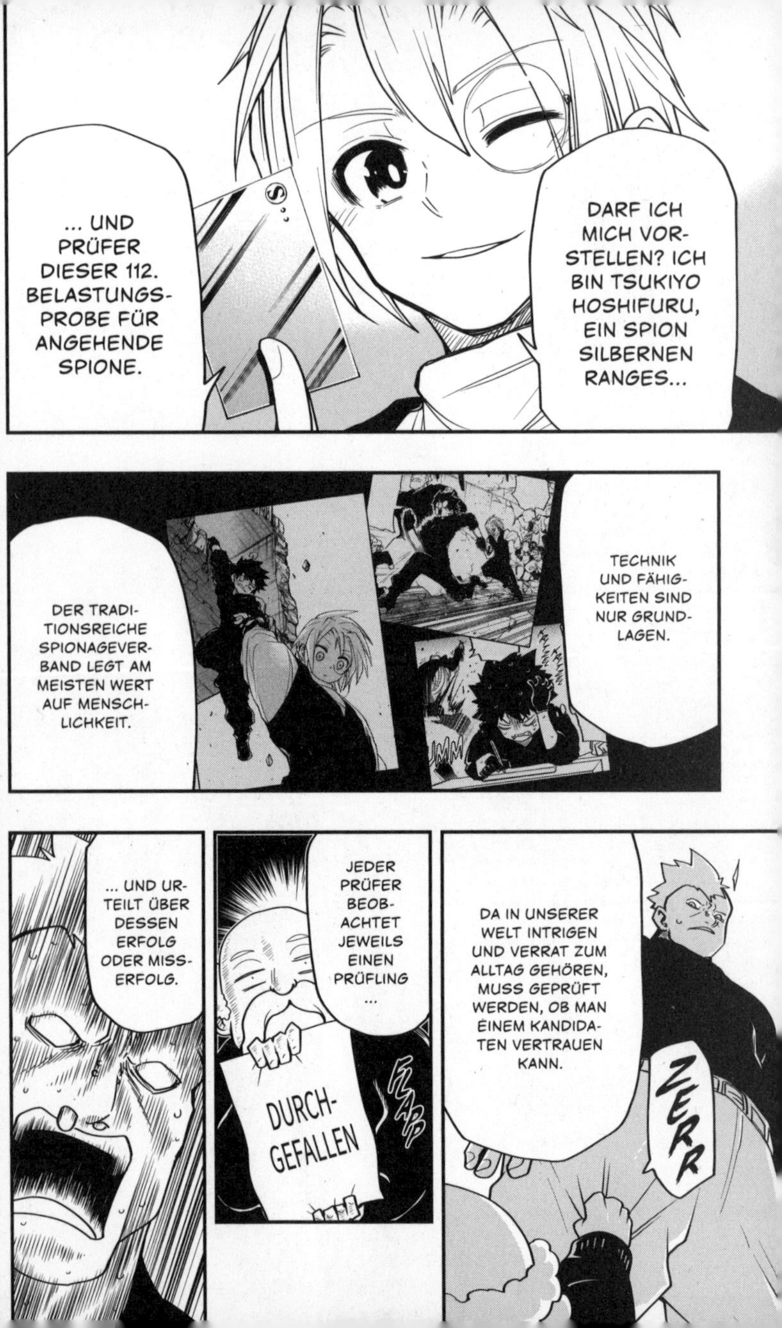
DARF ICH MICH VORSTELLEN? ICH BIN TSUKIYO HOSHIFURU, EIN SPION SILBERNEN RANGES...
... UND PRÜFER DIESER 112. BELASTUNGSPROBE FÜR ANGEHENDE SPIONE.
TECHNIK UND FÄHIGKEITEN SIND NUR GRUNDLAGEN.
DER TRADITIONSREICHE SPIONAGEVERBAND LEGT AM MEISTEN WERT AUF MENSCHLICHKEIT.
DA IN UNSERER WELT INTRIGEN UND VERRAT ZUM ALLTAG GEHÖREN, MUSS GEPRÜFT WERDEN, OB MAN EINEM KANDIDATEN VERTRAUEN KANN.
ZERR
JEDER PRÜFER BEOBACHTET JEWEILS EINEN PRÜFLING ...
FLAPP
DURCH-GEFALLEN
... UND URTEILT ÜBER DESSEN ERFOLG ODER MISSERFOLG.

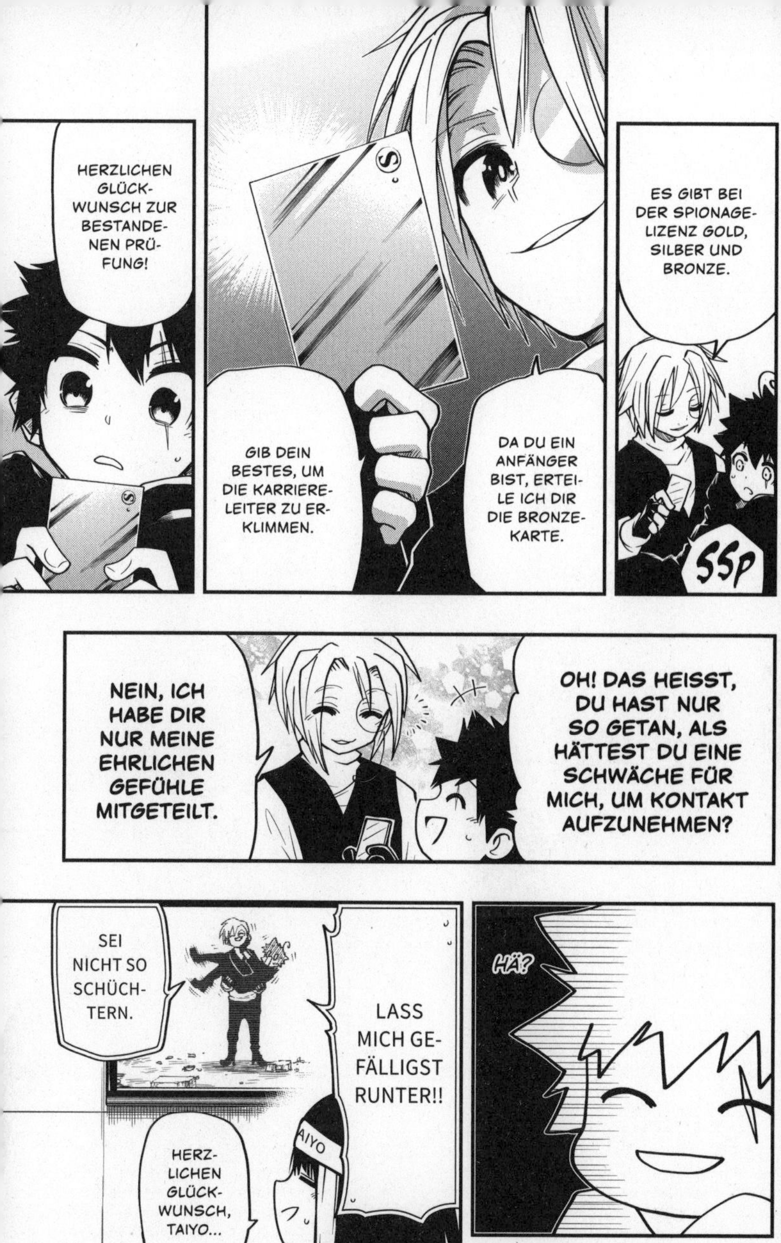

Der Seitensprung – Ende

~ Die Geschwister bei der Prüfung zur Spionagelizenz ~

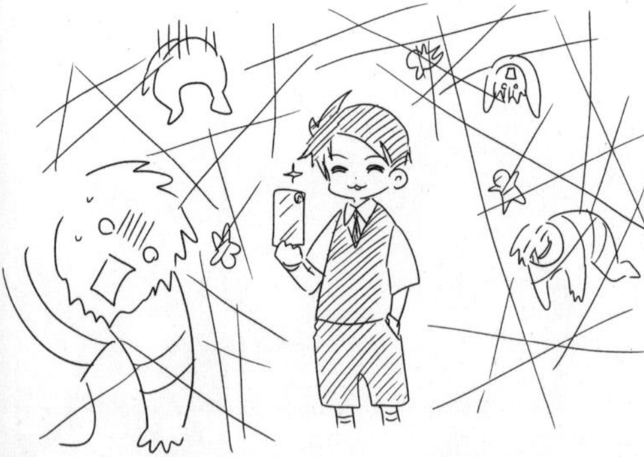

Kyoichiro

Prüfung mit 6. Er hat alle Prüflinge, die ihn ausgelacht haben, weil er noch ein Kind war, durchfallen lassen. So war er der Einzige, der die Prüfung in diesem Jahr bestanden hat - ein Rekordtief.

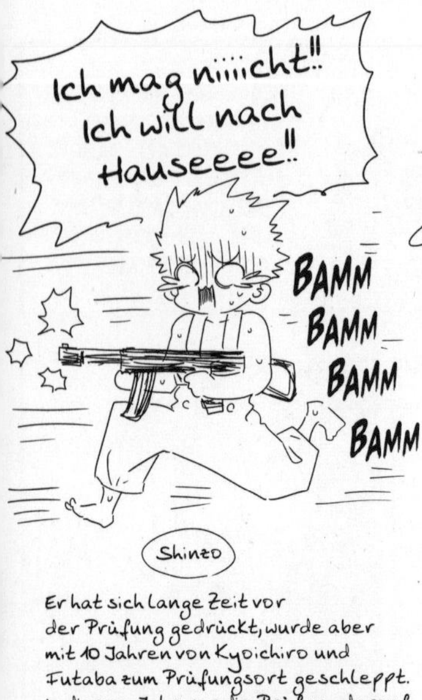

Shinzo

Er hat sich lange Zeit vor der Prüfung gedrückt, wurde aber mit 10 Jahren von Kyoichiro und Futaba zum Prüfungsort geschleppt. In diesem Jahr war die Prüfung darauf ausgelegt, zu überleben. Aus lauter Angst ist Shinzo durchgelaufen und hat in der Rekordzeit von neun Minuten die Prüfung abgelegt.

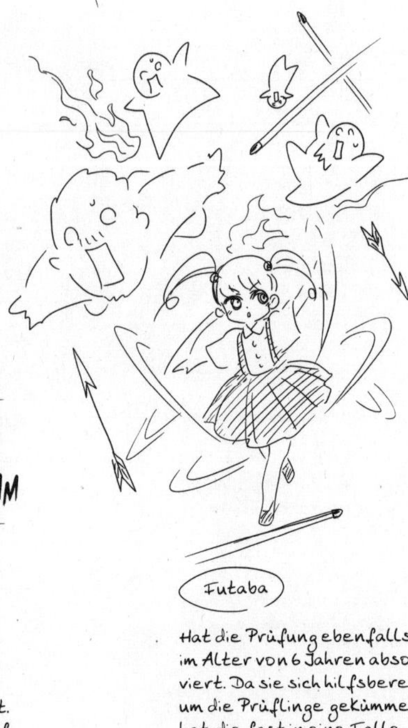

Futaba

Hat die Prüfung ebenfalls im Alter von 6 Jahren absolviert. Da sie sich hilfsbereit um die Prüflinge gekümmert hat, die fast in eine Falle getappt sind, haben in diesem Jahr letztendlich 13 Personen bestanden - Rekord!

Shion

8 Jahre alt. Ohne zu fragen hat sie das System mit einem selbst gemachten Programm ausgestattet, das Schummelei entlarvt. So wurden in diesem Jahr 35 Personen wegen Mogelns disqualifiziert. Anschließend wurde ihr Programm offiziell eingeführt.

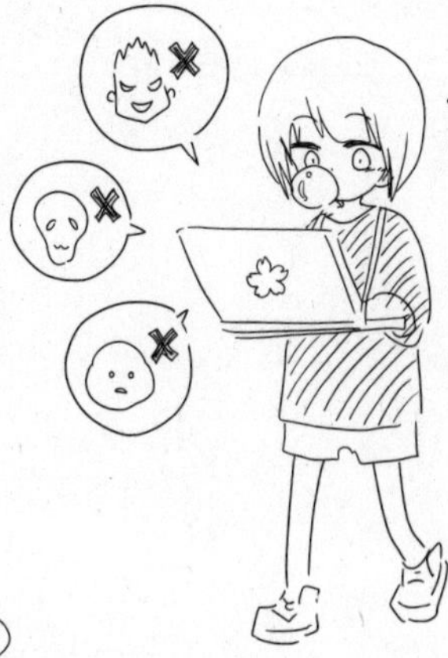

Kengo

Prüfung mit 7. Er hat sich als zwei andere Prüflinge verkleidet, sodass er insgesamt drei Lizenzen erworben hat. Ein Rekord und knapp an der Grenze zur Schummelei. Nach der Prüfung hat er zwei davon dem Spionageverband zurückgegeben.

Nanao

9 Jahre alt. Er wurde von seinen älteren Geschwistern angefeuert. Um einen Blick auf die Yozakuras zu erhaschen, kamen 600 Schaulustige zur Prüfung. Zuschauerrekord!

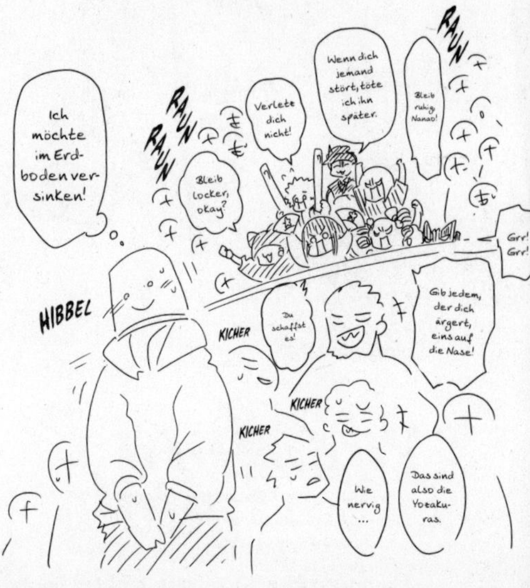

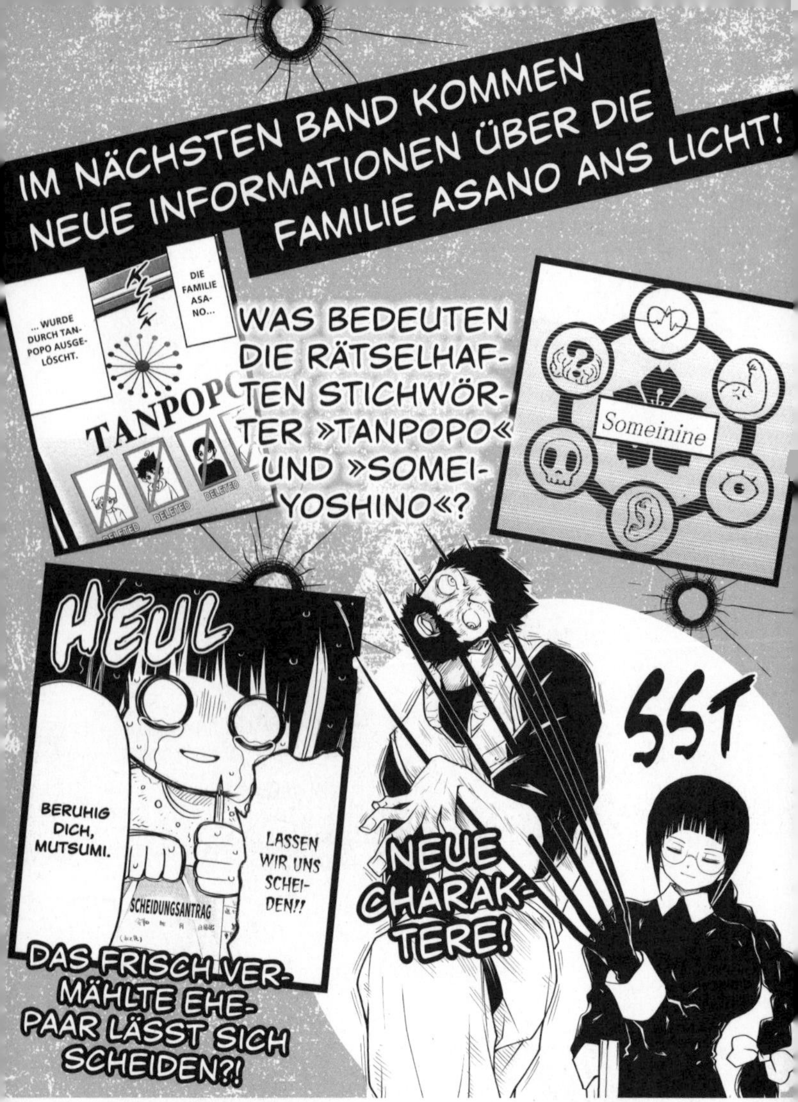

MISSION:
Yozakura Family 5

Erscheint voraussichtlich Mitte 2023!

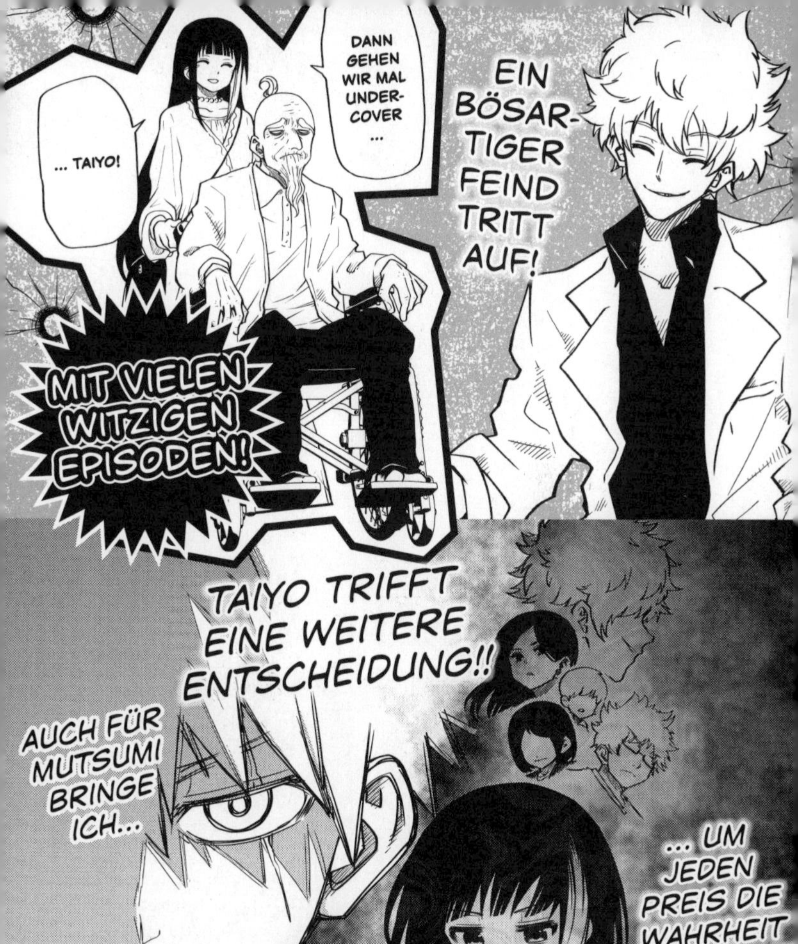
EIN BÖSARTIGER FEIND TRITT AUF!
DANN GEHEN WIR MAL UNDERCOVER ...
... TAIYO!
MIT VIELEN WITZIGEN EPISODEN!
TAIYO TRIFFT EINE WEITERE ENTSCHEIDUNG!!
AUCH FÜR MUTSUMI BRINGE ICH...
... UM JEDEN PREIS DIE WAHRHEIT ANS LICHT!

MISSION: Yozakura Family

To Do Mission

HALT!

Number	Mission Title
1	✔ Anhalten und Lage sondieren
2	✔ Japanische Serie identifiziert
3	✔ Anweisungen der abgebildeten Grafik befolgen
4	✔ Von »hinten« nach »vorne« lesen
5	✔ Von rechts nach links lesen
6	✔ Spannende Unterhaltung genießen

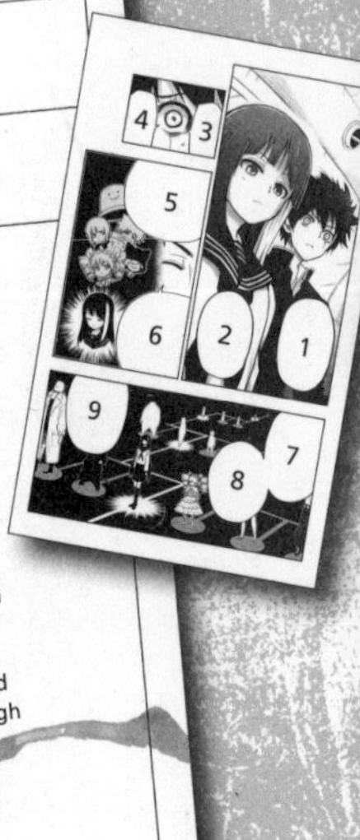

Carlsen Manga! News – jeden Monat neu per E-Mail!
www.carlsenmanga.de
www.carlsen.de

CARLSEN MANGA
Deutsche Ausgabe/German Edition

Völckersstraße 14-20 · 22765 Hamburg
Aus dem Japanischen von Nana Umino

First published in Japan in 2019 by SHUEISHA Inc., Tokyo.
German translation rights in Germany, Austria, Luxembourg and German-speaking Switzerland arranged by SHUEISHA Inc. through VME PLB SAS, France.
Redaktion: Nina Kroesing
Textbearbeitung: Steffi Korda
Herstellung: Tobias Hametner

ISBN: 978-3-551-02299-8

MIX
Papier | Fördert gute Waldnutzung
FSC www.fsc.org
FSC® C083411
Klimaneutrales Produkt

Mission:
Yozakura Family